Ansgar Graw · TRUMP VERRÜCKT DIE WELT

Ansgar Graw

Trump verrückt die Welt

*Wie der US-Präsident sein Land
und die Geopolitik verändert*

HERBiG

Bildnachweis:
Alle Abbildungen im Bildteil picture alliance, Frankfurt am Main

© 2017 F. A. Herbig Verlagsbuchhandlung GmbH, Stuttgart
Alle Rechte vorbehalten
Lektorat: Thomas Steinhoff, Frankfurt am Main
Umschlaggestaltung: Wolfgang Heinzel
Satz: Satzwerk Huber, Germering/München
Gesetzt aus der Minion pro, 11,25/15,2 pt
Druck und Binden: CPI-books GmbH, Leck
Printed in Germany
ISBN 978-3-7766-2807-4

www.herbig.net

Inhaltsverzeichnis

Einleitung

Donald John Trump hat das Zeug, als einer der mächtigsten Präsidenten in die Geschichte der USA einzugehen – wenn man Macht am Ausmaß der Veränderungen bemisst, für die der jeweilige Commander-in-Chief verantwortlich zeichnet. Da ist zunächst die amerikanische Arena. Niemand wird künftig mehr sagen können, ein Außenseiter, der nicht von einer der großen Parteien und von mächtigen Geldgebern unterstützt werde, ob es sich um bestimmte Milliardäre handelt oder finanzstarke Gewerkschaften, habe keine Chance, ins Weiße Haus zu kommen. Keiner wird auch mehr behaupten wollen, ein amerikanischer Präsident müsse zum Vorbild taugen durch sein Verhalten im Privat- oder Geschäftsleben. Weggeschmolzen ist die als eisern angesehene Regel, bevor man für das Weiße Haus kandidiere, müsse man sich auf anderen politischen Positionen oder im Militär bewährt haben. Trump brachte nicht viel mehr mit ins Weiße Haus als das Versprechen, das politische System umzukrempeln. Aber sein Wahlerfolg gründet auf geschichtlichen und kulturellen Traditionen der USA, die sich mit dem Begriff »Jacksonianismus« verbinden – und die mutmaßlich die Amtszeit Trumps überdauern werden. Beispiellos ist hingegen die Bereitschaft des Präsidenten, die Grenzen zwischen Administration und Familienkonzern, zwischen Politik und Privatinteresse verschwimmen zu lassen.

Mindestens ebenso gravierend sind die Veränderungen auf der internationalen Bühne. Das Pariser Klimaschutzabkommen hat Trump gekündigt und damit amerikanischen Führungsanspruch aufgegeben. Die Nato, einst von den USA zur Sicherstellung ihrer globalen Führungsrolle initiiert, wird von Trump in ihrer Bedeutung massiv relativiert. Sie ist nicht mehr, wie er noch im Wahlkampf sagte, »obsolet«, aber der Präsident sieht die Verteidigungsgemeinschaft auch nicht als unverzichtbar an, wie er bei seinem ersten Auftritt in Brüssel klargemacht hat. Die Verbündeten haben diese Entwicklung mitverschuldet. Dennoch sendet die Relativierung der Nato ausgerechnet durch Washington Schockwellen durch Europa: Werden die USA einschreiten, wenn Russland beispielsweise Estland bedrohen sollte? Das Bekenntnis zum Artikel 5 des Nato-Vertrags im Juni 2017 gegenüber dem rumänischen Präsidenten Klaus Johannis beseitigt nicht die Zweifel. Die deutsche Bundeskanzlerin Angela Merkel erklärte »die Zeiten, in denen wir uns auf andere verlassen konnten«, als »ein Stück weit vorbei«. Deutschland wird von Trump ohnehin als »schlimm« angesehen, weil das Land zu viel exportiert, insbesondere Autos. Ein Hauch von Äquidistanz durchweht die globale Politik, in der Amerika die Selbstisolierung betreibt, während Europa und Deutschland jederzeit wieder enger an Russland rücken können.

Im Nahen Osten beendet der Präsident die vom Vorgänger Barack Obama geprobte Politik einer Ausbalancierung der sunnitischen Führungsmacht Saudi-Arabien und der schiitischen Führungsmacht Iran. Den Saudis, aus deren Mitte 15 der 19 Attentäter des 11. September 2001 kamen, verkaufte er amerikanische Waffentechnologie für 110 Milliarden Dollar. Was wird aus diesen Waffen, wenn der Königspalast in Riad eines Tages von Extremisten übernommen werden sollte, befördert beispielsweise aus dem Golfstaat Katar, der die radikale sunnitische Muslimbruderschaft unterstützt und daneben enge Beziehungen zum Iran unterhält?

Seit den 1980er Jahren ist die Rede vom bevorstehenden »pazifischen Jahrhundert«. Präsident Trump scheint das amerikanische Jahrhundert durch seine Politik des »America First« nun wirklich beenden zu wollen. Er kündigt den transpazifischen Freihandelsvertrag TPP auf, den Obama mit Partnern in Nord- und Südamerika und in Asien um China herum hatte ausarbeiten lassen. Falls sich Peking des Problems Nordkorea annehme, so die Signale Trumps, halten sich die USA aus Asien weitgehend heraus. Dann kann China seine eigene Macht ausweiten und im geostrategisch ausgesprochen wichtigen Südchinesischen Meer Fakten schaffen, nicht nur durch die Praxis der Landaufschüttung. Die bisherige *Pax Americana*, die Idee einer militärischen und wertemäßigen Dominanz der USA, scheint in jenem Teil der Welt zu kapitulieren.

Dem Protektionismus gibt dieser Präsident den eindeutigen Vorzug vor dem Freihandel. Die Passierbarkeit der internationalen Seewege hängt vor allem vom Engagement der USA ab. Wenn Trump sich dieser Aufgabe verweigert, geht die Zersplitterung der Welt weiter, die sich bereits etlichen Gefahren gegenübersieht: globalen Wanderungsbewegungen, neuen Nationalismen, Konflikten in der Ukraine wie in Syrien, Spannungen in Asien und ohnehin im Nahen Osten, Zweifel an der EU in Europa.

»Trotz der ständig negativen Presse covfefe«, twitterte ein offenkundig mit dem Schlaf ringender Präsident Anfang Juni 2017 zu mitternächtlicher Stunde. Darüber wurde gewitzelt, bis dann wieder die Debatte über Russlandkontakte die Schlagzeilen bestimmte. Doch dies alles hat eher anekdotisches Format, verglichen mit den geopolitischen Verschiebungen, die unter diesem Präsidenten eher passieren, als dass sie von ihm gesteuert würden. Ein fachlich überforderter Commander-in-Chief verrückt die Welt. In diesem Buch soll untersucht werden, ob er dabei eine Strategie verfolgt, die über die Maxime *America First* hinausreicht. Der Autor hat Trump aus nächster Nähe erlebt bei etlichen Wahlkampfauftritten und bei der Inauguration, und er stellte dem Präsidenten Fragen bei einer Pressekonferenz im Weißen Haus. Er sprach, nach fast acht Jahren als Korrespondent in Washington D. C., mit Quellen im Weißen Haus und in der Administration, er traf Weggefährten, Biografen und Freunde der Familie Trump, von denen viele den heutigen Präsidenten als freundlich und allürenfrei beschrieben. Er reiste zu Trumps Wählern in verschiedenen Bundesstaaten und in einigen seiner Hochburgen, und er stieß dort auf eine Perspektivlosigkeit vor allem unter Weißen mit geringer Bildung, die kluge Soziologen schon vor Jahren analysierten, ohne dass die Politik darauf reagiert hätte.[1]

Donald J. Trump wurde in der ältesten dauerhaften Demokratie der Welt ins Amt gewählt, nachdem die Medien umfassend informiert hatten über seine kühnen Immobilienprojekte wie den Trump Tower und seine Erfolge als Moderator der TV-Show »The Apprentice«, aber auch über seinen ausgeprägten Hang, Fakten zu verbiegen, über seinen oft wahnhaften Narzissmus oder über frühe Geschäftskontakte mit dem Mafiamilieu. Seine Anhänger verehren ihn als jemanden, der Mängel im System beseitigen könne, und seine Gegner sind entsetzt oder gar so voller Hass wie jener Bernie-Sanders-Fan, der im Juni in Virginia auf republikanische Abgeordnete schoss und von Polizisten getötet wurde.

In diesem Buch geht es um ein faires Bild, das die vielen Schwächen des Präsidenten erkennen lässt, aber auch einige Stärken, etwa seine Fähigkeit, Stimmungen zu erfassen. Trump nur zu verdammen, wird nicht dem Phänomen gerecht, das dieser Mann für einen Großteil der Amerikaner weiterhin verkörpert. Aber seine schiere, ihm von seinem Amt verliehene Macht mit Größe zu verwechseln, würde nicht der Gefahr gerecht, die Trump für die Reputation der USA und die Welt, wie wir sie kennen, heraufbeschwört.

1 | Wer ist Donald Trump?

Er ist der unbeliebteste Präsident seit Erfindung der Meinungsforschung, und er hat reale Chancen, 2020 wiedergewählt zu werden – oder krachend zu verlieren. Die dritte und vierte Option des Donald Trump: Er könnte vorher einem Amtsenthebungsverfahren zum Opfer fallen oder schlicht aus gesundheitlichen Gründen zum Abschied von der Macht gezwungen werden. Der Mann, der Amerika spaltet, die Institutionen der ältesten Demokratie infrage stellt und das Ordnungsgefüge der Welt verrückt, ist als Faszinosum in den Wahlkampf gestartet, hat allein schon durch seinen Wahlsieg die Geschichte verändert und bleibt, auf dem Weg zu den Zwischenwahlen im November 2018, ein Mysterium.

Ein gängiger Vergleichswert sind die Akzeptanzwerte eines Präsidenten nach 100 Tagen im Amt. Trump kam dabei laut Gallup auf 43 Prozent Zustimmung. Sämtliche Vorgänger erreichten zu diesem Zeitpunkt ihrer Präsidentschaft bessere Werte: Barack Obama und George W. Bush kamen auf 62 Prozent Zustimmung, Bill Clinton auf 55 Prozent, George H. W. Bush auf 56 Prozent, Ronald Reagan auf 67 Prozent und Jimmy Carter auf 63 Prozent.

Dabei hatte Trump neben vielen Pannen und Peinlichkeiten von Beginn an auch Erfolge vorzuweisen, die gern übersehen werden angesichts der vielen Angriffsflächen, die er bietet. Zwar lässt sich nur schwer messen, wie viel dieser Präsident zur Beschleunigung einer bereits zuvor eindeutigen Entwicklung beigetragen hat, aber die Arbeitslosigkeit in den USA erreichte im Mai 2017 den niedrigsten Stand seit zehn Jahren. Erkennbar wurde Trumps Amtsantritt von einem neuen Optimismus in der Wirtschaft begleitet. Der Dollar zog gegenüber dem Euro an. Und doch: Amerika bleibt so tief gespalten, wie es bei der Wahl des Milliardärs im November 2016 war. Jene knappe Hälfte der Bevölkerung, die Trump über das *electoral college* der einzelnen Bundesstaaten ins Amt brachte, steht in Umfragen treu zu ihm und wählte bei Nachwahlen in den US-Kongress im April und Mai 2017 in Kansas und Montana jeweils republikanische Kandidaten. Die andere Hälfte hält den Präsidenten für eine intellektuelle, moralische und politische Zumutung. Dass Trump im Mai 2017 den FBI-Chef James Comey feuerte, dessen Behörde die Ermittlungen zu Russlandkontakten seines Wahlkampfteams leitet, ließ renommierte Verfassungsrechtler wie den Harvard-Professor Laurence Henry Tribe ein Amtsenthebungsverfahren fordern. Selbst Republikaner äußerten sich bestürzt.

Auf internationaler Bühne überwiegt die Verunsicherung. Der neue Mann im Weißen Haus verrückt die Welt durch seine Sprunghaftigkeit ein Stück weiter ins Unkalkulierbare. Die Berechenbarkeit der USA schwindet. Bundeskanzlerin Angela Merkel sagte im Mai 2017 nach dem G-7-Treffen in Italien, an dem Trump erstmals teilgenommen hatte: »Die Zeiten, in denen wir uns auf andere völlig verlassen konnten, die sind ein Stück weit vorbei.« Der SPD-Fraktionschef im deutschen Bundestag, Thomas Oppermann, bezeichnete den amerikanischen Präsidenten als »Sicherheitsrisiko für den Westen«, der die Zusammenarbeit der Geheimdienste infrage stelle, weil »man annehmen muss, dass er brisante Informationen an russische Vertreter weitergibt«. Diese Zweifel an der bisherigen

Weltführungsmacht fallen in eine Zeit zunehmender Krisen-
herde: Syrien und der Irak, Europas Migrantenkrise, Ankaras
Abschied vom Säkularismus, islamistischer Exportterror, der
Jemen, Nordkorea, die Ukraine, Russlands Cyberkrieg, wie
immer Nahost, Chinas territoriale Ambitionen, dazu die
längst nicht gelöste Euro-Krise und eine Sinnfrage der Europäischen Union insgesamt. In den Niederlanden, in Öster-
reich, Schweden, Dänemark, der Slowakei, Ungarn, Polen
oder Deutschland erfahren rechte Parteien ungeahnten Zu-
lauf. In Frankreich verlor die von Trump indirekt favorisierte
Marine Le Pen im Mai 2017 die Stichwahlen; aber wenn Präsident Emmanuel Macron jetzt nicht grundsätzliche Reformen gelingen, pocht die Front-National-Vorsitzende in fünf
Jahren erneut an die Pforte des Élysée-Palastes.

Unvergessen sind die distanzlosen Freundlichkeiten, die
Trump im Wahlkampf Wladimir Putin entgegenbrachte.
Auch nach seinem begrenzten Militärschlag gegen Moskaus
Verbündeten Syrien im April 2017 waren die Beziehungen
zwischen den USA und Russland keineswegs »auf einem All-
zeittief«, wie der amerikanische Präsident behauptete. Bereits
im Mai empfing Trump den russischen Außenminister Sergej
Lawrow im Oval Office und gewährte einem TASS-Fotogra-
fen Zugang, während amerikanische Journalisten ausgesperrt
blieben. Anfang Juli 2017 stand das erste Treffen zwischen
Trump und Putin beim G-20-Gipfel in Hamburg an. Unabhängig von dessen Verlauf ist man in Moskau zufrieden, mit
diesem Präsidenten zu tun zu haben und nicht mit Hillary
Clinton, die als kalte Kriegerin und nervende Anwältin men-
schenrechtlicher Mindeststandards galt.

Trump ließ sich nie wirklich überzeugen, dass Moskau hinter
den Hackerangriffen gegen die Demokraten steckte. Zwar ist
er in seiner Administration von außen- und sicherheitspoliti-

schen Profis umgeben, die keine Illusionen hegen über Putins knallharte Interessenpolitik. Aber der Präsident selbst begegnet Moskau mit alarmierender Naivität, wie seine offenkundige Weitergabe von Top-Secret-Informationen des israelischen Geheimdienstes über Terrorplanungen des Islamischen Staats (IS, auch ISIS oder ISIL) an die Russen belegt.

Er wolle der Präsident aller Amerikaner sein, hat Trump wiederholt versichert. Doch er schürt in wahlkampfähnlichen Veranstaltungen weit vor jedem Wahltermin Ressentiments gegenüber dem »Establishment«, den Medien und allen, die nicht auf seiner Seite sind. »Wir hier« gegen »die da«, ist seine Botschaft, und sie kommt an. »Ich könnte mir nichts Schöneres vorstellen, als meinen Abend mit euch, mehr als 100 Meilen entfernt vom Washingtoner Sumpf, zu verbringen, und mit einer viel, viel größeren Menschenmenge und viel besseren Menschen«, rief Trump rund 7000 begeisterten Fans Ende April 2017 an seinem 100. Tag im Amt in Harrisburg (Pennsylvania) zu. Das traditionelle Dinner der Vereinigung der Weiße-Haus-Korrespondenten in der Hauptstadt hatte er dafür abgesagt – als erster Präsident seit Ronald Reagan, der 1981 einen dieser Gala-Abende ausließ, weil er sich nach einem Attentat von einem Schuss in die Brust erholte. Tradition hin und 36 Jahre her: Dass Trump am Dinner nicht teilnahm, ist sein gutes Recht. Dort verspotten professionelle Comedians die Präsidenten, in diesem Fall der zweifellos mit Bedacht ausgesuchte Hasan Minhaj vom TV-Kanal Comedy Central: »Wer hätte gedacht, nach allem, was in diesem Land passiert, dass ein Muslim auf der Bühne stehen würde – zum neunten Mal in Folge. Wir hatten acht Jahre Barack.« Obwohl der Präsident eingeladen war, mit einer eigenen Rede satirisch zu antworten, hätte er einen schweren Stand gehabt. Trump ist schlagfertig, aber er kann öffentliche Kritik schlecht einstecken. Ihm fehlt die Selbstironie Obamas, der derartige Abende nach ebenfalls reichlichen Attacken gegen seine Person in Jubelveranstaltungen umzuwandeln wusste – und der 2011 außerdem den als Gast anwesenden Trump wegen dessen Zweifeln an der Echtheit seines Geburtszertifikats verulkte.

Wer ist Donald Trump?

Trump, der Unternehmer

Prachtimmobilien, angefangen mit dem Trump Tower in New Yorks Fifth Avenue, wurden sein Markenzeichen und machten ihn zum Milliardär. In Amerika, wo Neid wenig verbreitet ist und die Hochachtung vor Erfolgen überwiegt, ist das ein starkes Argument. Wer es als Unternehmer geschafft hat, bringt wichtige Fähigkeiten in die Politik ein, lautet die Formel. Der Enkel deutscher Einwanderer aus der Pfalz entwickelte das geerbte Multimillionen-Unternehmen zu einem weltweit agierenden Konzern und wurde US-weit zur Berühmtheit als Moderator der Reality-TV-Show »The Apprentice«. Seinen persönlichen Besitz hat er am 16. Juni 2015, dem Tag der Bekanntgabe seiner Präsidentschaftskandidatur, mit 8,7 Milliarden Dollar (8 Milliarden Euro) angegeben. Im Folgemonat bezifferte er es in einer Finanzauskunft zu seiner Person bereits auf zehn Milliarden Dollar. Trump übertreibt allerdings regelmäßig. Das Magazin Forbes schätzte im März 2017 sein Gesamtvermögen auf 3,5 Milliarden Dollar.

Grundlage für Trumps unternehmerischen Erfolg waren sein zupackendes Gespür für günstige Gelegenheiten, seine ausgesprochene Fähigkeit zum cleveren Networking und seine stete Bereitschaft zu ruchlosen Methoden. Rechnungen von Subunternehmen wurden gewaltig gekürzt, um die Dividende hochzutreiben; fähige Anwälte der Gegenseite erhielten Mandate, nur um sie zu neutralisieren; zu den Geschäftspartnern gehörten Kriminelle bis in New Yorks Mafiafamilien hinein. Und Trump brüstete sich damit, Entscheider zu bestechen: Als in den 1970er Jahren ein Bürgermeister in New Jersey festgenommen wurde, der 800 000 Dollar an Bestechungsgeldern genommen hatte, prahlte Trump: »Kein verdammter Bürgermeister in Amerika ist 800 000 Dollar wert. Ich kann einen US-Senator für 200 000 Dollar kaufen.«[2]

Zusätzliche Einnahmen generierte Trump seit 2005 über eine »Trump University«, die an verschiedenen Orten der USA über kostenlose »Schnupperkurse« Kunden anlockte für mehrtägige Seminare. Gegen Gebühren von bis zu 35 000 Dollar wurden Insidertipps des Namensgebers versprochen, wie man durch Immobilien reich werde. In Wirklichkeit wurden die Absolventen mit Allgemeinplätzen von wenig kompetenten Dozenten abgespeist – obendrein gab es für die »Studenten« der »Universität«, die nie eine Ausbildungslizenz erhalten hatte, ein Gruppenfoto mit einem lebensgroßen Pappschnitt von Donald Trump in ihrer Mitte. Schon 2013 klagten etliche Absolventen wegen Betrugs. Trump wies alle Beschuldigungen zurück. 98 Prozent der Teilnehmer hätten die Seminare positiv beurteilt. Doch kurz nach seiner Wahl stimmte er einem Vergleich und der Zahlung von 25 Millionen Dollar an die Kläger zu. Den für den Präsidenten günstigen Vergleich erwirkte Richter Gonzalo P. Curiel, den Trump im Wahlkampf wegen seiner hispanischen Wurzeln als »unfair« und als »Trump-Hasser« beschimpft hatte.

Mindestens sechs Unternehmen, die Trump gehörten, sind in Konkurs gegangen. Das betraf vor allem Hotels und Casinos wie das Trump Taj Mahal und das Trump Plaza Hotel in Atlantic City (New Jersey). Mitunter blieben Schulden in Milliardenhöhe zurück. Einzelne Insolvenzen sprechen allerdings in Amerika ganz und gar nicht gegen einen Unternehmer, hat er damit doch zweifellos den Mut zum Wagnis bewiesen. Was hingegen Trumps betriebswirtschaftliche Fähigkeiten infrage stellt, sind Berechnungen etlicher Finanzanalysten, darunter die Experten von Forbes. Sie gehen davon aus, dass Donald Trump von seinem Vater Fred mindestens 40 Millionen Dollar übernahm, als er 1974 Präsident des Familienkonzerns wurde. Hätte er dieses Vermögen in den Aktienindex Standard & Poor's 500 investiert, der die Aktien der 500 größten börsennotierten US-Unternehmen bündelt, wäre es bis heute auf 13 Milliarden Dollar gewachsen. Nicht einmal Trump behauptet, so viel zu besitzen.

Trump, der Politiker

Als Präsident pflegt Trump sein Selbstverständnis als Mann der Wirtschaft. Nikki Haley, US-Botschafterin bei den Vereinten Nationen, bezeichnet ihn als den »CEO des Landes«. Regelmäßig überzieht der Vorstandsvorsitzende aus dem Weißen Haus heraus »die Politiker« mit Häme und Verachtung. »Reden nur, tun nichts« (*all talk, no action*), lautet Trumps Standardvorwurf. Im Januar 2017, wenige Tage vor seiner Inauguration, richtete er ihn gegen den Kongressabgeordneten John Lewis. Nun ist kein Politiker sakrosankt – aber als untätig kann man einen Bürgerrechtler kaum beschimpfen, der an der Seite von Martin Luther King für die Gleichstellung der Afroamerikaner kämpfte, mehrfach verhaftet und vom weißen Mob verprügelt wurde.

Trump ließ sich 1969, im Jahr eins von Richard Nixons Präsidentschaft, als Wähler der »Grand Old Party« (GOP) registrieren. Aber er ist kein Republikaner, sondern ein »Common-sense-Konservativer«, wie er sich selbst beschreibt, mit oft nationalistischen oder chauvinistischen und mitunter linken, staatsinterventionistischen Ansichten. Zwischendurch flirtete er mit Positionen der Demokraten. 2016 dann wurde der Milliardär zum Revolutionär. Er hat das bisherige amerikanische Parteiensystem mit der Macht eines Tsunami erschüttert und möglicherweise dauerhaft zerstört. Trump hat die GOP gekapert, gegen den Widerstand fast der gesamten Republikaner-Spitze, und zu einer Bewegung, von ihm *movement* genannt, erweitert. Sie sprach nicht nur viele konservative Wähler an, sondern auch Amerikaner, die seit drei oder vier Legislaturperioden gar nicht mehr gewählt hatten. Zudem erreichte er klassische Arbeiter und Gewerkschafter, zwei Milieus, die lange Zeit als Bastionen der Demokraten galten. Diese Gemengelage ließ ihn die Wahl gewinnen.

Trump, der Fall für die Psychiater

Wenn er wolle, könne er »die präsidialste Person aller Zeiten sein, abgesehen vielleicht vom großen Abe Lincoln«, versicherte Trump, ohne jedes Anzeichen von Ironie, kurz nach seiner Inauguration. Trump reklamiert für sich ständig den Superlativ. Er hat unter anderem folgende Behauptungen, oft mehrfach, aufgestellt: »Niemand baut bessere Mauern als ich« (Juni 2015); »niemand respektiert Frauen mehr als ich« (Oktober 2016); »niemand in der Geschichte dieses Landes hat je so viel über Infrastruktur gewusst wie Donald Trump«; »niemand ist größer oder besser bei Militärischem als ich« (Juni 2015); »ich weiß mehr über ISIS als die Generäle, glaubt mir« (Juni 2015); »niemand weiß mehr über Handel als ich« (März

2016); »niemand weiß über Arbeitsplätze besser Bescheid als ich« (Januar 2016); »niemand versteht den atomaren Schrecken besser als ich« (März 2016); »ich denke, niemand kennt das System besser als ich« (August 2016); »ich denke, niemand weiß mehr über Steuern als ich, vielleicht in der gesamten Weltgeschichte« (Mai 2016); »niemand weiß mehr über Schulden als ich. Ich bin wie der König (der Schulden; A. G.), ich liebe Schulden« (Mai 2016). Und bereits im Mai 2013 twitterte er: »Sorry, Verlierer und Hasser, aber mein IQ ist einer der höchsten – und ihr alle wisst das! Bitte fühlt euch nicht so dumm oder unsicher, es ist nicht euer Fehler.«

Das sind klare Hinweise auf einen zutiefst narzisstischen Charakter. Seine Tiraden, gerichtet gegen einen behinderten Journalisten, den er nachahmte, oder gegen ihn verulkende Kabarettisten wie Alec Baldwin (»völlig voreingenommen, nicht lustig und die Baldwin-Parodie kann einfach nicht schlimmer werden«) oder Rosie O'Donnell (»fettes, hässliches Gesicht«), belegen zudem eine mangelhafte Impulskontrolle. Ist Trump geisteskrank? Über 30 000 professionelle Psychiater und Psychologen haben in einer Online-Petition argumentiert, Trump manifestiere »eine schwere psychische Erkrankung, die ihn psychologisch unfähig macht, die Pflichten des Präsidenten der Vereinigten Staaten kompetent zu erfüllen«. Deshalb müsse er »aus dem Amt entfernt werden«. Doch psychiatrische Ferndiagnosen via Fernsehübertragungen oder Zeitungslektüre sind nicht geeignet, die mentale Verfasstheit eines Menschen zu beurteilen. Zwar braucht man kein therapeutisches Wissen, um festzustellen, dass Trump extrem selbstverliebt ist. Aber ein gewisser Narzissmus gehört zur menschlichen Persönlichkeit, und er ist überdurchschnittlich entwickelt bei vielen Menschen, die im öffentlichen Leben stehen. Experten unterscheiden zwischen »normalem« Narzissmus, der sich durch einen erhöhten, mitunter extremen Geltungsdrang äußert, und »pathologischem« Narzissmus oder »narzisstischer Persönlichkeitsstörung«. Die letztere Form des Narzissmus macht unfähig, die Realität wahrzunehmen und soziale Bindungen einzugehen. Man könnte vereinfachend sagen: Normale Narzissten machen uns verrückt, krankhafte Narzissten sind verrückt.

Das Wesen dieser Persönlichkeitsstörung hat der renommierte Verhaltensforscher und Psychiater Allen Frances erforscht und wissenschaftlich definiert. Die Debatte um den Geisteszustand von Trump laufe in die falsche Richtung, sagt der emeritierte Professor der Duke University in Durham (North Carolina), der als Koryphäe der Narzissmusforschung gilt. In der New York Times schrieb Frances im Februar 2017: »Die meisten Amateuranalytiker haben Präsident Trump fälschlich eine Diagnose der narzisstischen Persönlichkeitsstörung ausgestellt. Ich habe die Kriterien, die diese Störung definieren, formuliert und Mr. Trump erfüllt sie nicht. Er mag ein Weltklassenarzisst sein, aber deswegen ist er nicht geisteskrank, weil er nicht an der Not und der Beeinträchtigung leidet, die für die Diagnose einer psychischen Störung erforderlich sind. Mr. Trump verursacht schwere Not, anstatt sie zu erleiden, und er wurde für seine Prunksucht, Selbstbefangenheit und seinen Mangel an Empathie reichlich belohnt statt bestraft.«

Beunruhigend ist, dass Trump sich heute in Interviews und freier Rede fahriger, unkonzentrierter und restringierter äußert als vor zehn oder 20 Jahren. Sätze bleiben oft unvollständig und wechseln unerwartet ihr Thema, auch sein Wortschatz scheint geschrumpft. Allerdings mag dies mitunter sogar zielführend sein: Wenn der Präsident nach einem islamistischen Selbstmordanschlag in Manchester darauf bestand, die Täter als »üble Verlierer« statt als »Monster« oder

»Terroristen« zu bezeichnen, könnte er recht damit haben, dass für die Dschihadisten die Einordnung als »evil losers« verletzender ist, als wenn man ihnen eine Rolle im asymmetrischen Krieg der Gegenwart zuerkennt.

Trump und die Frauen

First Lady Melania Knauss, ein slowenisches Model, ist seit 2005 die dritte Frau von Donald Trump und Mutter des 2006 geborenen Barron, des einzigen noch nicht erwachsenen Kindes des Präsidenten. Vielen sittenstrengen Republikanern ist jede einzelne Scheidung ein Ausschlussargument gegen einen Politiker, aber Trump wurde kaum vorgeworfen, dass er zuvor schon zweimal einer Frau das Ja-Wort gegeben hatte: 1977 Ivana Zelníčková, einem tschechischen Model aus der damaligen ČSSR, der Mutter von Donald John »Don« Jr., Ivanka und Eric, sowie 1993 der amerikanischen Schauspielerin Marla Maples (verheiratet 1993–1999), mit der Trump seine zweite Tochter Tiffany hat. Bereits als 18-Jähriger wurde er 1964 im Jahrbuch der Militärakademie in Cornwall-on-Hudson im Staat New York, in die ihn sein Vater nach unerlaubten Ausreißereien zum Zweck der Disziplinierung geschickt hatte, von seinen Kameraden als »Ladies' Man« charakterisiert. Seinen Ruf als »Womanizer« bestätigte er in den kommenden Dekaden.

Trumps Beziehungen waren von Skandalen überschattet. 15 Frauen haben ihm seit den 1980er Jahren sexuelle Zudringlichkeiten oder Belästigungen vorgeworfen. Unter anderem gaben sie an, er habe sie in seinem Privatclub Mar-a-Lago in Florida oder am Rande von Schönheitswettbewerben ohne ihre Einwilligung geküsst oder an intimen Stellen gegrapscht. Ivana behauptete in den 1990er Jahren im Rahmen schmutziger Scheidungsverhandlungen, der Ehemann habe sie »vergewaltigt«. Später änderte sie den Begriff in »verletzt« – und nahm 25 Millionen Dollar aus der Ehe mit. Während des Wahlkampfes reichten drei Frauen Klagen gegen den Kandidaten ein, in allen Fällen kam es offenkundig zu außergerichtlichen Einigungen. Trump hat stets seine Unschuld beteuert und erklärt, den Frauen sei es um mediale Aufmerksamkeit und Geld gegangen.

Im Oktober 2016, einen Monat vor der Präsidentenwahl, wurde der elf Jahre alte Audiomitschnitt einer ausgesprochen vulgären Unterhaltung zwischen Trump und Billy Bush bekannt, einem Moderator der Fernsehsendung »Access Hollywood« und Neffen von Ex-Präsident George H.W. Bush. Darin prahlte Trump, dass er als »Star« bei Frauen »alles machen« und »ihnen an die Muschi greifen« könne. Bis in die republikanischen Reihen reichte die Empörung über Pussygate, wie der Skandal des amerikanischen Begriffs wegen genannt wurde. Trump entschuldigte sich, allerdings erst nach einem emotionalen Ausbruch seiner Tochter Ivanka, bezeichnete die Zoten als »Umkleideraum-Gerede« und versicherte, auf dem Golfplatz habe er von Bill Clinton »viel Schlimmeres gehört«.

Zu erneuten Irritationen kam es nach Trumps Amtsantritt. Die New York Times berichtete im März 2017 über Klagen von insgesamt fünf ehemaligen Mitarbeiterinnen des Senders Fox News gegen Starmoderator Bill O'Reilly wegen sexueller Zudringlichkeiten. Für Vergleiche hatte der Sender über die Jahre 13 Millionen Dollar bezahlt. O'Reilly bestritt jedes Fehlverhalten. Trump ergriff öffentlich seine Partei. »Ich denke, er ist jemand, den ich gut kenne – er ist ein guter Mensch«, sagte der Präsident der New York Times, »ich denke nicht, dass Bill etwas Falsches getan hat.« Es ist möglich, dass O'Reilly, der sich nur wenige Wochen später mit einer Abfindung von

25 Millionen Dollar von Fox News verabschiedete, von allen Klägerinnen zu Unrecht beschuldigt wurde. Aber wie kommt der oberste Repräsentant aller Amerikaner auf die Idee, in einer Situation, in der eine Aussage gegen fünf Aussagen steht, öffentlich die Position des mit ihm befreundeten O'Reilly zu ergreifen und die Frauen indirekt der Lüge zu zeihen?

Trump, der Radikale

»Donald Trump ist ein Faschist«, schrieb der Kolumnist Michael Kinsley einen Monat nach Trumps Wahlsieg in der Washington Post. Viele andere Linke stimmen ihm zu. Amerikas Rechte weist den Vergleich empört als Ritual schlechter Verlierer zurück, und die Pragmatiker in der Mitte witzeln: Mit Hitler habe Trump nun wirklich nichts gemein, denn der habe seinen Bestseller selbst geschrieben und Bücher gelesen. Jenseits des Gags bleibt die Frage: Ist Trump islamophob, xenophob, homophob, chauvinistisch?

Wenige Menschen außerhalb seiner Familie sind so dicht an Trump herangekommen wie der Autor Tony Schwartz. Er ging 1985 und 1986 rund 18 Monate lang im Büro und in der Privatwohnung des Milliardärs aus und ein, um ihm als Ghostwriter den 1988 erschienenen Bestseller »The Art of the Deal« zu schreiben. Schwartz hat Trump bei geschäftlichen Sitzungen beobachtet und per Privathubschrauber in Wochenenden begleitet. Er lehnt Etikettierungen wie »Faschist« für Trump im Gespräch mit mir ab, hält ihn aber wegen seines Dranges zur unbedingten Macht für »gefährlich« – und sich für eine Art Frankenstein, der durch das erfolgreiche Buch »ein Monster geschaffen hat«. Dass Trump, der bekennende Antiintellektuelle, »abgesehen von ›The Art of the Deal‹, in seinem Leben als Erwachsener wahrscheinlich kein Buch gelesen hat«, sei ebenfalls »ein wichtiger Punkt«. Er habe in Trumps Büro oder in seinem Apartment »nie ein einziges Buch gesehen«, sagt Schwartz.

Im Wahlkampf forderte Trump ein grundsätzliches Einreiseverbot für Muslime. Seine Präsidialverfügungen zum temporären Einreiseverbot für Bürger einzelner, mehrheitlich muslimischer Staaten waren laut seinem juristischen Berater Rudy Giuliani der Versuch, dieses Wahlkampfversprechen zumindest partiell zu verwirklichen. Trump drohte auch eine Rückkehr zum Verhörinstrument des *water boarding* an, das amerikanische Gerichte als Folter eingestuft haben.

Fast den Wahlsieg hätte Trump seine Auseinandersetzung mit Khizr Khan gekostet. Der eingewanderte Pakistani ist der Vater von Humayun Khan, einem im Irakkrieg gefallenen muslimischen Hauptmann der US-Armee. Khizr Khan attackierte Trump beim demokratischen Nominierungsparteitag für Hillary Clinton in einer live übertragenen Rede wegen dessen Forderung nach einem Einreiseverbot für seine Glaubensgenossen. Er habe seinen Sohn Humayun für dieses Land geopfert. »Sie haben nichts geopfert – und niemanden«, rief er durch die Kameras dem Kandidaten zu, der nach seinem Studium 1968 dem Kriegsdienst in Vietnam durch einen vom Hausarzt attestierten Fersensporn entkommen war (der sollte später so perfekt verheilen, dass Trump heute gar nicht mehr sagen kann, ob er Probleme am linken oder rechten Fuß hatte).

Anstatt die Parteitagsattacke unkommentiert zu lassen, schoss Trump am nächsten Morgen zurück. Im Fernsehinterview verglich der Kandidat der Republikaner das Opfer, das die Einwandererfamilie in Person des gefallenen Sohnes für die USA geleistet habe, mit den von ihm geschaffenen »Tausenden Arbeitsplätzen« und seinem »außerordentlichen Erfolg« als Unternehmer. Unterschwellig versuchte er noch, Khizr Khan als islamistischen Unterdrücker zu zeichnen: Dass dessen Frau Ghazala, die Mutter des gefallenen Soldaten, schweigend auf der Bühne neben ihrem Mann gestanden hatte, bedeute ja möglicherweise, dass es ihr »nicht erlaubt war, etwas zu sagen«. Der Generalverdacht, unter den dieser Präsident alle Muslime stellt, macht es für die USA noch schwieriger, arabische Verbündete für den Kampf gegen den »Islamischen Staat« zu motivieren.

Gleich in der ersten Rede, mit der Trump im Juni 2015 seine Kandidatur bekannt gab, insinuierte er, die meisten illegalen hispanischen Einwanderer seien Drogenhändler oder Vergewaltiger. Monatelang kündigte er die Deportation sämtlicher rund 13 Millionen Illegalen aus den USA an. Doch ein Ausländerfeind ist Trump nicht. Er appellierte an das Ressentiment, weil es ihm Wahlstimmen versprach. Dass er gegen illegale Immigration, nicht aber gegen Zuwanderer schlechthin ist, zeigt ein Radiointerview, das sein heutiger Chefberater Steve Bannon im November 2015 als damaliger Chef des rechten Internetportals Breitbart.com mit ihm führte. Trump bedauerte darin, dass ausländische Absolventen amerikanischer Eliteuniversitäten oft die USA verlassen müssten und dann in ihren Heimatländern erfolgreiche Unternehmen gründeten, zum Beispiel in Indien. »Wir müssen da vorsichtig sein, Steve, wir müssen die begabten Leute in unserem Land halten.« – Bannon: »Hmm.« – Trump: »Ich denke, da stimmen Sie zu. Stimmen Sie da zu?« – Bannon: »Na, ich bin da härter. Wenn zwei Drittel oder drei Viertel der CEOs im Silicon Valley aus Südasien oder Asien kommen, denke ich ... Mein Punkt ist, ein Land ist mehr als eine Volkswirtschaft. Wir sind eine Bürgergesellschaft ...« Trump unterbrach: Auch nach dem Bau einer Mauer zu Mexiko wolle er Immigranten haben, die »auf rechtmäßigem Weg ins Land kommen«. Trump lehnte erkennbar Bannons Definition des amerikanischen Volkes nach rein ethnischen Gesichtspunkten ab. Dass der Mann, der zum zweiten Mal mit einer Immigrantin verheiratet ist, den damaligen Breitbart-Chef nach der Wahl als Chefstrategen ins Weiße Haus holte, ist zwar ein Statement – und trotzdem gibt es erkennbare ideologische Differenzen zwischen dem Intellektuellen Bannon, der den weißen Nationalisten nahesteht, und dem reinen Bauchentscheider Trump, der Einwanderer akzeptiert, wenn sie Amerika groß machen könnten.

In den 1970er Jahren wurde der Trump-Konzern wegen der Diskriminierung von schwarzen Mietinteressenten verklagt, die dort keine Wohnungen bekamen. Donald Trump war zu diesem Zeitpunkt bereits Chef des Unternehmens. Das Verfahren endete mit einem Vergleich und der Zusicherung, künftig schwarze Mieter zu akzeptieren. Untypisch für die damalige Zeit war dieser Versuch, weiße Mieter »unter sich« zu belassen, nicht, und darum taugt dieser über 40 Jahre zurückliegende Rechtsstreit nicht als Beleg für eine rassistische Einstellung. Gleiches gilt für die sprachliche Eigentümlichkeit Trumps, »die« Afroamerikaner als geschlossenen Block darzustellen: »Ich habe eine großartige Beziehung mit den Schwarzen. Ich hatte immer eine großartige Beziehung mit den Schwarzen.«

Entgegen häufigen Vorwürfen ist Trump erkennbar nicht homophob. Aus Sprüchen wie diesem spricht jedenfalls keine schwulenfeindliche Haltung: »Ich habe so viele fabelhafte Freunde, die nun einmal schwul sind, aber ich bin Traditionalist.« Für seinen Nominierungsparteitag im Juli 2016 in Cleveland (Ohio) organisierte Trump einen Auftritt des Paypal-Gründers und Milliardärs Peter Thiel. Zum ersten Mal sprach ein bekennender Homosexueller auf einer Republican National Convention. Thiel wurde von den Republikanern mit Beifall überschüttet – und im Silicon Valley wegen seiner Parteinahme für Trump und einer Spende von 1,25 Millionen Dollar massiv angefeindet. Facebook-Chef Mark Zuckerberg gehörte zu den wenigen in der digitalen Wirtschaft, die Thiel verteidigten. Eine Woche nach seinem Wahlsieg sagte der *President-elect*, für ihn gehe die Entscheidung des Supreme Court aus dem Juni 2015 in Ordnung, die gleichgeschlechtliche Ehen mit konventionellen Ehen gleichstellt. Das Thema sei abgehakt.

Die Gretchenfrage: Wie hältst du's mit der Religion?

Homoehe und Abtreibung sind für jeden republikanischen Politiker Gretchenfragen in einem Land, in dem die christliche Religion immer noch die Kultur prägt, auch wenn die Bindekraft seit Jahren leicht abnimmt. 75,2 Prozent der Amerikaner identifizierten sich laut Gallup im Jahr 2015 mit dem Christentum, 2008 waren es noch 80,1 Prozent. Der Protestant Trump sagt über sich selbst: »Ich nehme an, die Menschen sind überrascht, wenn sie herausfinden, dass ich ein Christ, ein religiöser Mensch bin.«[3] Und weiter: »Ich gehe zur Kirche, ich liebe Gott, und ich liebe es, eine Verbindung mit Ihm zu haben.« Die Bibel sei »das wichtigste Buch, das je geschrieben wurde – mit weitem Abstand«, versichert er und witzelt: »Vielleicht kommt ›The Art of the Deal‹ auf Platz zwei. (Nur ein Scherz!)« Die Mutter habe ihm die religiösen Werte vermittelt. Prägend sei für ihn vor allem der Priester Norman

Vincent Peale von der Collegiate Church in New York gewesen, der 1977 Donald Trump und Ivana Zelníčková, seine erste Ehefrau, traute. »Er vermittelte mir ein sehr positives Gefühl über Gott, das mich auch positiv über mich selbst denken ließ.« Reverend Peale, zu dessen Predigten Donald bereits als Junge von seinem Vater Fred Trump mitgenommen wurde, ist der Autor des Motivationsklassikers und Weltbestsellers »Die Kraft positiven Denkens«.

Als der Präsidentschaftsbewerber im August 2015 nach seiner Lieblingsstelle in der Bibel befragt wurde, antwortete er: »Ich möchte mich dazu nicht äußern, weil das für mich sehr persönlich ist.« Auf die Frage, ob er das Neue oder das Alte Testament besser finde, blieb er ebenso vage. »Wahrscheinlich gleich. Ich denke, das ist einfach unglaublich«, ließ er ratlose Interviewer zurück. Im April 2016 entschied sich Trump dann doch für eine bevorzugte Bibelstelle: »Auge um Auge«, davon »können wir so viel lernen«, sagte er in einem Radiointerview. Trump mag übersehen haben, dass Jesus in der Bergpredigt exakt dieser Aufrechnung von »Auge um Auge, Zahn um Zahn« widerspricht und stattdessen fordert, »dass ihr nicht widerstreben sollt dem Übel, sondern: wenn dich jemand auf deine rechte Backe schlägt, dem biete die andere auch dar«.

Im Februar 2016 attackierte Papst Franziskus bei einem Besuch in Mexiko die Idee einer Mauer entlang der Grenze. »Jemand, der nur an den Bau von Mauern denkt, wo immer sie auch sein mögen, und nicht an das Bauen von Brücken, ist nicht christlich«, sagte das Oberhaupt der Katholiken. Einen Namen nannte Franziskus nicht, aber Trump wusste, wer gemeint war, und keilte zurück: »Kein Führer, vor allem kein religiöser Führer, sollte das Recht haben, die Religion oder den Glauben eines anderen in Zweifel zu ziehen.« Trump fügte hinzu: »Wenn und falls der Vatikan angegriffen werden sollte durch ISIS, was bekanntlich das ultimative Ziel von ISIS ist, dann, das kann ich versprechen, würde der Papst nur wünschen und beten, dass Donald Trump Präsident wäre.« Bei einem Vatikanbesuch während seiner ersten Auslandsreise als Präsident wurde Trump vom Heiligen Vater empfangen; man ging freundlich miteinander um.

Trump, der Law-and-Order-Präsident

Trump ist kein Ideologe. Er bezeichnet sich selbst als »Commonsense-Konservativen« und ist in vielen Fragen beweglicher als seine Anhänger. Aber der Präsident erfüllte gänzlich die Erwartungen der Partei, als er Ende Januar 2017 mit dem 49-jährigen Neil Gorsuch einen hoch qualifizierten konservativen Verfassungsrichter nominierte. Gorsuch wurde im April 2017 vom Senat bestätigt, nachdem die Grand Old Party die Möglichkeit des »Filibusterns«, also der Verzögerung von Abstimmungen durch Dauerreden, über eine Änderung der Verfahrensregeln ausgehebelt und die Bestätigung per einfacher Mehrheit ermöglicht hatte. Das war die »nukleare Option«, die mächtigste Waffe gegenüber den Demokraten, und sie wurde in vielen Medien heftig beklagt – allerdings hatten die Demokraten 2013 unter Obama ebenfalls die »nukleare Option« genutzt, um Personalentscheidungen durchzusetzen. Gorsuch hat den neunköpfigen Supreme Court gut ein Jahr nach dem Tod des konservativen Richters Antonin Scalia wieder komplettiert.

Ende April 2017 bedankte sich der Präsident mit einer Rede vor der National Rifle Association (NRA) in Atlanta für eine ausgesprochen großzügige Wahlkampfhilfe. Die Lobby der Waffenproduzenten hatte ihn mit 30,3 Millionen Dollar unterstützt, mehr als das Zweieinhalbfache dessen, was vier Jahre zuvor Mitt Romney (12,5 Millionen Dollar) erhalten hatte. Während Trump in seinem Buch »The America We Deserve« (2000) noch für das Verbot von Sturmgewehren und eine längere Wartezeit bei Waffenkäufen für Background-Checks plädiert hatte, liegt er inzwischen völlig auf der Linie der NRA und spricht sich gegen jegliche Einschränkung des Waffenrechts aus. Im Amt vertritt Trump die im Wahlkampf versprochene Law-and-Order-Haltung: Zwar hat der Kongress den Bau der Mauer zu Mexiko in weite Ferne gerückt, und die Finanzierung durch die mexikanische Regierung war ohnehin nie eine reale Option. Dennoch sank bis Mai 2017 die Zahl neuer illegaler Einwanderer in die USA um 73 Prozent, sagt Trump. Bereits zuvor hatte das Heimatschutzministerium angegeben, die Quote von Frauen mit Kindern, die unerlaubt die Grenze passierten, sei gegenüber Dezember 2016 um 93 Prozent zurückgegangen. Die abschreckende Botschaft der neuen Administration ist angekommen.

Justizminister Jeff Sessions hat eine härtere Ahndung von Verbrechen angekündigt. Ein Exempel statuieren will die Administration an der Streetgang MS-13, die in den 1980er Jahren in Los Angeles von Einwanderern aus El Salvador gegründet wurde und inzwischen auch in anderen Städten der USA, darunter New York City, blutige Bandenkriege um Schutzgeld, Prostitution und Drogen führt. Der Kampf gegen Rauschmittel ist insgesamt ein wichtiges Thema für den Präsidenten. Waren Richter in der Obama-Ära angewiesen worden, bei Drogendelikten milde zu urteilen, falls die Täter kein »signifikantes« Vorstrafenregister hatten, nicht als Bandenbosse agierten, unbewaffnet waren und gewaltlos vorgingen, drängt Sessions wieder auf gesetzlich vorgeschriebene Mindeststrafen, die auch abhängige Gelegenheitsdealer hinter

Gitter bringen. Dabei stellen die USA mit 2,3 Millionen Inhaftierten bereits 22 Prozent aller Strafgefangenen weltweit, während ihr Anteil an der Weltbevölkerung nur 4,4 Prozent beträgt. Die Inhaftierungsquote von 666 Strafgefangenen auf 100 000 Einwohner wird nur von den kleinen Seychellen (799) übertroffen. Zum Vergleich: Russland kommt auf eine Quote von 431, China von 118 und Deutschland von 76 Häftlingen. Die konservativ-libertären Milliardärsbrüder Charles und David Koch, die viele Republikaner (nicht allerdings Trump) fördern, und der republikanische Ex-Gouverneur von Texas und jetzige Energieminister in der Trump-Administration, Rick Perry, fordern deshalb seit Jahren eine Reform des Strafrechts. Die kommt jetzt – aber sie geht in die entgegengesetzte Richtung und dürfte die Knastbevölkerung der USA weiter erhöhen.

Trump, der Führer, der nur manchmal führt

Als entscheidungsstarker Führer präsentiert sich Trump seiner Anhängerschaft. Aber längst nicht immer kommt er diesem Anspruch auch nur nahe. So reagierte der Präsident auf die Debatte um Russlandverbindungen seines Wahlkampfteams nie aufklärend und konstruktiv, sondern stets verbittert und obstruktiv. Als schließlich im Mai 2017 der stellvertretende Justizminister Rod Rosenstein den früheren FBI-Chef Robert Mueller als Sonderermittler einsetzte, bezeichnete Trump dies am nächsten Morgen als »größte Hexenjagd in der amerikanischen Geschichte« und twitterte mit fehlerhafter Orthografie: »Bei all den gesetzwidrigen Aktionen, die im Clinton-Wahlkampf und in der Obama-Administration stattfanden, wurde nie ein Sonderermittler ernannt.« Welche Illegalitäten meinte er? Clintons E-Mail-Affäre wurde vom (im Mai 2017 von Trump gefeuerten) FBI-Direktor James Comey bis in die heiße Wahlkampfphase hinein öffentlich untersucht. Und wenn Trump glaubt, dass Barack Obama illegal agierte, hat er als Präsident die Kompetenz, jederzeit einen Sonderermittler zu berufen. Obama habe ihn und Mitglieder seines Wahlkampfteams abhören lassen, glaubt Trump. Am 4. März 2017 frühmorgens um 7.02 Uhr twitterte der Präsident der USA nach der offenkundig nur oberflächlichen Lektüre einiger spekulierender und zum Teil monatealter Artikel: »Wie tief ist Präsident Obama gesunken, meine Telefone während des sehr geschützten Wahlprozesses anzuzapfen. Dies ist Nixon/Watergate. Übler (oder kranker) Typ!« Auf die Idee, seinen eigenen Apparat, also FBI und Geheimdienste, mit der Prüfung des ungeheuerlichen Vorganges zu beauftragen, kam der Präsident offenkundig nicht. Er beäugte die Regierungsmaschine misstrauisch, anstatt sie in Gang zu setzen – er ist ihr Chef und er will der Commander-in-Chief sein. In dieser Situation reichte es nur zum Commentator-in-Tweets. Die Direktoren der Geheimdienste, darunter der entlassene FBI-Chef Comey, erklärten in den folgenden Wochen, sie hätten keinerlei Hinweise auf derartige Abhöroperationen.

Käme es, aus welchen Gründen auch immer, zur Amtsenthebung des Präsidenten, würde Allan Lichtman einmal mehr recht behalten. Der Politikwissenschaftler und Historiker an der American University in Washington D.C. entwickelte mit dem russischen Mathematiker Vladimir Isaacovich Keilis-Borok ein Datensystem, auf dessen Grundlage er seit 1984 die Sieger bei den Direktstimmen aller Präsidentschaftswahlen in den USA richtig vorausgesagt hat. 2016 prognostizierte er sowohl Clintons Sieg bei der *popular vote* als auch Trumps Triumph via *electoral college*. Seine neueste These, dass Trump nicht vier Jahre im Amt durchstehen, sondern abgesetzt und durch Vizepräsident Mike Pence ersetzt werde, stützt Lichtman allerdings nicht auf Zahlen, sondern nur auf sein Bauchgefühl.

Aber die Position eines Präsidenten ist stark und die Hürden für ein *Impeachment* sind hoch. »Verrat, Bestechung oder andere schwere Verbrechen und Vergehen« setzt Artikel 2 der Verfassung als Kriterium. Erst gegen zwei Präsidenten gab es Amtsenthebungsverfahren, nämlich 1868 gegen Andrew Johnson wegen Amtsanmaßung bei der Auswechslung des Kriegsministers und 1998 gegen Bill Clinton wegen Meineids und Behinderung der Justiz. In beiden Fällen wies der Senat die Vorwürfe zurück. Als sich 1974 ein erfolgreiches *Impeachment* gegen Richard Nixon abzeichnete, trat der für den Watergate-Skandal verantwortliche Präsident zurück. Zu bedenken ist: Die Verletzung der »Würde des Amtes« oder die Verquickung von Firmeninteressen mit Regierungspolitik sind keine Kriterien für ein *Impeachment*. Die Untersuchung der Russlandkontakte des Trump-Teams hat viel Verdächtiges zu Tage gefördert, aber keinen Beweis einer Zusammenarbeit mit Moskau während des Wahlkampfes. In jedem Fall ist eine Amtsenthebung kein juristischer, sondern stets ein politischer Vorgang. Darum machen die republikanischen Mehrheiten in beiden Kongresskammern ein *Impeachment* gegen einen republikanischen Präsidenten sehr unwahrscheinlich.

»Ich liebte mein vorheriges Leben«, sagte Trump im April 2017 im Interview mit Reuters: »Das hier ist mehr Arbeit als in meinem vorherigen Leben. Ich dachte, es wäre leichter.« Hatte er sich wirklich die Arbeit als Präsident der USA »leichter« vorgestellt als die Verwaltung seines Familienkonzerns, den er seit fast einem halben Jahrhundert leitet? In seinen ersten 14 Wochen im Weißen Haus verbrachte Trump acht Wo-

chenenden in seinem Privatclub Mar-a-Lago. Die meisten In-
haber kleiner und mittelständischer Unternehmern dürften
weniger Freizeit haben. Dabei versprach Trump im Juni 2015
im Interview mit der Zeitung The Hill, er würde als Präsident
»selten das Weiße Haus verlassen«. Und weiter: »Ich wäre
kein Präsident, der Urlaub macht. Ich würde kein Präsident
sein, der sich frei nimmt.«

2 | Zwei Trumps und zwei Amerikas

Es gibt zwei Donald Trumps. Und es gibt zwei Amerikas. Den einen Donald Trump kennt man zur Genüge. Er ist polternd und großsprecherisch, er pöbelt auf Twitter und schiebt ausländische Ministerpräsidenten beim Nato-Gipfel zur Seite, um besser ins Kamerabild zu kommen. Seine politischen Statements wirken oft naiv bis surreal, etwa jene zum langwierigen Versuch, Obamacare zu ersetzen: »Niemand hat gewusst, dass das Gesundheitswesen so kompliziert sein kann.«
Der andere Donald Trump tritt seltener auf. Er fand international überwiegend Zustimmung mit einem begrenzten Militärschlag gegen Syrien nach einem Giftgaseinsatz gegen Zivilisten. Er brachte einen konservativen Verfassungsrichter durch den Senat, den die Demokraten nicht mögen, dessen fachliche Kompetenz aber unbestritten ist. Nicht jede Äußerung und Handlung dieses anderen Trump muss man gutheißen, und Militäraktionen stoßen regelmäßig auf Vorbehalte. Doch in diesen Auftritten wirkt der Präsident konzentriert und professionell, vielleicht, weil er sich an den Teleprompter hält. Am Ende seiner Erklärung an die TV-Nation zu dem Raketenangriff auf den syrischen Flughafen brach er, der *America First* Präsident, gar mit dem Protokoll und bat um Gottes Segen nicht nur für die USA, sondern »für die ganze Welt«. Und er verschaffte sich im Februar 2017 mit einer präsidialen Rede vor dem Kongress Gehör, als er an alle Bürger appellier-

te, gemeinsam »die Erneuerung des amerikanischen Geistes anzugehen«.

Doch die Amerikaner, die beiden Amerikas, sind nicht geeint. So falsch die Erwartung der Demoskopen und Politikexperten im Wahlkampf war, »Amerika« wolle Hillary Clinton im Weißen Haus sehen, so irrig ist die Schlussfolgerung, »Amerika« habe sich für Donald Trump entschieden, den personifizierten Gegenentwurf zur Politik der modernen USA. Es war nur ein Teil der Nation, der für ihn votierte, und das klingt in einer Demokratie nach einer Binse, weil knappe Mehrheiten nicht selten sind. Aber im Falle dieser Wahl standen sich nicht zwei politische Lager innerhalb einer Nation gegenüber, von denen das eine siegte und das andere unterlag, sondern zwei unterschiedliche Entwürfe der Nation. Die Amerikaner sind so uneinig wie nie zuvor nach dem Sezessionskrieg im 19. und der Bürgerrechtsbewegung im 20. Jahrhundert. Ein Ausdruck dessen war, dass Trump zwar die *electoral vote* der Wahlleute aus den einzelnen Bundesstaaten mit 304 zu 227 klar für sich entschied und damit die Präsidentschaft gewann, aber Clinton in der *popular vote* der Direktstimmen mit einem Vorsprung von fast 2,9 Millionen Stimmen (66 zu 63 Millionen) deutlich vor ihm landete.

Im *star-spangled Banner*, der amerikanischen Nationalhymne, wird die Macht gepriesen, »die uns zu einer Nation gemacht und erhalten hat«. An den Pathos dieser Worte reicht die Realität nur in positiven und negativen Ausnahmesituationen heran. Zu ihnen gehörte der Sezessions- oder Bürgerkrieg (1861–1865), der erst die Nation schuf. Vor dem Sterben der 620 000 Landsleute, rund zwei Prozent der Bevölkerung, sprachen die Amerikaner von den Vereinigten Staaten im Plural, so wie es im Ausland immer noch die Regel ist: »*The United States are …*«; danach wurde der Singular üblich: »*The United*

States is...«. Der Bürgerkrieg, sagte Woodrow Wilson 1915, »schuf in diesem Land etwas, das nie zuvor existierte – ein nationales Bewusstsein«.

Die Nation war geeint nach dem Schock des japanischen Angriffs auf Pearl Harbour 1941, bei der Landung von Neil Armstrong 1969 auf dem Mond oder im Angesicht des Terroranschlags von 9/11 gegen das World Trade Center in New York und das Pentagon in Washington D.C. Im Alltag hingegen zerfällt die Nation von rund 324 Millionen Menschen, die drittgrößte nach China und Indien, in Teilmengen. Es gibt nicht nur Republikaner und Demokraten, sondern Weiße und Schwarze und Junge und Alte. Es gibt die hispanische Minderheit, die zur Mitte des Jahrhunderts die Zahl der Weißen übertreffen wird. Es gibt die derzeit am schnellsten wachsende Gruppe der Asiaten, es gibt viele Christen und wenige Muslime und Juden und Sikhs und Buddhisten und zunehmend Atheisten. So ähnlich kennt man es aus etlichen modernen Gesellschaften.

Bei der Präsidentschaftswahl 2016 wurde aber vor allem die tiefe Spaltung zwischen »Countryfolk-Amerika« und »Metropolen-Amerika« deutlich, zwischen Hinterland und Küste. Da sind die ländlichen und kleinstädtischen Menschen mit sehr traditionellen amerikanischen Werten wie der Abneigung gegen jede Bevormundung durch Washington – und ihre Landsleute vor allem in großen Städten mit ihrem globalen, progressiven und manchmal, seltener als in Europa, auch postnationalen Selbstverständnis. Es gibt die *blue-collar workers in Fabriken*, deren Arbeitsplätze in den vergangenen Dekaden weniger wurden, und die *white-collar workers* in Büros und Verwaltungen. Viele Patrioten findet man in beiden Gruppen.

Amerikas Identitätskrise

Gleich zwei parteipolitisch ungebundene Kandidaten standen im Wahlkampf 2016 für die Countryfolk-Amerikaner, obgleich beide mit ihnen biografisch wenig gemein haben und beide in New York City geboren sind. Neben Donald Trump war dies Bernie Sanders, der um die Nominierung der Demokraten kämpfte, in den Primaries gegen Hillary Clinton verlor, aber überraschend starken Zuspruch fand, obwohl er sich als »demokratischen Sozialisten« bezeichnete – das galt zuvor als politisches Todesurteil in den USA. Andererseits: Trump, der so unglaublich prahlte, so oft die Tatsachen verbog, in seiner Unternehmerkarriere gelegentlich mit Kriminellen kooperierte, der fluchte und Beleidigendes und Zotiges über Frauen sagte, hätte nach den vermeintlich ehernen Gesetzen der amerikanischen Politik auch nie auf den Wahlzettel einer der beiden großen Parteien kommen dürfen, geschweige denn ins Weiße Haus. Bis zur Wahl von Trump galt es als unumstößliches Gebot, dass Präsident der USA nur werden kann, wer zuvor in ein hohes öffentliches Amt gewählt wurde, eher Gouverneur oder Senator als einfacher Kongressabgeordneter, oder wer eine militärische Karriere gemacht hat.

Trump ist kein typischer Republikaner. Ebenso ist der zweite Volkstribun, Sanders, kein genuiner Demokrat, sondern ein Senator, der zu den Wahlen als Unabhängiger antritt und ein gutes Stück links steht von der Partei, mit der er im Kongress abzustimmen pflegt. Sanders veranstaltete einen Wünsch-dir-was-Wahlkampf, in dem er viel versprach: Die Erhöhung des Mindestlohnes um mehr als das Doppelte von 7,25 auf 15 Dollar, freie Colleges, eine kräftige Rentensteigerung, eine staatliche Gesundheitsversicherung – und alles sollte bezahlt werden durch eine stärkere Besteuerung nur der Besserverdienenden.

Als Mitte März 2017 Fox News die Popularität von Politikern abfragte, lag Sanders auf Platz eins mit fast zwei Drittel Zustimmung (61 Prozent). Alle anderen Politiker landeten unter der 50-Prozent-Marke. Vizepräsident Mike Pence kam auf 47 Prozent, Trump auf 44 Prozent und die ebenfalls linke Senatorin der Demokratin, Elizabeth Warren, von der Trump meint, sie könne 2020 seine Gegenkandidatin werden, auf 39 Prozent. Diese Zahlen sagen viel aus über den Zustand des amerikanischen Parteiensystems: Ein Nicht-Demokrat ist die Hoffnung der Demokraten, und ein Nicht-Republikaner hat für die Republikaner das Weiße Haus erobert.

Der Erfolg von Trump lässt sich aus der Identitätskrise der USA verstehen. Wohin steuert das Land? George W. Bush setzte auf eine imperiale Vision, in der Amerika die Welt verbessert. Barack Obama setzte auf einen kosmopolitischen Entwurf, in dem die Welt Amerika verändern sollte. Donald Trump setzte auf eine nationalistische Idee, in der sich Amerika nur noch um sich selbst kümmert. Der Kandidat rief nicht nur zu einer routinemäßigen Entscheidung über den nächsten Präsidenten auf, sondern zu einer Vertrauensfrage über das herrschende System der USA. Fühlte man sich von den Politikern ehrlich vertreten? Sah man sich, wenngleich auf unterschiedlich luxuriös ausgestatteten Reisedecks, in einem Boot mit den Wirtschaftsführern des Landes, mit den Bankern, für die »Wall Street« als Symbol steht? War Amerika, das die Finanzkrise des Jahres 2008 gemeistert hatte, auf dem richtigen Kurs?

Eine qualifizierte Mehrheit antwortete ausweislich etlicher Umfragen dreimal mit Nein. Am Wahltag, dem 8. November 2016, hatte der US-Kongress nach den aus allen Umfragen errechneten Durchschnittswerten von RealClearPolitics.com eine Zustimmungsrate von 14,9 Prozent (*approve*), während

76,3 Prozent ablehnend antworteten (*disapprove*). Dann die Banker: »Jeder hasst Wall Street«, überschrieb die Washington Post einen Artikel im Juni 2016. Edison Research hatte den Befragten zwei Antwortoptionen vorgelegt: »Wall Street tut mehr, um das Leben von Amerikanern zu verschlechtern« versus »Wall Street tut mehr, um das Leben von Amerikanern zu verbessern«. Demokraten entschieden sich zu 61 Prozent und Republikaner zu 51 Prozent für einen negativen Einfluss der Banker. Und schließlich das Grundsätzliche: »Sind Sie insgesamt zufrieden oder unzufrieden mit der gegenwärtigen Entwicklung in den USA?«, fragt Gallup regelmäßig ab. Zum Zeitpunkt der Wahl im November 2016 waren 27 Prozent zufrieden und 70 Prozent unzufrieden. Bei der ersten Wahl Obamas im November 2008 war das Verhältnis mit 13 zu 84 Prozent noch schlechter – was angesichts der Immobilienkrise, die zur Weltfinanzkrise werden sollte, nicht überrascht. Alarmierend ist der Gesamttrend: Im Januar 2004 fanden die Demoskopen zum bislang letzten Mal mehr zufriedene (55 Prozent) als unzufriedene (43 Prozent) Amerikaner. Zwischen Januar 1997 und Juni 2002 waren die positiven Werte hingegen fast immer höher als die negativen Werte gewesen und hatten zum Teil bei 71 zu 26 Prozent (Februar 1999) gelegen. Im November 2016 befanden sich nur Obamas persönliche Zustimmungswerte mit 52,3 zu 44,7 Prozent im Positiven. Trump kam am Tag seiner Wahl bei Gallup lediglich auf 36 Prozent Zustimmung und auf 61 Prozent Ablehnung. Clinton schnitt besser ab, doch ihre Werte waren mit 47 zu 52 Prozent ebenfalls negativ. Trump wurde nur von einem Teil seiner Wähler als Hoffnungsträger gesehen, die anderen akzeptierten ihn allenfalls als das geringere Übel. Der Grund für das verlorene Vertrauen in das System: Die soziale Mobilität, die Möglichkeit des sprichwörtlichen Aufstiegs vom Tellerwäscher zum Millionär, ist ins Stocken geraten. Dabei machte gerade dieses Narrativ das Land der unbegrenzten Möglichkeiten so attraktiv. Aber 59 Prozent der Amerikaner bezeichneten den klassischen amerikanischen Traum in einer CNN-Umfrage im Jahr 2014 als unerreichbar. 2006 waren es noch 54 Prozent gewesen. Bereits 2011 hatte eine OECD-Studie festgestellt, dass die »Aufstiegsmöglichkeiten von ganz unten« in den meisten europäischen Ländern, darunter Deutschland, Schweden, die Niederlande und Dänemark, besser seien als in den USA. Und während jeweils mehr als die Hälfte der Schwarzen, der Hispanics und der gebildeten Weißen überzeugt sind, dass es ihren Kindern wirtschaftlich besser gehen werde als ihnen, stimmen dem nur 44 Prozent der Weißen ohne College-Abschluss in den USA zu.[4] Kein Wunder: Der Medianwert der Einkommen, gewissermaßen das Durchschnittseinkommen der Mittelklasse, ist heute geringer als 1999. Betrug er zum Ende des 20. Jahrhunderts laut U.S. Census Bureau 57 909 Dollar, stürzte er bis 2012 auf 52 666 Dollar ab und stieg 2015 immerhin wieder auf 56 516 Dollar. Trumps Sieg hat zwei Wurzeln. Die eine ist arg angejahrt und viele Amerikaner dachten, sie sei längst abgestorben. Aber dann bewies der 8. November, dass Ideen der *Jacksonian Democracy* aus der ersten Hälfte des 19. Jahrhunderts noch lebendig sind: Ideen des ländlichen Amerikas, das sich gegen das Metropolen-Amerika auflehnt, weil es den Eindruck hat, abgekoppelt zu sein vom amerikanischen Traum und von einer Demokratie, in der eine White-Collar-Elite mehr Einfluss hat als Joe oder Mary Average, die tatsächlichen oder vermeintlichen Durchschnittsbürger Amerikas. Diese Menschen freuten sich, als Trump beispielsweise in seiner Inaugurationsrede sagte: »Wir leiten die Macht weg von Washington D.C. und geben sie zurück an euch, das Volk!« Was das konkret heißen soll, hat der Präsident nie erklärt. Die zweite Wurzel des Trump-Erfolges im Jahr 2016 ist die Tea-Party-Bewegung, die 2009 als Graswurzelopposition gegen Obama entstand. Unter diesen Protestlern waren, vor allem am Anfang, Rassisten und Reaktionäre, die den Präsidenten, Sohn einer weißen Amerikanerin und eines Afrikaners aus Kenia, wegen seiner Hautfarbe ablehnten. Aber zumeist waren es konservative und libertäre Amerikaner, die Obama als Vertreter von big goverment sahen, die eine schleichende Entwicklung zu einem europäischeren, einem »sozialistischeren« Amerika befürchteten. Tea-Party-Aktivisten waren in kleinen Gruppen übers ganze Land verteilt und gerade im Mittleren Westen und in »Country-America« stark. 87 Prozent von ihnen sagten in einer Umfrage der Washington Post im Oktober 2010, die »Unzufriedenheit mit den Führern der Mainstream-Republikaner« sei das wichtigste Motiv für ihr Engagement.

Der Boden für Donald Trump war bereitet. Er schien den Unzufriedenen als einer, der sich von niemandem etwas gefallen lässt, der sich durchboxen würde – anders als die übrigen Bewerber der Republikaner oder Mitt Romney 2012, die allesamt zu maniert und geschniegelt wirkten, um es mit den Eliten aufzunehmen. Trump, mit dem goldenen Löffel geboren, verbreitete von sich das Bild des Straßenkämpfers, und seine Wahlkampfveranstaltungen waren wie Punkrock-Konzerte. Man musste ja nicht bei Umfragen oder am Gartenzaun verraten, dass man ihn gut fand. Aber in der Abgeschiedenheit der Wahlkabine, »einem der wenigen verbliebenen Plätze in der Gesellschaft ohne Überwachungskameras, ohne Aufnahmegeräte, ohne Ehefrauen, ohne Kinder, ohne Boss, ohne Cops«, gaben sie ihm ihre Stimme, wie es der Filmemacher Michael Moore im Juli 2016 in einem Blogbeitrag vorausgesagt hatte. Rebellen solidarisierten sich mit einem Rebellen.

Das andere Amerika hatte das Nachsehen. Und die Welt, ein Stück weit aus den Angeln gehoben, beobachtet Washington: Entweder wird sich der eine, der radikale Donald Trump durchsetzen, der von dem in seiner Macht gestutzten, aber immer noch einflussreichen Chefstrategen Steve Bannon ideologisiert wird. Oder der andere, pragmatische Trump, der auf seine Tochter Ivanka und seinen Schwiegersohn Jared Kushner hört und trotzdem unkalkulierbar bleibt.

3 | Falsche Schweden: Großvater, Vater, Sohn

Bayern ist schuld. Hätte das bajuwarische Innenministerium dem Antrag eines Landsmannes auf Rücksiedlung zugestimmt, wäre Donald Trump nie Präsident der Vereinigten Staaten von Amerika geworden. Besagten Antrag stellte im Jahr 1904 Friedrich Trump, 1869 geboren in Kallstadt in der linksrheinischen Pfalz, damals Teil des Königreichs Bayern. Er, das vierte von sechs Kindern, war erst sieben Jahre alt, als der lungenkranke Vater Johannes, ein kleiner Winzer, starb. Friedrich machte eine Ausbildung zum Friseur. 1885 jedoch verließ er das bis heute erhaltene schlichte zweistöckige Geburtshaus mit dem spitzen Giebel in seinem Heimatort an der Weinstraße und wanderte nach Amerika aus. Da war er 16, und der Vorwurf, er habe sich jenseits des Atlantiks vor der Rekrutierung zum obligatorischen Dienst in der Königlichen Bayerischen Armee drücken wollen, würde später eine wichtige Rolle spielen. In jedem Fall flüchtete der Jüngling vor den beengten wirtschaftlichen Verhältnissen daheim in Kallstadt, das heute zu Rheinland-Pfalz gehört.

Der Großvater: Ein »Etablissement« in Alaska

Am 17. Oktober 1885 traf Friedrich Trump an Bord des deutschen Viermasters *SS Eider* im Hafen von New York ein. An Ort und Stelle wurde er von einem Friseur als Angestellter angeheuert und bereits am nächsten Tag, einem Sonntag, erschien er zur Arbeit, schreibt Gwenda Blair in ihrem faszinierenden Porträt der »drei Generationen Trump« in den USA.[5] Zudem fand er sofort ein Dach über dem Kopf bei seiner ältesten Schwester Katharina, die seit zwei Jahren als Katherine in New York lebte und dort Friedrich Schuster, einen weiteren Kallstädter, geheiratet hatte. Tatsächlich, in diesem jungen Land schien alles möglich! Das kleine Friseurgehalt stillte auf Dauer nicht den Ehrgeiz des jungen Einwanderers: Trump wollte reich werden.

Nach einem Jahr siedelte er nach Seattle an der Westküste im wenig später offiziell anerkannten Bundesstaat Washington über. 1891 kaufte er in der Washington Street, einem Viertel, das Blair als »Hochburg für Sex, Alkohol und Geld« beschreibt, für 600 Dollar das kleine »Dairy Restaurant«. Der Vorbesitzer hatte neben Mahlzeiten (»Nur von Spitzenköchen!«) und vornehmlich alkoholischen Getränken auch »Privatzimmer für Damen« feilgeboten.[6] Nichts deutet darauf hin, dass Fred Trump diese Dienstleistung abschaffte.

1892 nahm Fred Trump die US-Staatsbürgerschaft an und verkaufte im darauffolgenden Jahr seine Kaschemme. Er zog in die verschneiten Berge nordöstlich von Seattle, wo Gold und Silber gefunden worden waren. In der Siedlung Monte Cristo im Snohomish County ließ er sich ganz in der Nähe des geplanten Bahnhofs einen Claim sichern, auf dem er eine Pension errichtete. Das war nicht ganz legal, weil in Schürfgebieten nicht gebaut werden durfte. Zudem war der Grund und Boden, auf dem er das Gasthaus errichtete, bereits auf einen anderen Namen eingetragen. Doch in jenen Zeiten und Regionen war das Recht bei jenen, die es sich nahmen.

»Gold! Gold! Gold!«, titelte am 17. Juli 1897 die Seattle Post-Intelligencer. Damit begann der echte Goldrausch. Am

Klondike, einem Nebenfluss des Yukon im nordwestlichen Kanada, war das Edelmetall in riesigen Mengen zu holen. Seattle wurde zum Ausgangspunkt der Expeditionen von rund 100 000 Glücksrittern. Im März 1898 zog auch Frederick Trump zum Klondike. Er meisterte eine Strecke von 1 000 Meilen zunächst auf einem überfüllten Dampfer nach Alaska und dann zu Fuß durch tief verschlammte Ebenen und über eisige Berge. Der 29-Jährige, den Verwandte in seiner Jugend als zu schwächlich für die Arbeit in den Weinbergen angesehen hatten, zeigte eine Willenskraft, die an jene erinnert, mit der sein Enkel Donald 118 Jahre später gegen alle Widerstände in der eigenen Partei und in den Medien eine strapaziöse Wahlkampagne abschloss und seinen Klondike erreichte, das Weiße Haus.

An einem Pass, den nahezu alle Goldsucher nehmen mussten, errichtete Frederick Trump einen Imbiss unter Zeltplanen. Die Mahlzeiten, die er dort verkaufte, bestanden vermutlich aus dem Fleisch jener Pferde, die auf dem Pass verendet waren und deren Kadaver von den nachfolgenden in den Matsch getrampelt wurden. In der Goldgräbersiedlung Bennett eröffnete Trump schließlich mit einem Partner das New Arctic Restaurant and Hotel, erneut mit »Privatzimmern für Frauen«. Sie waren, schreibt Blair, nicht nur mit einem Bett ausgestattet, sondern auch mit einer Goldwaage, damit die Kunden jene Damen für ihre Dienste bezahlen konnten. 1901 verkaufte Trump das Arctic. Der Goldrausch vom Klondike, dessen Höhepunkt überschritten war, hatte etwa 4000 Goldsucher vermögend gemacht – und den Auswanderer aus Kallstadt, der selbst nie zu Hacke und Spaten greifen musste. Als gemachter Mann von 32 Jahren reiste er zu einem Besuch seiner Mutter nach Kallstadt – und verliebte sich in die elf Jahre jüngere Nachbarstochter Elisabeth Christ. Im folgenden Jahr heirateten sie, und Trump nahm seine junge Braut mit zurück in die USA. In New Yorks South Bronx bezogen sie ein Apartment mit Warmwasser, Heizung, Elektrizität und eigenem Badezimmer – das war damals Luxus. Aber Elisabeth vertrug das New Yorker Klima nicht, schrieb Friedrich Trump später in einem Brief. In dem Film »Kings of Kallstadt« (2014) der Kallstädter Regisseurin Simone Wedel stellt John W. Walter, ein in New York lebender Neffe des heutigen Präsidenten, die Geschichte anders dar. Elisabeth habe als Bedingung für die Hochzeit gestellt, dass ihr Mann seine noch vorhandenen Immobilien in Alaska verkaufen und spätestens nach zwei Jahren mit ihr in die Pfalz heimkehren würde. Und so reiste das Ehepaar im Sommer 1904 mit dem ersten von drei Kindern, einem Töchterlein namens Elizabeth, zurück nach Deutschland.

»Frederick Trump brachte seine Ersparnisse von 80 000 Mark nach Kallstadt«, schreibt Blair. »Was schon damals in Kallstadt eine enorme Summe war, würde selbst heute noch einen hübschen Betrag von etwas über 350 000 Dollar Kaufkraft machen. Das Geld zahlte er umgehend auf der Sparkasse des Ortes ein, wozu sicher der herzliche Empfang durch die Offiziellen des Ortes beigetragen hatte.« Trump beantragte das dauerhafte Wohnrecht und die Wiedereinbürgerung. Der Stadtrat unterstützte den Antrag: »Er und seine Frau haben ein solides Leben geführt, besitzen ihr eigenes Heim in Kallstadt und er ist in der Lage, den Unterhalt für sich und seine Familie zu sichern.« Doch das bayerische Innenministerium bemängelte, dass sich Trump seinerzeit nicht ordnungsgemäß abgemeldet habe und nach Amerika gegangen sei, um dem Militärdienst zu entgehen. Am 27. Februar 1905 teilte das Bezirksamt Dürkheim dem Bürgermeister von Kallstadt mit: »Dem derzeit in Kallstadt befindlichen amerikanischen Bürger und Rentner Friedrich Trump ist eröffnen zu lassen, dass er längstens bis zum 1. Mai lfd. Jrs. das bayerische Staatsgebiet zu verlassen, andernfalls aber seine Ausweisung zu gewärtigen habe.« Die Nachricht habe ihn »wie ein Blitz aus heiterem Himmel« getroffen, schrieb »Ihr unterwürfigster und gehorsamster Friedrich Trump« in Sütterlin auf drei Seiten an Luitpold Karl Joseph Wilhelm von Bayern, der seinen geisteskranken Neffen Otto I. auf dem Königsthron vertrat. Der Prinzregent blieb ungerührt. Am 30. Juni verließ Friedrich Trump Kallstadt, auf dessen Friedhof heute noch Gräber seiner Vorfahren zu finden sind, zum letzten Mal. Seine Frau war im fünften Monat schwanger. Am 11. Oktober 1905 gebar sie in der Bronx Frederick Christ »Fred« Trump. Frederick Trump, der in der Heimat nicht mehr erwünscht war, erinnerte sich in New York zunächst wieder seiner Ausbildung und eröffnete einen erfolgreichen Barbiershop. Zudem begann er Immobiliengeschäfte. 1918 starb der Auswanderer an der Spanischen Grippe. Er sei auch ein »starker Trinker« gewesen und habe deshalb eine »harte Leber«, also eine Zirrhose gehabt, lässt Donald Trump den Ghostwriter Tony Schwartz in seinem 1987 verfassten Bestseller »The Art of the Deal«[7] schreiben.

Der Vater: Bauen für den Mittelstand

Um den Kallstädter trauerten seine Frau und drei Kinder: Nach Elizabeth und Fred war 1907 John geboren worden, der zu einem erfolgreichen und hoch geachteten Elektrotechniker und Physiker werden sollte. Er entwickelte unter anderem eine rotierende Bestrahlungstherapie für Krebspatienten, bei der die auf den Tumor fokussierten Strahlen von allen Seiten in den Körper dringen konnten. John war der Geniale in der Familie Trump – »aber das Geld machte ich«, sagte sein Bruder Fred später einmal. Der Familie hatte Frederick Trump ein geräumiges Wohnhaus in Queens sowie fünf Baugrundstücke und 4000 Dollar vermacht. Sein Gesamtvermögen beziffert Biografin Blair auf 31 359 Dollar. In der Kaufkraft des Jahres 2017 wären das 552 633 Dollar.

Die Große Depression vernichtete einen beträchtlichen Teil des Geldes. Unter dem Namen Elizabeth Trump & Son gründete die Witwe eine Immobilienfirma. Sie war auf Sohn Fred zugeschnitten, der schon als Kind davon träumte, eines Tages zu bauen. Er begann mit einer Garage für Nachbarn. »Sicher war es nicht die größte Garage aller Zeiten«, zitierte die New York Times den lebenslang vergleichsweise bescheiden gebliebenen Unternehmer im Januar 1973, »aber die Erfahrung bestärkte meine Hoffnung, etwas Kreatives mit Holz und Ziegeln und Zement zu tun«. Bezeichnend ist, dass Donald Trump in »The Art of the Deal« die Gründung der ersten Trump'schen Immobilienfirma durch seine Großmutter nicht erwähnt. »Elisabeth, die Mutter meines Vaters, arbeitete als Schneiderin, um ihre drei Kinder zu ernähren«[8], vermerkt er lediglich.

Bis 1926, ganze drei Jahre nach seinem Abschluss an der High School, hatte Fred Trump in Queens bereits 21 Häuser gebaut und jeweils rasch verkauft, um sich dem nächsten Projekt zuzuwenden. Der ausgebildete Zimmermann setzte auf architektonisch sachliche Ziegelbauten mit exklusiver Ausstattung rund um gepflegte Parkanlagen. Manche Häuser hatten Tiefgaragen, und obwohl sich nur wenige Käufer ein Auto leisten konnten, erfüllte sie der Mehrwert mit Stolz. In den Badezimmern gab es neben der Wanne Duschkabinen und in den Wohnzimmern Kaminattrappen. Die Keller waren zu »Freizeiträumen« ausgebaut und mit einer Theke ausgestattet. »Meine Eltern pflegten stolz zu sagen: Wir leben in einem Trump-Haus«, erinnert sich die in Brooklyn geborene Schriftstellerin Lynne Sharon Schwartz.

Im Zweiten Weltkrieg baute Fred Trump Baracken für die U.S. Navy in unmittelbarer Nähe der Häfen an der Ostküste, und nach Kriegsende ansprechende Wohnungen für zurückkehrende Veteranen. Um diese Zeit begann der Immobilienunternehmer Fred Trump die Legende zu verbreiten, seine Familie stamme aus dem schwedischen Karlstad. Er, der in einem deutschsprachigen Elternhaus aufgewachsen war, dementierte plötzlich, die Sprache zu kennen. »Er hatte viele jüdische Mieter, und es war in jenen Tagen nicht gut, deutsch zu sein«, erklärte John W. Walter, ein Sohn von Fred Trumps Schwester Elisabeth und der Familienhistoriker der Trumps, im Gespräch mit der New York Times. Die Legende von den schwedischen Wurzeln wird uns später bei Donald Trump erneut begegnen.

Abends, wenn die Bauarbeiter längst zu Hause waren, inspizierte der sparsame Unternehmer Fred Trump die Rohbauten. Donald erzählte häufig, sein Vater habe dann Nägel von den Fußböden aufgesammelt und am nächsten Tag dem Zimmermann ausgehändigt. Bei seinen Kontrollgängen schaltete er auch Lichter aus, die unnötigen Strom verbrauchten, oder schraubte Glühbirnen heraus, die ihm überflüssig erschienen. Und weil er für die vielen Apartments, die er verkaufte oder vermietete, große Mengen an Desinfektionsmitteln benötigte, ließ er sich Proben aller erhältlichen Haushaltsreiniger besorgen. »Dann ließ er sie ins Labor schicken, fand heraus, woraus sie bestanden, und ließ sie selbst mischen«, so der Sohn. »Wenn die Flasche zwei Dollar gekostet hätte, mischte er es sich für 50 Cent.« Da war Fred Trump längst ein Multimillionär und nicht nur durch Sparsamkeit so weit gekommen. Bevor ein Sub-unternehmer, etwa ein Klempner oder ein Heizungsmonteur, einen Auftrag für Arbeiten an einem Trump-Projekt erhielt, ließ sich der Immobilienunternehmer im Büro einen Umschlag übergeben: »Fred Trump würde eine Sekunde lang das Gewicht in seiner Hand prüfen, bevor er ihn in eine Schublade legte. Dann hörte er sich die Konditionen des Angebotes für die Arbeit an seinen Gebäuden an«, beschreibt der Enthüllungsjournalist, Pulitzerpreis-Gewinner und Trump-Biograf David Cay Johnston die Auftragsvergabe.[9] Fred Trump holte sich kurz nach dem Krieg mit Willie Tomasello auch einen Partner in seine Geschäfte, der laut der Task Force Organisiertes Verbrechen des Staates New York assoziiert war mit gleich zwei der fünf New Yorker Mafiasyndikate, nämlich mit der Familie Genovese und der Familie Gambino,[10] schreibt Johnston weiter.

Seinen Reichtum präsentierte der Vater seltener als später der Sohn. Doch es gab Ausnahmen: Fred Trump kaufte in Queens ein Haus, das er im Gespräch mit der Journalistin Marie Brenner unter Anspielung auf das berühmte Herrenhaus zu der Südstaaten-Plantage in »Vom Winde verweht« so beschrieb: »Neun Badezimmer und Säulen wie Tara«. Zudem steuerte der Schnauzbartträger durch New York im Cadillac-Cabrio mit dem Nummernschild »FC1«.

Im Wahlkampf 2016 wurde ein New-York-Times-Artikel aus dem Juni 1927 ausgegraben, der über eine Massenschlägerei zwischen 1000 Anhängern des rassistischen Ku-Klux-Klan und 100 New Yorker Polizisten berichtete. In diesem Zusammenhang seien sieben Männer festgenommen worden, unter ihnen ein Fred Trump, wohnhaft in 175-24 Devonshire Road im Viertel Jamaica Estate in Queens. »Das ist lächerlich«, sagte Donald dazu. Sein Vater, der in jenem Jahr 21 war, sei »nie verhaftet« worden: »Er hat nichts damit zu tun. Das ist nie passiert. Das ist Unsinn und nie passiert.« Die Adresse stimmt, an jener Stelle wohnten früher die Trumps. Und doch beweist der Artikel gar nichts. In ihm heißt es nämlich, vier der Verhafteten wurden wegen kleinerer Gewalttätigkeiten oder anderer Vergehen angeklagt und zwei begnadigt. Nur einer wurde aus dem Gewahrsam ohne jede Auflage entlassen – Fred Trump. Möglicherweise war er lediglich ein Schaulustiger, der fälschlich mit auf die Wache genommen und dann für unschuldig befunden wurde.

1936 lernte Fred bei einem Tanzvergnügen Mary Anne MacLeod kennen, ein schottisches Dienstmädchen mit gälischer Muttersprache und hartem Akzent in ihrem Englisch. Als 19-Jährige war sie auf der Suche nach besseren Jobaussichten in die USA ausgewandert. Das Paar heiratete im selben Jahr und blieb zusammen bis zu Freds Tod im Jahr 1999. Mary starb im Jahr darauf. Ihre fünf Kinder erzog das Paar streng zu permanenter Arbeit und Pflichterfüllung. Vor allem der Vater war fordernd. Sie müssten »Killer« sein, schärfte er insbesondere den Söhnen ein. Wer sich ungehorsam zeigte, erhielt vom Vater auch schon einmal für einige Tage Stubenarrest oder, je nach Schwere des Vergehens, Schläge mit dem hölzernen Kochlöffel, schreibt Biografin Blair.[11] »Er mochte keine Warmduscher«, sagt Donald Trumps Neffe John W. Walter. »Er dachte, Konkurrenz macht dich härter.«

Die älteste Tochter, Maryanne Trump Barry, Jahrgang 1937, ist emeritierte Bundesrichterin am Berufungsgericht für den dritten Bezirk in Philadelphia. Inmitten des Wahlkampfs, im August 2015, lobte Donald Trump, seine Schwester wäre »eine phänomenale Verfassungsrichterin«, um sich dann aber von Parteifreunden darauf hinweisen zu lassen, dass Maryanne entgegen der Position der Republikaner für das Abtreibungsrecht eintritt.

Frederick Christ »Freddy« Trump Jr., geboren 1938, hatte an den Immobiliengeschäften des Vaters kein Interesse und erfüllte ohnehin nicht dessen hohe Anforderungen. Er wurde Pilot bei den Trans World Airlines und verfiel dem Alkohol. Freddy starb 1981 mit gerade 43 Jahren. »Unsere familiäre Umgebung, unser Wetteifern, war für Fred negativ«, sagte Donald Trump einmal. »Und ich denke, es hat in ihm Chaos angerichtet.«

Elizabeth Trump Grau, Jahrgang 1942, arbeitete als Vorstandsassistentin bei der Chase Manhattan Bank. Sie ist pensioniert, führt von allen Trump-Geschwistern das am wenigsten glamouröse Leben und hält sich fern der Öffentlichkeit.

Robert Trump, geboren 1948, stieg in den Trump-Konzern ein und war bis zu seiner Pensionierung Präsident der Hausverwaltungsgesellschaft. Er geht den Medien aus dem Weg seit einem schmutzigen Rosenkrieg vor rund zehn Jahren. Seine Frau war einer heimlichen Geliebten auf die Schliche gekommen, für die Robert ein Haus gekauft hatte. Die Gattin reichte die Scheidung ein und klagte auf die Hälfte seines auf 200 Millionen Dollar geschätzten Besitzes.

Der Enkel: Aus Millionen werden Milliarden

Und dann ist da natürlich Donald, geboren 1946, das zweitjüngste Kind von Fred Trump. Er dürfte dessen Erwartungen erfüllt haben. »Er war ein strenger, strikter Vater, ein No-Nonsense-Typ, aber er hat mich nicht geschlagen«, sagte Donald einmal. »Er regierte durch sein Verhalten, nicht durch das Schwert. Und er hat mich nie in Furcht versetzt oder eingeschüchtert.« Von Beginn an zeigte er Begeisterung für das Familienunternehmen, stieg als 20-Jähriger in die Trump Management Company ein, wurde 1974 ihr Präsident und benannte das Unternehmen 1980 in *The Trump Organization* um. Hatte der Vater sein Ziel realisiert, Marktführer für Mittelklassekunden in Brooklyn zu werden, wollte der zweite Sohn ins Zentrum von Big Apple und von dort aus ins Land und die ganze Welt hinaus. Fred Trump kritisierte die ambitionierten Pläne des Sohnes. Die Expansion der Geschäfte nach Manhattan sei wie »ein Ticket für die Titanic«. Aber er war auch begeistert von den Erfolgen des Sohnes in dem bislang unbekannten Terrain. »Was denken Sie, was mein Donald zusammengestellt hat? Man kann es kaum begreifen!«, schwärmte er im Gespräch mit der Journalistin Marie Brenner. Fred Trump hatte wenig Zeit für die Familie und war nicht der Vater, der seine Kinder oft in den Arm nahm. Den widerspenstigen Donald, den er als »rau und wild« ansah, schickte er gar auf die New York Military Academy in Cornwall-on-Hudson im Staat New York, um ihn zu disziplinieren. Da habe der Sohn beschlossen, die Anerkennung des Vaters zu erkämpfen, sagt ein Unternehmer, der die Familie kennt. Bis heute erinnern sich Mitschüler der Akademie, dass Donald ein Starathlet war. Insbesondere im Baseball hätte er es als Pitcher möglicherweise in bezahlte Ligen gebracht. Später sagte der Milliardär Trump, der Verdienst eines Profiwerfers im Baseball sei ihm zu gering gewesen.

In der Wharton School of Finance, die zur renommierten University of Pennsylvania gehört, studierte Donald Immobilienwirtschaft. Die Hochschule sei »super genial« gewesen und er schon deshalb ein »wirklich kluger Kerl«, sagte er im Wahlkampf. Gern ließ er verbreiten, er habe 1968 als »Klassenerster« abgeschlossen. Doch im Archiv des Daily Pennsylvanian ist die sogenannte *dean's list* der Klassenbesten der Jahre 1967 und 1968 noch erhalten – der Name Donald Trump findet sich unter diesen rund 15 Prozent der erfolgreichsten Studenten nicht. Donald Trump absolvierte auch nicht Whartons prestigeträchtiges MBA-Programm, sondern erwarb nur einen Bachelor-Abschluss. Anders als die meisten Mitschüler rauchte und trank er nicht. Donald war sehr konzentriert auf sein Studium und erwarb sich das Ansehen seiner Kameraden, weil er die attraktivsten Freundinnen hatte.

Fred Trump, 1,83 Meter groß, war eine ähnlich stattliche und dominante Erscheinung wie Donald Trump, der laut seinem Führerschein 1,89 Meter und nach seinen Wahlkampfangaben 1,92 Meter misst. Beide sind gewiefte Unternehmer und harte Verhandlungspartner. Auf den ersten Blick haben Vater und Sohn ansonsten wenig gemeinsam. Fred Trump hatte 27 000 Apartments und Reihenhäuser für Mittelklassefamilien vor allem in Brooklyn und Queens und vereinzelt in Staten Island und New Jersey bauen lassen. Später war er dazu übergegangen, auch Immobilien von Konkurrenten aufzukaufen, die in Schieflage geraten waren. Der Vater setzte auf Sicherheit, er war »ein vorsichtiger Mann«, sagt Tochter Maryanne, »ich denke nicht, dass er je ein Risiko einging«. Der Sohn hat sich im Berufsleben wie auch im Weißen Haus als Vabanquespieler präsentiert.

Lange Zeit hielt Donald Trump die Legende des Vaters von den schwedischen Vorfahren aufrecht. Noch in der heute erhältlichen Version des 1987 erstmals aufgelegten Bestsellers »The Art of the Deal« wird die Verfälschung der Familiengeschichte fortgesetzt. Der Großvater sei »als Kind aus Schweden hierhergekommen«,[12] behauptete Donald Trump dort. Gegen die Annahme, dass er es schlicht nicht besser wusste, spricht die Akribie, mit der er die Fakten bog. Die Vanity-Fair-Reporterin Marie Brenner fragt ihn 1990, ob er nicht in Wirklichkeit deutsche Wurzeln habe. »Tatsächlich ist das sehr kompliziert«, wich Trump aus. »Mein Vater war nicht deutsch; die *Eltern* meines Vaters waren deutsch, schwedisch und wirklich gewissermaßen aus ganz Europa. Und ich habe sogar überlegt, in der zweiten Auflage (von »The Art of the Deal«, A. G.) andere Orte stärker zu betonen, weil ich so viele Briefe aus Schweden bekomme: Ob ich rüberkäme und vor dem Parlament sprechen würde? Ob ich kommen würde, um den Präsidenten zu treffen?« Vielleicht kam es zu diesem Treffen nie, weil Schweden keinen Präsidenten hat, dafür aber einen Ministerpräsidenten und ein Königshaus.

Die offenkundige Angst schon des Vaters, die Familie könne mit ihren deutschen Wurzeln und dadurch mit dem Holocaust identifiziert werden, trieb seltsame Blüten. Unter Berufung auf Ivana Trump schrieb Marie Brenner in ihrem ausführlichen Trump-Porträt, dass der inzwischen pensionierte Cousin John W. Walter während seiner Zeit als leitender Manager der Trump Organization beim Betreten des Büros von Donald Trump »die Hacken zusammenschlägt und ›Heil Hitler‹ ruft, möglicherweise als Familienwitz«. In jener Zeit besaß Trump ein Buch mit Reden Hitlers. Ivana, die damals im Scheidungsprozess befindliche erste Frau von Donald Trump, erzählte Brenner, ihr Nochehemann bewahre das Buch in einem Schrank neben seinem Bett auf. Darauf von der Journalistin angesprochen, sagte Trump: »Eigentlich war es mein Freund Marty Davis von Paramount, der mir eine Ausgabe von ›Mein Kampf‹ gab, und er ist Jude.« Der einstige Paramount-Besitzer Martin S. Davis bestätigte diese Angaben gegenüber Brenner und korrigierte sie zugleich in zwei Punkten: »Ich gab ihm ein Buch über Hitler. Aber es waren Hitlers Reden, nicht ›Mein Kampf‹. Ich dachte, er würde es interessant finden. Ich bin sein Freund, aber ich bin kein Jude.« Der heutige Präsident der USA, ein Verächter von Büchern, war also nicht einmal bis zur Lektüre des Titels der 1941 erstmals erschienenen Sammlung von Hitler-Reden gekommen – was weniger irritierend ist als die Information, dass er just dieses Buch neben seinem Bett aufbewahrte.

In seinem Buch »The America We Deserve« erklärt Donald Trump: »Mein Großvater war Deutscher. Aber ich bin stolz auf die wichtige Rolle, die die Vereinigten Staaten beim Sieg über das Dritte Reich spielten.«[13] Einige Seiten weiter schreibt er über den Vater: »Fred Trump wurde 1905 in New Jersey geboren. Sein Vater, der als Kind aus Deutschland hierherkam, war so groß und keck wie ein Charakter aus einem Roman von Jack London. Er ging wegen des Goldrauschs nach Alaska. Dort besaß er ein Hotel. Nachdem er zurück in den Osten gegangen war, führte seine Frau Elizabeth das Familienunternehmen.« Elizabeth? Eine Amerikanerin vielleicht? Trump behauptet an dieser Stelle nicht, dass wenigstens die Großmutter aus Schweden kam, aber er verschweigt, dass der Großvater in die Pfalz zurückgekehrt war und seine Frau Elisabeth von dort mitgebracht hatte.

Im erwähnten Film »Kings of Kallstadt« bekannte der heutige Präsident sich hingegen ohne Wenn und Aber zu seinen Wurzeln. »Ich habe eine großartige deutsche Herkunft, ich bin sehr stolz darauf, großartiges Land«, sagte er. Trump, der 1999 als Großmarschall der alljährlichen deutsch-amerikanischen Steuben-Parade in New York City zur Erinnerung an den General des amerikanischen Unabhängigkeitskrieges Baron Friedrich Wilhelm von Steuben fungierte, schrieb sich in dem Film »typische deutsche Eigenschaften« zu: »Ich bin stark, ich bin sehr zuverlässig, ich bin pünktlich, ich erledige Dinge, und das ist im Grunde eine sehr deutsche Kultur.« Erkennbar ist er mit seiner Herkunft im Reinen: »Wissen Sie, ich bin stolz, dieses deutsche Blut zu haben, kein Zweifel. Großartige

Sache.« Über den Geburtsort des Großvaters, in dem er nie zu Besuch war, behauptete er: »Ich liebe Kallstadt.« Das scheint eine stille Liebe zu sein, über die er auch im Familienkreis nicht spricht. Im New Yorker Trump Tower lief dem Filmteam Eric über den Weg, der Sohn des jetzigen Präsidenten, und er musste passen bei der Frage, ob er »je das Wort Kallstadt gehört« habe: »Nein, was ist das?«

Als Donald Trump mit nur 28 Jahren als Präsident die operativen Geschäfte des Familienkonzerns übernahm, wurde sein Vater Aufsichtsratschef. Der Junior veränderte zunehmend den Kurs. 1979 kaufte er für 20 Millionen Dollar das altehrwürdige Gebäude des in Konkurs gegangenen Edelausstatters für Damen, Bonwit Teller, in 721 Fifth Street. Die Fassade des elfstöckigen Gebäudes war gesäumt von Art-Déco-Skulpturen. Als Donald Trump den Abriss ankündigte, um dort – mit einer steuerlichen Förderung von mindestens 56 Millionen Dollar durch die Stadt New York – den Trump Tower zu errichten, wollte das Metropolitan Museum die bronzenen Ornamente am Haupteingang für die Nachwelt sichern. Der Jungunternehmer versprach die Lieferung an das Museum. Doch dann, an einem frühen Morgen, kamen Abriss-Crews mit Vorschlaghämmern, und die Skulpturen waren binnen weniger Stunden zerstört. Der ordnungsgemäße Abbau hätte 32 000 Dollar gekostet, erklärte Trumps Sprecher John Barron, die Arbeit um mindestens anderthalb Wochen verzögert, und im Übrigen seien die Skulpturen »ohne künstlerischen Wert«. Das wiederum empörte Ashton Hawkins, den Vizepräsidenten des Met-Kuratoriums. »Können Sie sich vorstellen, das Museum hätte sie akzeptiert, wenn sie ohne künstlerischen Wert wären?«, protestierte er damals. Am vierten Tag des dadurch entstehenden Streits schaltete sich der bis dahin schweigsam gebliebene Donald Trump ein. Die Entfernung der Art-Déco-Skulpturen hätte »mehr als 50 000 Dollar an Steuergeldern gekostet«, behauptete er jetzt, und möglicherweise Fußgänger auf der Fifth Avenue gefährdet. »Meine größte Sorge galt der Sicherheit der Passanten unten auf der Straße«, ließ er wissen. Wenige Jahre später, 1983, stand an der Stelle ein 202 Meter hoher Wolkenkratzer. Mit Barbara Res Donald hatte Trump übrigens erstmals einer Frau die Projektverantwortung für eine Großbaustelle in New York City übertragen.

Für den Abriss des alten Gebäudes heuerte der heutige Kämpfer gegen illegale Einwanderer eine Brigade »undokumentierter« polnischer Arbeiter an. Trump hielt sich nicht an Absprachen, er zahlte die Männer, die zum Teil auf der Baustelle lebten und nachts auf dem harten Betonboden schliefen, verspätet oder gar nicht. Trotz ihrer rechtlich schwierigen Stellung entschieden sich einige zur Klage. Ein Bundesgericht stellte später fest, dass sie »außerhalb der Bücher« arbeiteten und Trump für sie weder Rentenbeiträge noch Steuern zahlte. »Ihnen wurde gesagt, sie würden mit vier Dollar oder in einigen Fällen fünf Dollar pro Stunde bezahlt werden für Zwölf-Stunden-Schichten an sieben Tagen in der Woche. Tatsächlich wurden sie unregelmäßig und unvollständig bezahlt«, zitiert David Cay Johnston in seinem Buch »The Making of Donald Trump«.[14] Auch später verweigerte der Immobilienunternehmer häufig die vereinbarte Bezahlung von Subunternehmern. In den vergangenen drei Jahrzehnten kam es deshalb zu 3 500 Klagen gegen Trump, berichtete USA Today im Juni 2016. Zu den Betroffenen gehörten Tellerwäscher, Anstreicher, Kellner und Handwerker, keineswegs zumeist Einwanderer, sondern oft jene Mittelklasse-Amerikaner, zu deren Sprecher sich Trump im Wahlkampf machte.

Hatte bereits Vater Fred Geschäftskontakte mit der Mafia gehabt, arbeitete Sohn Donald ebenfalls mit dem Milieu zusammen. Für die Konstruktion des Trump Tower kaufte er Transportbeton zu überteuerten Preisen von der Firma S&A Concrete, die von den Mafiabossen Anthony »Fat Tony« Salerno und Constantino »Big Paulie« Castellano gesteuert wurde. Das war in der damaligen korrupten Bauindustrie von Big Apple offenkundig unvermeidlich: Wenn der in Betonmischer-Trucks fertig gemixte, zähflüssige Beton zu den Baustellen geliefert wurde, durfte es keine Verzögerung geben, weil sonst das Material hart und unbrauchbar wurde. Fat Tony und Big Paulie konnten gewährleisten, dass die von ihnen kontrollierten Gewerkschaften nicht plötzlich eine Pause anordneten, um vom Bauherrn höhere Löhne für die Arbeiter zu erpressen.

Noch brisanter ist die Verbindung zu Joseph Weichselbaum, den Trump in den 1980er Jahren beauftragte, einen Hubschrauber-Shuttle für VIP-Gäste in Trumps Casino in Atlantic City zu organisieren. Weichselbaum war zweimal vorbestraft wegen Autodiebstahls und Unterschlagung, und seine Firma ging während ihrer Tätigkeit für den Casino-Chef zweimal in Konkurs, sagte der Trump-Biograf Johnston im Gespräch mit dem Autor, »aber Trump wechselte nie zu einem Konkurrenten, sondern zahlte weiterhin an Weichselbaum. Der gründete jeweils neue Firmen und blieb im Geschäft. Und als Weichselbaum wegen Drogenhandels angeklagt wurde, setzte sich Trump per Brief an das Gericht für eine milde Behandlung dieses ›wertvollen und gewissenhaften Bürgers‹ ein«. Warum diese erstaunliche Loyalität gegenüber einem Kriminellen, der in Florida, Kentucky und Tennessee in Drogengeschäfte verwickelt war? Bei einer Lieferung, für die Weichselbaum 1985 von einer Jury in Cincinnati zu drei Jahren Haft verurteilt wurde, ging es um 750 Kilogramm Marihuana. Während Weichselbaum im Gefängnis saß, kaufte seine Freundin zwei benachbarte Apartments im Trump Tower. Johnston, der Trump seit 20 Jahren kennt: »Offenkundig braucht Donald ihn als Freund, nicht als Feind. Und das legt die Frage nahe, ob Weichselbaum nicht stillschweigend auch andere Dienste für Trump übernahm. Warum sonst hätte Trump jahrelang diese tiefe Loyalität zu einem solchen Kriminellen gezeigt?« Trump nimmt keine Drogen, er raucht auch nicht und trinkt keinen Alkohol. Aber dass gut zahlende Gäste seinerzeit in den Hotel- und Casino-Komplexen von Atlantic City Nutten und Kokain kaufen konnten, ist ein offenes Geheimnis. Alles spricht dafür, dass Weichselbaum die Lieferungen sicherstellte.

Das Casino ist Pleite gegangen, der imposante Trump Tower an der Fifth Avenue, der 64-höchste in Manhattan, wurde hingegen ein Wahrzeichen der Stadt. Die ersten fünfeinhalb Stockwerke bilden ein gewaltiges goldglänzendes Atrium mit einem 20 Meter hohen Wasserfall. Wer die Rolltreppe hinunterfährt, findet im Basement den opulent ausstaffierten Trump Grill. Zum Lunch gibt es beispielsweise die »Taco Bowl« für 19 Dollar, den »Vegan Burger« für 18 Dollar oder das »Filet Mignon« für 34 Dollar. Ab 16 Uhr ist das Restaurant geschlossen, bis 22 Uhr bietet eine Bar neben kleinen Snacks Cocktails wie »Manhattan« oder »Mimosa« (je 18 Dollar) oder den »You're fired« (15 Dollar) in Anlehnung an die von Trump einst moderierte Erfolgsshow »The Apprentice« und einen »Milliardärscocktail« (20 Dollar) mit viel Wodka. In den obersten drei Etagen des laut Trump 68-stöckigen, in Wirklichkeit aber nur 58-geschossigen Tower befindet sich das auf 90 Millionen Dollar taxierte Penthouse des Präsidenten. In früheren Zeiten lebten in dem Gebäude Prominente wie Michael Jackson und Andrew Lloyd Webber. Paul Manafort, der während des Wahlkampfes als Manager des Trump-Teams geschasst wurde wegen ominöser Millionenzahlungen aus schwarzen ukrainischen Kassen, hat weiterhin sein Apartment im Turm. Haitis Diktator Jean-Claude »Baby Doc« Duvalier kaufte bereits ein Zwei-Millionen-Dollar-Apartment, bevor das Gebäude fertig war.

Neben dem Tower hat Donald Trump zwischen 1999 und 2001 noch den 262 Meter hohen Trump World Tower gegenüber dem Hauptquartier der Vereinten Nationen nahe dem East River errichten lassen. In der Park Avenue wandelte er ein ehemaliges Hotel aus dem Jahr 1929 in Luxusapartments (Trump Park Avenue) um. Donald Trump gehört nicht zu den großen Immobilienentwicklern in New York City, aber er war – lange vor seiner Präsidentschaftskandidatur – der wohl bekannteste. Daneben hat er Besitz in anderen Teilen der USA, unter anderem in Chicago, Miami, Las Vegas und Palm Beach. Dem Präsidenten gehören außerdem 17 Golfplätze in den USA wie in Schottland, Irland und den Vereinigten Arabischen Emiraten. Auf dem Golfplatz in Bedminster lässt er acht Ziegen halten und auf jenem in Colts Neck (beide New Jersey) Heu ernten. Das sichert den Freizeitanlagen Steuervorteile, die der Gesetzgeber für »landwirtschaftliche Nutzflächen« vorgesehen hat. Teil des Marketingkonzepts sind zudem Liegenschaften, die Donald Trump weder entwickelt hat noch ganz oder anteilig besitzt, wie das Trump Park Avenue in Manhattan, das Trump International Hotel & Tower in Dubai oder eine Golfanlage in Puerto Rico. Dessen Eigentümer haben lediglich die Lizenz von Trump erworben, um mit dem weltweit bekannten und für Luxus stehenden Namen werben zu dürfen.

Einen brisanten Interessenkonflikt gibt es in Washington D.C.: Dort hat die Trump Organization das historische Postamt in der Pennsylvania Avenue, wenige Blocks entfernt vom Weißen Haus, auf 60 Jahre für 180 Millionen Dollar von der Regierung der USA geleast und in ein Luxushotel umwandeln lassen. Im Herbst 2016 wurde es eröffnet. Im Leasingvertrag, geschlossen mit der Behörde General Services Administration (GSA), heißt es, »keinem gewählten Vertreter der Regierung der Vereinigten Staaten wird ein Teil oder Anteil dieses Leasings oder irgendein Nutzen, der daraus erwachsen kann, gestattet«. Während das Gesetz dem Präsidenten erlaubt, in seiner Amtszeit Unternehmen zu besitzen und Geschäfte weiterzubetreiben, wird der Wortlaut dieses Leasingvertrages eindeutig verletzt: Der Präsident der Vereinigten Staaten hat derzeit an sich selbst ein Stück Regierungseigentum vermietet, und die Gewinne fließen in seinen Konzern, der von den Söhnen Don Jr. und Eric gemanagt wird, aber weiterhin dem Vater gehört. In dem Fünf-Sterne-Hotel finden Konferenzen von einflussreichen Verbänden und Partys der kuwaitischen Botschaft statt und mehren den Gewinn des Trump-Konzerns. Demnächst wird ein neuer Behördenchef für die GSA ernannt – und zwar vom Präsidenten der Vereinigten Staaten.

»Es war nicht leicht für mich. Ich startete in Manhattan. Mein Vater gab mir ein kleines Darlehen von einer Million Dollar«, sagte Donald Trump 2015. Nicht jeder würde bei einer solchen Summe klagen, er habe es »nicht leicht gehabt«. Zudem war die Angabe offenkundig nicht richtig. Bereits 1971, als ihn der Vater zum Präsidenten berief, wurde der Konzern auf rund 200 Millionen Dollar taxiert. Der Patriarch erkrankte 1993 an Alzheimer und starb 1999. Er hinterließ Immobilien im Wert von 250 bis 300 Millionen Dollar, schätzte die New York Times im Nachruf; die meisten dieser Wohnkomplexe stieß der Konzern 2004 ab.

Im Oval Office in Washington steht ein gerahmtes Schwarz-Weiß-Foto des Vaters auf einem kleinen Tisch vor dem Gartenfenster hinter dem Schreibtisch des Präsidenten. Fred Trump war der einzige Boss, den Donald Trump je hatte.

4 | Jäger im Weißen Haus: Wie Donald Trump zur Politik fand

Ob er gern zum Präsidenten der USA ernannt würde, ganz ohne die Mühen eines Wahlkampfes, fragte die Reporterin des Senders ABC. Donald Trump schüttelte entschieden den Kopf. Eine Ernennung würde ihn um die Befriedigung bringen, eine Wahl gewonnen zu haben. »Es ist, glaube ich, die Jagd, die ich liebe.« Das Gespräch fand vor 30 Jahren statt, 1987, und die Journalistin war Barbara Walters, die große Dame des Fernsehjournalismus, die aus ihrem Ruhestand heraus Trump auch im Dezember 2015 noch einmal vor die Kamera holte, diesmal gemeinsam mit seiner Frau Melania.

An Trumps Antwort ist zweierlei interessant: Erstens seine Behauptung, er wolle sich seine Meriten verdienen, in diesem Fall einen Sieg in einem Wahlkampf. Und zweitens sein Verzicht darauf, die Idee einer Präsidentschaft als für ihn, den Geschäftsmann, abwegig zurückzuweisen. Warum auch nicht? Trump, ein Alpha-Mann wie aus dem Musterbuch der Verhaltensforscher, ist kompetitiv und geht Risiken ein. Trump liebt den Wettbewerb, er möchte sich mit anderen messen. Aber wichtiger als der Kampf ist ihm der Sieg. In erster Linie möchte er gewinnen und an sein Ziel gelangen. Er war 2016 kühn genug, gegen die von den Demoskopen klar favorisierte Hillary Clinton, gegen ein gutes Dutzend zum Teil hochrangiger republikanischer Präsidentschaftsaspiranten, gegen das Establishment der Grand Old Party und gegen den Konsens der Medien anzutreten. Dazu gehört Mut. Aber daneben gibt es auch immer wieder die Situationen, in denen er sich wegduckt und einen Mangel an Selbstbewusstsein erkennen lässt. Trump kniff bei einer republikanischen Fernsehdebatte im Januar 2016, weil der Veranstalter Fox News die kritische Journalistin Megyn Kelly als Komoderatorin benannt hatte. Trump kneift bis heute in der Frage der Veröffentlichung seiner Steuererklärungen, und seine ursprüngliche Behauptung, er dürfe die Dokumente wegen einer Überprüfung durch das Finanzamt nicht offenlegen, ist längst widerlegt. Er bricht mit einer seit Richard Nixon befolgten Transparenzvorgabe, weil er offenkundig etwas verbergen will. Möglicherweise ist er weniger reich, als er vorgibt. Vielleicht zahlt er extrem wenig Steuern, vielleicht hat er für die falschen Zwecke oder Personen gespendet – oder vielleicht gar nichts.

Mangelnde Courage zeigte der Präsident aber insbesondere in diesem Fall: Als Trump nach nur vier Tagen im Oval Office eine Kommandoaktion gegen den al-Qaida-Ableger Aqap im Jemen autorisierte, die zum Tod von Zivilisten, darunter mehrere Kinder, und des Navy-Seal-Soldaten William »Ryan« Owens führte, übernahm er, der Commander-in-Chief, nicht die Verantwortung. Stattdessen schob er in einem Interview mit Fox News alle Schuld auf seine Militärs ab. »Das war etwas, das war, wissen Sie, nur – sie wollten das. Und sie kamen, um mich zu sprechen, und sie erklärten, was sie tun wollten, die Generäle, die sehr angesehen sind«, sagte der Präsident. »Und sie haben Ryan verloren.«

Zum Zeitpunkt des Interviews mit Barbara Walters 1987 dachte Trump längst konkret über das Weiße Haus nach. Der Milliardär gehörte in einer Republik, in der Reichtum selten beneidet und meistens bewundert wird, zu jener Ersatzaristokratie, mit der die Nation die gekrönten Häupter ersetzt, vor denen ihre Vorfahren aus Europa flohen. Geld statt Stammbaum, Erfolg statt Titel, selbst verdiente Macht statt »von Gott gegebene«: Gegen die Sehnsucht, zu jemandem aufblicken und sich an jemandem orientieren zu können, ist eine Demokratie nicht gefeit. Dynastien wie die der Rockefellers, der Kennedys, später der Bushs und beinahe der Clintons ersetzen das, was im britischen Mutterland der USA Monarchen, Prinzen und Dukes darstellten.

Und nun Trump: Eine Familie, reich geworden durch Immobilien, fasziniert sogar ihre Gegner in der Nation der ewigen Pioniere. Für Amerikaner hat das Bauen, zumal in gewaltiger Dimension, eine besondere Erotik, noch verführerischer als designte Hardware oder digitale, nicht greifbare Software aus dem Silicon Valley. Wer baut am kühnsten, höchsten, größten? Die Skyline von New York City ist eine Kathedrale des amerikanischen Glaubens an eine nahezu unbegrenzte Schaffenskraft. Ihr Anblick lässt begreifen, warum die Idee einer Mauer entlang der Grenze zu Mexiko, ungefähr so weit wie die Entfernung von Paris nach Moskau, viele Amerikaner ansprach, und zwar losgelöst vom versprochenen Nutzen, nämlich dem Fernhalten illegaler Einwanderer und Drogenschmuggler.

»Running mate« von George H.W. Bush?

Als Donald Trump, der Repräsentant dieser Dynastie, die binnen drei Generationen von einer deutschen zu einer uramerikanischen Familie wurde, von Walters interviewt wurde, sah er sich zumindest als möglichen *running mate* für den Wahlkampf des Republikaners George H.W. Bush 1988. Er sei seinerzeit vom wichtigsten Wahlkampfberater von Bush Senior,

Harvey »Lee« Atwater, auf die Möglichkeit angesprochen worden, behauptete Trump im November 2015 in der ABC-Sendung »This Week«. »Lee Atwater war ein sehr guter Freund von mir, wie Sie vielleicht wissen. Und mir wurde diese Frage von Lee gestellt. Er sagte, was würdest du von dieser Idee halten?«, so Trump. »Ich sagte: ›Ich weiß nicht, Lee, du kannst mal nachfragen, wenn du möchtest, aber es klingt nicht überzeugend‹, weil ich zu der Zeit keine politischen Absichten hatte.«

In Wirklichkeit bot sich Trump offenkundig selbst an. Der Historiker Jon Meacham schreibt in seiner 2015 erschienenen Biografie über den 41. US-Präsidenten, Bush habe sich alle Optionen für den *running mate* weitgehend offenhalten wollen: »Allerdings nicht völlig offen: Der New Yorker Immobilienentwickler Donald Trump signalisierte Lee Atwater seine Verfügbarkeit als Vizepräsidentschaftskandidat. Bush hielt diesen Antrag für ›merkwürdig und unglaublich‹.«[15]

In einer Biografie, die George W. Bush, der 43. Präsident, über seinen Vater schrieb,[16] fällt der Name Trump nicht ein einziges Mal. Gleiches gilt für Timothy J. Naftalis 1991 erschienenes Buch über »Bush 41«, in dem lediglich Trumps Bestseller »The Art of the Deal« im Zusammenhang mit dem Verhandlungsgeschick von Außenminister James Baker genannt wird.[17] Darum spricht nichts für Trumps Behauptung, er sei aus dem Team des damaligen Kandidaten angesprochen worden. Sein angeblicher Gewährsmann kann dazu nicht mehr befragt werden: Atwater starb 1991. Bush berief übrigens im August 1988 den bis dahin wenig profilierten jungen Senator Dan Quayle aus Indiana zu seinem *running mate*, und gemeinsam gewannen sie die Wahl im darauffolgenden November. Immerhin hatte Trump kurz zuvor, im Dezember 1987, nach einem Auftritt in einer damals populären TV-Sendung einen ausgesprochen freundlichen Brief des nicht gerade ehrenvoll in den Ruhestand gegangenen Präsidenten Richard Nixon erhalten. »Dear Donald«, hieß es darin, »ich habe das Programm nicht gesehen, aber Mrs. Nixon hat mir erzählt, dass Sie grandios waren in der Donahue-Show. Wie Sie sich vorstellen können, ist sie eine Politikexpertin, und sie sagt voraus, wann immer Sie sich entscheiden zu kandidieren, werden Sie ein Sieger sein!«

Ivana Trump, Donalds erste Ehefrau, verwechselte über die Jahre ein Detail dieser Geschichte. Im April 2016 erzählte sie: »Ungefähr fünf Jahre vor unser Scheidung (1992, A. G.) brachte Reagan oder sonst wer ihm einen Brief und sagte: ›Sie sollten als Präsident kandidieren.‹ Darum dachte er darüber nach. Aber dann, da war die Scheidung, da war der Skandal, und amerikanische Frauen liebten mich und hassten ihn.« Ganz offenkundig hatte die gebürtige Tschechin Ivana, deren Englisch nicht fließend war, die zwei Ex-Präsidenten durcheinandergebracht. Hätte Reagan, Säulenheiliger der Republikaner und auch unter konservativen Demokraten bis heute ausgesprochen populär, wirklich Trump je zur Kandidatur aufgefordert, hätte der es selbst die Öffentlichkeit regelmäßig wissen lassen. Ivanas Irrtum, geäußert im Interview mit dem Boulevardblatt New York Post, wurde von vielen Medien ungeprüft übernommen. »The Donald«, zu dem ihn Ivana durch ihre Angewohnheit gemacht hatte, Vornamen den bestimmten Artikel voranzustellen, sah sich nicht genötigt, das angebliche Endorsement Reagans zu dementieren.

Trump kam unter Bush also nicht zum Zuge, behielt aber die Politik im Visier. Als Nächstes versuchte er es mit der Reform Party des Ross Perot. Der texanische IT-Unternehmer und Selfmade-Milliardär war 1979 zur nationalen Berühmtheit geworden, als er unmittelbar vor der Machtergreifung der

Ayatollahs eine kleine Privatarmee von Elitesoldaten nach Teheran schickte, um zwei dort verhaftete Mitarbeiter seiner Computerdaten-Firma zu befreien. Die abenteuerliche Mission verlief nicht nach Plan, aber die Gefangenen gelangten mithilfe des verwegenen Söldnertrupps am Ende tatsächlich aus dem Land. Ken Follett schrieb darüber den Bestseller »On Wings of Eagles«.

Im Bündnis mit Ross Perot

1992 trat Perot als unabhängiger Kandidat gegen George H. W. Bush und Bill Clinton an. In seinem Wahlkampf beklagte er jenes »gigantische saugende Geräusch«, das durch die Verlagerung von Industriejobs aus den USA nach Mexiko entstehe. Das Thema sollte in Trumps Wahlprogramm 2016 ein Comeback erleben. Zudem trat Perot für einen ausgeglichenen Haushalt, eine unternehmerfreundliche Wirtschaftspolitik und gegen Einschränkungen des Waffenrechts ein. Der exzentrische Unternehmer traf den Nerv der Amerikaner. Im Juni 1992 führte der Texaner mit 39 Prozent vor Bush (31 Prozent) und Clinton (25 Prozent). Nie zuvor war ein Unabhängiger oder der Kandidat einer Drittpartei auf den ersten oder auch nur zweiten Platz bei den Präsidentschaftsumfragen von Gallup gekommen. Die Wahl gewann dann jedoch Clinton mit 43 Prozent (370 *electoral votes*) vor Bush, der auf 37,5 Prozent (168 *electoral votes*) kam. Perot, der im Sommer den Wahlkampf für einige Monate ausgesetzt hatte, erzielte mit knapp 19 Prozent der Direktstimmen ein sensationelles Ergebnis. Für ein besseres Resultat muss man bis 1912 und zum Sonderfall des Theodore Roosevelt zurückgehen, der für die Republikaner bereits von 1901 bis 1909 im Weißen Haus re-

giert hatte. Aus Unzufriedenheit mit der Politik seines Nach-
folgers William Howard Taft 1912 trat Roosevelt für die von
ihm mitgegründete Partei der *Progressives* nochmals an und
belegte mit 27 Prozent den zweiten Platz hinter dem Demokraten Woodrow Wilson. Allerdings holte Perot keinen einzigen Wahlmann, weil er in allen 50 Bundesstaaten relativ ausgeglichen abschnitt. Bis heute halten die Debatten an, ob er
Bush die Wiederwahl kostete, weil »Haushaltsfalken« und
andere konservative Wählergruppen zu Perot gewechselt waren.

Der finanziell gänzlich unabhängige Unternehmer gründete
1995 die Reformpartei, für die er 1996 erneut zur Präsidentschaftswahl antrat. Diesmal kam Perot auf gut acht Prozent
und konnte die Wiederwahl von Bill Clinton (49 Prozent) gegen dessen republikanischen Herausforderer Bob Dole (40
Prozent) nicht gefährden. Trump wollte 2000 als Spitzenkan-
didat der Reformpartei gegen George W. Bush, den Sohn des
vormaligen Präsidenten, und gegen den Demokraten Al Gore
antreten. Der Milliardär, damals schon eine Fernsehberühmt-
heit als Moderator der überaus erfolgreichen Reality-Show
»The Apprentice«, brachte die Talkshow-Ikone Oprah Winfrey als seine Vizepräsidentschaftskandidatin ins Gespräch
und gewann zwei Primaries in Michigan und Kalifornien.
Aber bei Umfragen kam er nie auf einen zweistelligen Pro-
zentwert. Trump hatte schlicht keine Chance gegen Bush und
Gore. Um gesichtswahrend auszusteigen, denunzierte er die
drei Mitbewerber um die Kandidatur für die Reformpartei,
nämlich den ultrakonservativen Republikaner Pat Buchanan,
den einstigen »Großen Hexenmeister« des Ku-Klux-Klan,
David Duke, und die afroamerikanische Psychotherapeutin
Lenora Branch Fulani, die sich für Minderheitenrechte en-
gagierte. »Jetzt gehören zur Reformpartei ein Klan-Mann,

Mr. Duke, ein Neonazi, Mr. Buchanan, und eine Kommunistin, Ms. Fulani. Das ist nicht die Gesellschaft, in der ich bleiben möchte«, begründete Trump seinen Rückzug.

Duke sollte für Trump auch im Wahlkampf 2016 eine Rolle spielen. Der Hitler-Bewunderer und Verkünder der Überlegenheit der weißen Rasse rief am 24. Februar 2016 in seinem Radiosender dazu auf, Trumps Kandidatur für das Weiße Haus und zugleich seine, Dukes, Bewerbung um einen Senatssitz zu unterstützen. Trump distanzierte sich bei einer Pressekonferenz zwei Tage später unwirsch und wenig entschieden von diesem *Endorsement* und sagte kurz darauf dem CNN-Journalisten Jake Tapper: »Ich weiß nicht, ob er empfohlen hat, mich zu wählen, oder was los ist, weil, Sie wissen, ich weiß nichts über David Duke. Ich weiß nichts über weiße Rassisten. Und somit stellen Sie mir eine Frage, damit ich über Leute rede, über die ich überhaupt nichts weiß.« Dass Trump so gar keine Erinnerung mehr haben wollte an einen Mann, den er 16 Jahre zuvor als einen Grund für sein Ausscheiden aus der Reformpartei hervorgehoben hatte und im Jahr 2000 in seinem Buch »The America We Deserve«[18] in diesem Zusammenhang zitieren sollte, ist wenig glaubwürdig. Offenkundig hatte Trump mit den Ideen des Ku-Klux-Klan wenig zu schaffen. Aber er wollte es sich auch nicht mit Dukes Anhängern verscherzen. Duke holte im November 2016 bei seiner Senatskandidatur übrigens ganze drei Prozent. Wieder orientierte Trump sich parteipolitisch neu: Zwischen 2001 und 2008 war er registrierter Demokrat. Dann kehrte er zurück zu den Republikanern und empfahl John McCain als Kandidaten für die bevorstehende Präsidentschaftswahl. McCain wurde in der Tat nominiert und verlor 2008 krachend gegen Obama. Trump, der längst eigene Pläne hatte, konnte das nur recht sein.

Sprachrohr der Verschwörungstheoretiker

2011 erklärte Trump, dass er eine Kandidatur fürs kommende Jahr erwäge. »Trump ist Favorit unter Obamas Herausforderern«, schrieb der Autor im April 2011 angesichts aktueller Umfragen unter potenziellen Republikaner-Wählern. In ihnen führte Trump mit 26 Prozent klar vor Mike Huckabee (17 Prozent) und dem späteren Kandidaten Mitt Romney (15 Prozent). Würde er es wagen? »Viel mehr spricht dafür, dass Trump«, so schrieb ich weiter, »im Juni auf eine Kandidatur verzichtet.« So kam es.

Inzwischen allerdings hatte sich Trump an die Spitze der *Birthers* gesetzt, einer Bewegung von Verschwörungstheoretikern, die Obama die Legitimität absprachen, im Weißen Haus zu sitzen. Nach der amerikanischen Verfassung muss der Präsident ein *natural born citizen* sein, und nach verbreiteter Ansicht erfüllt dieses Kriterium nur, wer in den USA geboren ist. Obama wurde als Sohn einer Amerikanerin aus Kansas und eines Doktoranden aus Kenia ausweislich einer Geburtsanzeige im Honolulu Advertiser am 4. August 1961 im US-Bundesstaat Hawaii geboren. Die Birthers behaupten hingegen, er sei in Wirklichkeit in Afrika zur Welt gekommen und erst später zu seinen Großeltern nach Hawaii gebracht worden. Anhänger von Hillary Clinton, seiner – unterlegenen – Rivalin im Kampf um die Präsidentschaftsnominierung der Demokraten, verbreiteten entsprechende Gerüchte 2008 im Internet. Daraufhin veröffentlichte das Obama-Team eine Kurzfassung der Geburtsbescheinigung im Juni. Ihre Authentizität wurde jedoch weiterhin angezweifelt. Selbst als das hawaiianische Gesundheitsministerium im April 2011 das Originaldokument publizierte, ließen sich die Zweifler nicht überzeugen. Ihr Wortführer war inzwischen Trump, der behauptete, er habe »aus sicherer Quelle« Hinweise darauf, dass die Dokumente gefälscht seien. Erst im September 2016 sollte er, inzwischen Kandidat der Republikaner für das Weiße Haus, angesichts starken öffentlichen Drucks erklären: »Präsident Obama wurde in den Vereinigten Staaten geboren. Punkt.«

Obama gewann die Wiederwahl gegen Romney. Ein Jahr später, 2013, begann Trump mithilfe von Demoskopen ernsthaft seine Chancen für eine Kandidatur zu erkunden. Ab Oktober desselben Jahres erwog er kurzzeitig, 2014 gegen New Yorks Gouverneur Andrew Cuomo anzutreten. Die Idee, die er mit New Yorker Republikanern als »Sprungbrett ins Präsidentenamt« diskutierte: Er würde für ein Jahr den Bundesstaat regieren und dann seine Präsidentschaftskandidatur bekannt geben. Aber am 14. März 2014 nahm er via Twitter Abschied von diesen Überlegungen: »Während ich nicht kandidiere als Gouverneur von New York State, ein Rennen, das ich gewonnen hätte, habe ich viel größere Pläne im Sinn – bleibt dran, wird passieren!«

Seit April 2017 wird übrigens spekuliert, dass der älteste Sohn des Präsidenten, Don Jr. Trump, 2018 gegen Cuomo antreten könnte. Der 40-Jährige, der im Wahlkampf den Vater anderthalb Jahre lang beraten hatte und inzwischen offiziell mit seinem Bruder Eric die Trump Organization leitet, wurde mit den Worten zitiert: »Zurückzugehen und Deals zu machen, ist langweilig nach 18 Monaten. Jemand hat mir den Politikfloh ins Ohr gesetzt.« Dons Schwester Ivanka wird bereits als mögliche erste Präsidentin gehandelt. Transformiert Donald Trump eine wirtschaftlich erfolgreiche Familie in eine Politdynastie?

Spenden für die Demokraten

Zwischen 1989 und 2015 hat Donald Trump rund 1,8 Millionen Dollar an Politiker gespendet. Republikaner erhielten von ihm 1 150 540 Dollar und Demokraten 694 750 Dollar. Aber bis 2011 spendete er mehr Geld für Demokraten als für Republikaner. Der Hauptgrund dafür ist in der politischen Verfasstheit von New York City zu suchen. Zwar waren Rudy Giuliani und Michael Bloomberg, die beiden Bürgermeister vor dem demokratischen Amtsinhaber Bill de Blasio, Republikaner. Aber Giuliani (im Amt 1993–2001) kam mit einer liberalen Agenda ins Amt, auch wenn er dann als Bürgermeister mit seiner Null-Toleranz-Strategie gegen jede Form von Kriminalität vorging und ein konservatives Programm umsetzte. Als Wahlkampfberater von Trump rückte der Mann, der im privaten Gespräch ausgesprochen angenehm ist, noch weiter nach rechts. Sein Nachfolger Bloomberg (im Amt 2002–2013) startete als Demokrat in die Politik, wechselte erst kurz vor der Wahl zu den Republikanern und kandidierte 2009 zur dritten Amtsperiode als Unabhängiger. Die Stadtverwaltung ist zuverlässig demokratisch, zwei Drittel der registrierten Wähler sind Demokraten, und bei Präsidentschaftswahlen holt ihr Kandidat zwischen 60 und 80 Prozent. Der Unternehmer Trump, der bei vielen Projekten, angefangen beim Bau des Trump Tower, auf Genehmigungen und Steuernachlässe angewiesen war, betrieb »Landschaftspflege«, wenn er vorübergehend vor allem den Demokraten Geld spendete. Die höchsten Einzelzuwendungen in dieser Partei (15 750 Dollar) erhielt übrigens der vormalige Kongressabgeordnete Charlie Rangel, der Trumps Präsidentschaft als »bösen Traum« bezeichnete. Auf Platz zwei folgt Senator Chuck Schumer (8 900 Dollar), den der Präsident auf Twitter als

»Clown« beschimpfte. Und Rang drei belegt New Yorks einstige Senatorin Hillary Clinton (8 700 Dollar), die der Wahlkämpfer Trump als »Teufel« charakterisierte. Interessant auch ein Blick auf die von Trump finanziell geförderten Republikaner. Dort liegt Senator John McCain (10 600 Dollar) an der Spitze. Im Wahlkampf hatte Trump dem einstigen Piloten, der über Vietnam abgeschossen worden war und fünf Jahre in Kriegsgefangenschaft verbrachte, den ihm von der Öffentlichkeit zugebilligten Heldenstatus abgesprochen. McCain sei ein »Kriegsheld, weil er in Gefangenschaft geraten ist. Ich mag Leute, die nicht gefangen genommen wurden.«

Ein später Abtreibungsgegner

Das liberale Klima in New York City dürfte manche Position Trumps beeinflusst haben. Erst als Präsidentschaftskandidat »republikanisierte« er seine Ansichten. Das gilt für die Waffengesetze, deren Verschärfung er in seinem 2000 erschienenen Buch »The America We Deserve«[19] noch forderte, und für das Recht auf Abtreibung, das er einst befürwortete und heute ablehnt. 1999 hatte er in der CBS-Sendung »Meet the Press« auf eine Frage nach dem Abtreibungsrecht gesagt, er sei »sehr für die Entscheidungsfreiheit« der Frau (*pro-choice*). »Ich hasse das Konzept der Abtreibung, ich hasse es, ich hasse alles, wofür es steht«, fügte er hinzu, »aber dennoch glaube ich an Entscheidungsfreiheit.« Seit 2011, also zum Zeitpunkt seiner Überlegungen, im folgenden Jahr gegen Obama zu kandidieren, definiert sich Trump hingegen als Abtreibungsgegner (*pro-life*). Schlüsselerlebnis sei die Erfahrung von Freunden gewesen, die eine Abtreibung vornehmen wollten, begründete er seinen Meinungsumschwung in der ersten Fernsehdebatte während der republikanischen Primaries im August 2015: »Und es wurde nicht abgetrieben. Und das Kind ist heute ein totaler Superstar, ein großartiges, großartiges Kind.«

Ein Abtreibungsbefürworter hätte keine Chancen, Präsidentschaftskandidat der Republikaner zu werden. Bei Trump ist es vorstellbar, dass er Positionen lediglich einnimmt, um sich seinem politischen Umfeld und der Erwartung der Wähler anzupassen. Aber ebenso gut ist es möglich, dass er tatsächlich aufgrund von Erfahrungen seine Meinung geändert hat, so wie dies viele Menschen im Laufe ihres Lebens tun. Dass ein Mann jenseits der 70 seinen Charakter noch einmal ändert, ist nicht zu erwarten, aber seine Ansichten können sich gleichwohl entwickeln. Er, der keinen ideologischen Anspruch an sich oder andere hat, berief sich selbst im Wahlkampf auf den »gesunden Menschenverstand«: »Ich bin wirklich ein Konservativer, aber ich bin auch ein Typ des gesunden Menschenverstands. Ich bin ein Commonsense-Konservativer.«

Frühe Kritik am Freihandel

In einigen sehr grundsätzlichen Fragen blieb sich der heutige Präsident über die Jahrzehnte treu. Er ist misstrauisch gegenüber multilateralen Verträgen, ob es sich um Freihandelsabkommen mit mehreren Partnern oder Verteidigungsbündnisse handelt, und bevorzugt bilaterale Vereinbarungen. Er setzt auf die Demonstration von Stärke statt auf Diplomatie, in der Wirtschaftspolitik ebenso wie in der Außenpolitik. Er kümmert sich nicht um politische Korrektheit und Konventionen. Und er ist populistisch, indem er rasche Lösungen verspricht, ob gegen den Terrorismus, gegen illegale Einwanderung oder gegen den Verlust von Arbeitsplätzen. Aber spricht dieses Festhalten an ursprünglichen Positionen für Reflexion oder für Ignoranz? Wissenschaftliche Studien belegen, dass amerikanische Industriearbeitsplätze nur zum geringen Teil wegen günstigerer Produktionsbedingungen ins Ausland abgewandert sind. Der Hauptgrund ist vielmehr die Automatisierung, die simple Arbeiten von Maschinen erledigen lässt. Wer das bedauert, wird trotzdem nicht daheim die Waschmaschine abschaffen oder erwarten, dass im Restaurant auf Geschirrspülmaschinen verzichtet wird, um mehr Arbeitsplätze zu schaffen. Die Computerisierung der Produktion lässt sich weder zurückdrehen noch stoppen.

In den 1980er Jahren nahm das Handelsdefizit im Austausch mit Japan zu, die USA waren gegenüber dem asiatischen Land hoch verschuldet, und japanische Firmen und Investoren gingen in großem Umfang auf Einkaufstouren in den USA. Sony kaufte das Hollywoodstudio Columbia, Mitsubishi erwarb die Hälfte des Rockefeller-Center, der Ölgigant Mobil (heute ExxonMobil) veräußerte seine New Yorker Firmenzentrale an eine japanische Firma. In der US-Presse kam es zu regelrechter Panik. Kommentatoren warnten vor einem »ökonomischen Pearl Harbor«, ausgelöst durch einen Rücktausch von Dollar in Yen.

Der Unternehmer Trump war im April 1988 zu Gast in der Talkshow von Oprah Winfrey. Dort äußerte er sich zu dem Problem: »Wir lassen Japan alles direkt zu Dumpingpreisen in unseren Markt bringen. Das ist kein Freihandel. Wenn Sie jetzt nach Japan gehen würden, um etwas zu verkaufen, vergessen Sie es, vergessen Sie es einfach, es ist nahezu unmöglich. Sie haben Gesetze dagegen, die das fast unmöglich machen. Sie kommen hierher, sie verkaufen ihre Autos, ihre Videorekorder, sie verprügeln unsere Unternehmen regel-

Donald Trump mit seinem Vater Fred C. Trump (1905–1999), der durch umfangreiche Immobilienprojekte in New York und entlang der amerikanischen Ostküste zum Multimillionär geworden war.

Eine Blaskapelle spielt vor dem noch nicht fertig gestellten Trump Tower Weihnachtslieder für Passanten an der 5th Avenue in New York, 1981.

Donald Trump 1989.

Der Präsidentschaftsbewerber bei einer Großkundgebung vor Veteranen auf dem stillgelegten Kriegsschiff USS Iowa. September 2015.

Im Mai 2010 besucht Donald Trump den von ihm mitten in den Dünen errichteten Golfplatz in Balmedie, Aberdeenshire, Schottland.

Im April 2016 begleitet die Familie den Präsidentschaftskandidaten zu einer Sendung von »NBC Today«. V. l. n. r.: Tiffany, Donald Jr., Melania, der Kandidat, Ivanka und Erik. Im Vordergrund die Enkel Kai und Donnie.

Der Immobilienmogul Donald Trump posiert während des Umbaubeginns für das Trump International Hotel in Washington, DC, mit seiner Tochter Ivanka. 23. Juli 2014.

Donald Trump mit Söhnen Eric und Barron und Ehefrau Melania am vierten Tag der Republican National Convention in der Quicken Loans Arena, Cleveland. 21. Juli 2016.

20. Januar 2017: Donald Trump wird als 45. Präsident der Vereinigten Staaten von Amerika vereidigt. Seine Frau Melania hält die zwei Bibeln, auf die er schwört.

Der neugewählte Präsident Donald Trump unterzeichnet im Präsidentenzimmer des Senats seine Kabinettsliste. Hinter ihm u. a. Ehefrau Melania sowie Tochter Ivanka und Sohn Barron.

recht. Und, hey, ich habe unglaublichen Respekt vor den Japanern, ich meine, man kann Respekt vor jemandem haben, der einen verprügelt, aber sie verprügeln uns völlig. Kuwait, sie leben wie die Könige, die Ärmsten dort leben wie die Könige. Und trotzdem zahlen sie nicht. Wir ermöglichen es ihnen, das Öl zu verkaufen. Warum zahlen sie uns nicht 25 Prozent von dem, was sie machen? Das ist ein Witz!« Anfang der 1990er Jahre brach Japans Wirtschaftsblase zusammen. Hohe Arbeitslosigkeit, eine gigantische Staatsverschuldung und eine lange Deflation waren die Folgen.

Heute beschwert sich Trump, in Amerika gebe es mehr deutsche Autos als amerikanische Fahrzeuge in Deutschland. Doch auch diesem Problem ist nicht mit Zollschranken beizukommen, sondern nur mit einer Steigerung der Wettbewerbsfähigkeit amerikanischer Autos – die Teslas von Elon Musk haben dabei möglicherweise größere Chancen als die Produkte von GM. Auch in einer anderen Frage blieb Trump frühen Überzeugungen treu. Im erwähnten Interview mit Winfrey sprach ihn die Talkmasterin auf eine ganzseitige Anzeige in der New York Times an, in der er die Außenpolitik von Präsident Reagan und seinem Außenminister George P. Shultz kritisiert hatte. »Was würden Sie anders machen, Donald?«, fragte Winfrey. Seine Antwort: »Ich würde unsere Verbündeten ihren fairen Anteil zahlen lassen.« Ob er denn dann nicht fürs Weiße Haus kandidieren wolle? »Wahrscheinlich nicht«, antwortete Trump, »aber es macht mich müde, anzuschauen, was mit diesem Land passiert, und wenn es so schlimm wird, würde ich es niemals total ausschließen.«

Im Playboy-Interview wurde Trump im März 1990 erneut auf eine Präsidentschaftskandidatur angesprochen. Seine interessante Antwort: »Nun, wenn ich je kandidieren sollte, würde ich als Demokrat besser abschneiden als bei den Republikanern – und das nicht, weil ich eher links wäre, denn ich bin konservativ. Aber der Arbeiter würde mich wählen. Er mag mich. Wenn ich die Straße entlangwandere, rufen die Taxifahrer mir aus ihren Fenstern zu.« Diese Einschätzung sollte sich 26 Jahre später nicht gänzlich bewahrheiten. Trump trat für die Republikaner an. Aber er wurde Präsident, weil er nicht nur die konservativen Amerikaner hinter sich zu versammeln wusste, sondern zudem Hillary Clinton die *blue-collar worker* in den traditionell demokratischen Staaten im industriellen *rust belt* abjagen konnte.

2020 will Trump im Amt bestätigt werden. Er habe in seinem Leben schon härtere Dinge als die Präsidentschaft erlebt, sagte er Ende April 2017 in der CBS-Sendung »Face the Nation«, und fügte hinzu: »Ich kann's Ihnen genauer sagen am Ende der acht Jahre. Vielleicht acht Jahre. Hoffentlich acht Jahre.« Schon am Tag seiner Inauguration, dem 20. Januar 2017, hatte Trump sich um 17.11 Uhr Ortszeit mit einer dreizeiligen E-Mail bei der Bundeswahlkommission für das nächste Rennen ums Weiße Haus registrieren lassen. Immerhin fügte er den Hinweis hinzu, dass »dies keine förmliche Ankündigung meiner Kandidatur für die Wahlen 2020 darstellt«.

5 | Wer hat Donald Trump gewählt – und warum hat es (k)einer vorab geahnt?

»Für mich ist es einfach nur ein Wunder«, freut sich Amapola Hansberger. »An seinen Sieg hat niemand geglaubt«, fügt die Gründerin der Organisation »Legal Immigrants for America« hinzu. Marisol Santiago, ein weiterer Gast in einem kubanischen Restaurant im floridianischen Orlando, stimmt zu. »Ich bin so stolz, dass ich Donald Trump wählen konnte.« Gleichwohl räumt sie ein, der gerade zum *President-elect* gewählte Republikaner sei nicht perfekt: »Ich liebe ihn nicht.« Aber sein Programm, das habe gestimmt. Einige Tische weiter sitzt Mandy Diaz, der aus Kuba kam, und erzählt, drei Tage zuvor habe die »schweigende Mehrheit gewonnen«. Es ist der 11. November 2016, überall im Land gibt es Demonstrationen gegen das gänzlich unerwartete Ergebnis der Wahl, mitunter verbunden mit Gewalttätigkeiten. Bei dieser Gruppe von Latinos ist die Stimmung hingegen prächtig. Hillary Clinton lag bei Amerikanern mit lateinamerikanischen Wurzeln US-weit zwar eindeutig vorne. Doch den Bundesstaat Florida gewann Trump, und er bekam dort immerhin jede dritte hispanische Stimme, 35 Prozent. In den gesamten USA waren es 29 Prozent – zwei Prozentpunkte mehr, als der moderate Kandidat Mitt Romney vier Jahre zuvor geholt hatte, und zwei Prozentpunkte weniger, als John McCain 2008 erzielte. Juan Torres, ebenfalls Gast in dem Restaurant, befürwortet sogar ausdrücklich Trumps Pläne zum Bau einer Mauer und zur Abschiebung krimineller

Ausländer. Der staunenden CNN-Reporterin Randi Kaye erklärt er das so: »Die Quintessenz ist, dass sie das Gesetz gebrochen haben. Als ich in dieses Land kam, kam ich durch die Vordertür.« Und um seine Sicht ganz klar zu machen, wiederholt Juan das Bild: »Wenn Sie zu jemandem in sein Haus gehen, dann gehen Sie durch die Vordertür.«

Weiße Pessimisten

Den Schlüssel zu Trumps Erfolg bildeten gleichwohl die weißen Wähler. Das ist bei republikanischen Kandidaten die Regel. Aber Trump zog erstmals seit 1984, der Wiederwahl Ronald Reagans, große Teile der weißen Arbeiterklasse von den Demokraten hinüber zu den Republikanern. Sie bilden die Basis seiner Präsidentschaft. Ein Milliardär wurde zum Arbeiterführer, das ist eine der erstaunlichsten Erklärungen für seinen Sieg, und ein großer Teil dieser Wähler entschied sich für Trump aus Sorge um ihre Zukunft.

»Keine Gruppe von Amerikanern ist pessimistischer als weiße Arbeiter«, resümiert der Autor J. D. Vance in seinem 2016 erschienenen Buch »Hillbilly Elegy«, in dem er seine Herkunft aus einer perspektivlosen und durchaus hinterwäldlerischen Gesellschaft in den Appalachen und seine Abnabelung davon beschreibt. Vance fährt unter Berufung auf eine Studie des Meinungsforschungsinstituts Pew fort: »Deutlich über die Hälfte der Schwarzen, Latinos und Weißen mit College-Abschluss erwarten, dass ihre Kinder ökonomisch besser dastehen werden als sie. Unter weißen Arbeitern teilen diese Erwartung nur 44 Prozent. Noch überraschender ist, dass 42 Prozent der weißen Arbeiter – mit Abstand die höchste Zahl in der Umfrage – angeben, ihre Lebensumstände seien wirtschaftlich weniger erfolgreich als die ihrer Eltern.«[20] Es spricht ganz und gar nicht gegen Trump, dass er vor allem unter dieser Klientel einen starken Rückhalt fand. Es spricht gegen die Politiker in den Dekaden zuvor, dass sie dieses Milieu in seiner Hoffnungslosigkeit beließen. Die Sozialprogramme auszuweiten, wie es die Demokraten oft versuchten, ist nicht das probate Gegenmittel. Vance beschreibt die zunehmende Zahl von *welfare queens* in den Appalachen, weiße, oft alleinerziehende Frauen aus schottisch-irischen Familien, die von der staatlichen Wohlfahrt leben und keine Anstrengung unternehmen, ihr Schicksal in die eigenen Hände zu nehmen. Junge Männer verlieren einen festen Job nach wenigen Wochen, weil sie nicht bereit sind, morgens rechtzeitig bei der Arbeit zu erscheinen. In derartigen Fällen müsste der Staat eher fordernd, nicht fördernd auftreten – oder, wie es Vance formuliert, »Gott hilft denen, die sich selbst helfen«.

Unter weißen Arbeitern mittleren Alters in den USA ist in den vergangenen Jahren die Lebenserwartung gesunken, während sie unter Schwarzen, Latinos und allen anderen Gruppen steigt. Wesentlich dafür sind die Zunahme bei Medikamentenmissbrauch, Alkoholismus, Drogenkonsum und Selbstmord. Vor allem Heroin ist zur Geißel geworden in den weißen proletarischen Milieus der USA. Im südwestlichen Pennsylvania kostet ein Päckchen Heroin acht Dollar und eine Schachtel Zigaretten 6,85 Dollar. Die Polizei veröffentlichte mehrfach Fotos von jungen weißen Eltern, die wegen einer Überdosis vorn auf den Sitzen ihres geparkten Autos das Bewusstsein verloren haben, während auf der Rückbank Kleinkinder heulen. Die direkte Verbindung zu Trump: Das Heroin kommt über die Grenze aus Mexiko, und für viele seiner Wähler ist die Hoffnung, die Drogen zu stoppen, noch wichtiger als die Sorge vor illegalen Zuwanderern.

Eine alarmierende Studie der Woodrow Wilson School for Public and International Affairs vom September 2015 ergab, dass die Sterblichkeitsraten der 45- bis 54-Jährigen in Industrieländern, darunter die USA, Deutschland, Frankreich, Großbritannien, Schweden, Australien und Kanada, seit 1978 um jährlich rund zwei Prozent sinken. Nur in den USA riss dieser Trend 1998 ab, seitdem nimmt hier die Sterblichkeit unter den nicht-hispanischen Weißen um jährlich ein halbes Prozent zu. Es mag im Rückblick verständlich sein, dass Trump mit seiner Vorliebe für klare Sprache, mit seiner Verachtung für Political Correctness, mit seiner Kampfansage an das »Establishment« und seinem Hang zu gelegentlichen Obszönitäten bei dieser in der Regel schlecht ausgebildeten Wählerschaft punktete. Erstaunlicher ist, dass er schon in den Primaries seine republikanischen Konkurrenten beim Kampf um die religiösen Wähler ausstach. Der Playboy mit den abfälligen Sprüchen über Mexikaner und Frauen, der einen behinderten Journalisten nachahmte und Muslime unter Generalverdacht stellte, holte den tief christlichen *bible belt*, die Staaten im Süden des Landes, in denen evangelikale Christen einen starken Einfluss auf die öffentliche Meinung haben. Das ist erstaunlich, weil dezidierte Vertreter des evangelikalen Parteiflügels gegen den zweimal geschiedenen Trump konkurrierten, darunter der texanische Senator Ted Cruz und Ben Carson, inzwischen Minister für Stadtentwicklung im Kabinett des Präsidenten.

Warum Trump bei den Hispanics gut abschnitt

Bei allen ethnischen Minderheiten hat Trump gegen Clinton 2016 erwartungsgemäß verloren – aber zumeist weniger stark als Romney vier Jahre zuvor. Dass Trump bei den Hispanics ein vergleichsweise starkes Ergebnis (29 Prozent) einfuhr, hat erstaunt nach einem Wahlkampf, in dem er nicht nur sämtlichen illegalen, zumeist hispanischen Einwanderern die Deportation androhte (was andere Republikaner vor ihm getan hatten), sondern sie schon in seiner Bewerbungsrede am 16. Juni 2015 beschuldigte, mehrheitlich kriminell zu sein. Seine Vorurteile richteten sich auch gegen Amerikaner hispanischer Abstammung. Er unterstellte einem im US-Bundesstaat Indiana geborenen Bundesrichter mit mexikanischen Wurzeln, Gonzalo P. Curiel, Voreingenommenheit in einem Prozess, den Absolventen der sogenannten »Trump University« gegen ihn angestrengt hatten. »Ich baue die Mauer. Das ist ein inhärenter Interessenkonflikt«, sagte Trump im Juni 2016 mit Blick auf Curiel. Der »gesunde Menschenverstand« lege nahe, dass der Richter, der »sehr stolz auf seine Herkunft« sei, »mich nicht fair behandelt«. In Wahlkampfreden bezeichnete er Curiel als »Donald-Trump-Hasser«. Dieser Vorwurf wurde vom Richter gleich dreifach widerlegt. Erstens verschob er den Prozess auf die Zeit nach der Wahl, damit die zu erwartende Presse den Kandidaten Trump nicht benachteilige. Zweitens kamen Nat und Nick Hentoff von der libertären Denkfabrik Cato in einer Untersuchung im Juni 2016 zu dem Ergebnis, dass Curiel »viel öfter zu Trumps Gunsten als gegen ihn entschieden« habe. Drittens erwirkte er letztlich einen Vergleich, nach dem der Beklagte den Klägern 25 Millionen Dollar zu zahlen hat – Trump stimmte wenige Tage nach seiner Wahl zu. Als eine Klägerin protestierte und auf einen Prozess bestand, lehnte Curiel dies ab. Dass Trump trotz derartiger Agitationen gegen Hispanics bei dieser Bevölkerungsgruppe vergleichsweise gut abschnitt, ist vor allem seinem Wahlkampfversprechen zu verdanken, nach Mexiko oder China abgewanderte Produktionsstätten wieder in die USA zu holen und neue Jobs zu schaffen.

Auch bei den Afroamerikanern kam Trump mit acht Prozent auf ein besseres Ergebnis als Romney 2012 (sechs Prozent). Zu den schwarzen Trump-Wählern gehört Leonard »Leo« Smith, seit 2013 im Vorstand der Republikaner im Bundesstaat Georgia für Minderheitenfragen zuständig. Smith sagte dem Autor, Trump sei ja »vielleicht ein amerikanischer Nationalist«, weil er »gegen Illegale« sei. Aber er vermittle zugleich die Botschaft, »dass die Afroamerikaner mehr Rechte haben als illegale Einwanderer«.

Bei den Frauen schnitt Trump (42 Prozent) kaum schwächer ab als Romney vier Jahre zuvor (44 Prozent). Die vulgären Inhalte eines im Oktober 2016 veröffentlichten und bereits ewähnten Audiomitschnitts von einem Gespräch Trumps mit dem TV-Moderator Billy Bush im Jahr 2005 am Rande der Dreharbeiten zur NBC-Sendung »Access Hollywood« haben weibliche Wähler demnach nicht sonderlich abgeschreckt. Das bestätigt die Regel, dass Wählergruppen in der Regel nicht einem einzigen Muster folgen. Die Frage, welcher Kandidat eher Wachstum und Jobs in den USA kreieren oder für Sicherheit auf den Straßen sorgen würde, war für einen Großteil der weiblichen Wähler ein wichtigeres Kriterium als die pennälerhaften Angebereien eines Mannes, von dem auch zuvor niemand angenommen hatte, er sei ein elaboriert argumentierender Frauenversteher. Die Quintessenz dieser Beobachtungen: Einwanderer in den USA, ob mit hispanischen, asiatischen oder sonstigen Wurzeln, fühlen sich in der Regel als Amerikaner. Sie pflegen im privaten Bereich ihre Traditionen, schauen aber nicht zurück in das Land ihrer Vorfahren, sondern identifizieren sich in ihrer Mehrheit mit der neuen Heimat. Zudem gibt es nicht jene Ein-Programmpunkt-Wähler, von denen Beobachter zu oft ausgehen: Schwule wählten Trump, weil er den »islamistischen Terror« zu stoppen versprach; Schwarze, weil er die Grenze schließen will; Hispanics, weil er Steuererleichterungen versprach; und Frauen, weil sie auf mehr Jobs hoffen. Nach Altersgruppen aufgeschlüsselt, fand der Wahlsieger die meisten Anhänger bei den Über-45-Jährigen, wo er mit 53 zu 44 Prozent vor Clinton landete. Die Demokratin gewann hingegen bei den jungen Wählern im Alter zwischen 18 und 29 Jahren mit einem noch deutlicheren Vorsprung von 55 zu 37 Prozent. Allerdings besiegte Obama in dieser Gruppe seinen Herausforderer Romney 2012 mit 60 zu 36 Prozent und John McCain 2008 gar mit 66 zu 32 Prozent. Ein weiteres Problem für Clinton: Die Wahlbeteiligung der jungen Amerikaner lag mit knapp 50 Prozent unter der allgemeinen Wahlbeteiligung von ebenfalls niedrigen 55 Prozent.

Wesentlich für Trumps Sieg wurden die sogenannten scheuen Wähler, die mehrere Präsidentschaftswahlen in Folge boykottiert und dem System den Rücken zugekehrt hatten. Sie kamen zurück in die Wahllokale, weil da plötzlich ein Kandidat antrat, der versprach, diesem System den Garaus zu machen. Zu diesen *shy voters* gehört die Gruppe der Reagan Democrats in den stahlproduzierenden Bundesstaaten Pennsylvania, Ohio, Michigan und Wisconsin. Diese traditionell Demokraten wählenden Arbeiter wechselten 1980 und 1984 zu den Republikanern, um für Ronald Reagan zu stimmen. Manche von ihnen votierten auch für George H. W. Bush und George W. Bush. In den 1990er Jahren unterstützten sie Bill Clinton und 2008 und 2012 Obama – oder sie blieben gefrustet daheim. Aber 2016 kehrten die Reagan Democrats zurück in die Wahllokale und sicherten den Sieg des republikanischen Kandidaten, der um ihre Stimme kämpfte, als Clinton schon ihren vermeintlichen Sieg feierte.[21]

Trump schnitt in jenen Staaten am besten ab, die reale Güter produzieren, von Nahrung über Energie bis zu Fabrikerzeugnissen. Dazu gehören neben den genannten Stahlstaaten insbesondere Iowa und Indiana und vor allem Pennsylvania, Michigan, Wisconsin und Ohio. Der Filmemacher Michael Moore hatte im Juli 2016 gewarnt, »dieser erbärmliche, ignorante und gefährliche Teilzeitclown und Vollzeitsoziopath« werde die Wahl gewinnen, wenn er sich auf die »wütende, arbeitende Mittelschicht« in den zuletzt genannten vier Staaten im *rust belt*, der größten und von der Finanzkrise 2008 besonders hart getroffenen Industrieregion der USA, konzentriere. 2012 habe Romney das Weiße Haus um 64 *electoral votes* verpasst, und exakt diese 64 Stimmen kämen in Michigan, Wisconsin, Pennsylvania und Ohio zusammen. Darum benötige Trump nicht einmal Siege in Florida (wo er später dennoch gewann), Colorado oder Virginia (wo jeweils Clinton das Rennen machen sollte). Die Demokraten nahmen diese Warnung nicht ernst: Clinton betrachtete die Region als sicheres Terrain und verzichtete in Wisconsin gänzlich auf den Wahlkampf. Der von Moore vorausgesagte *rust belt Brexit* brachte Trump ins Oval Office.

Laut dem Demoskopen Nate Silver, einem Statistikguru ursprünglich für Baseball und inzwischen für Wahlen, waren in den letzten Wochen 20 Prozent und am Wahltag noch 13 Prozent der Amerikaner unentschieden zwischen Trump und Clinton sowie dem libertären Kandidaten Gary Johnson und der Grünen Jill Stein. Am Wahltag 2012 waren hingegen nur vier Prozent der Wähler unschlüssig, ob sie für Obama oder Romney stimmen sollten. Warum entschieden sich die Unentschlossenen im November 2016 auf der Zielgeraden mehrheitlich für Trump? Zum Teil, weil er der Nicht-Politiker war. Zum Teil, weil man einem erfolgreichen Geschäftsmann gute Ideen fürs Weiße Haus zutraute. Zum Teil, weil anderthalb Wochen vor der Wahl der damalige FBI-Chef James Comey den Kongress wissen ließ, dass die Ermittlungen gegen Clinton wegen der Nutzung ihres privaten E-Mail-Accounts wieder aufgenommen würden. Zum Teil sicher auch, weil die von russischen Hackern veröffentlichten E-Mails der Demokraten und von Internettrollen in Umlauf gebrachten *Fake News* das Image der Kandidatin noch weiter erschütterten. Markantestes Beispiel dafür wurde »Pizzagate«: Verschwörungstheoretiker behaupteten, in E-Mails von Clinton-Manager John Podesta stehe der Begriff *cheese pizza* (Käsepizza) wegen der gleichen Anfangsbuchstaben für *child pornography* (Kinderpornografie) und weise auf einen von Clinton und anderen Demokraten betriebenen Ring für Pädophile hin. Über die Likes einiger angeblich Beteiligter auf einem Instagram-Account wurde schließlich eine bestimmte Pizzeria in Washington D. C. als Kern des angeblichen Kindersexringes ausgemacht. Vier Wochen nach der Wahl stürmte ein 28-jähriger Mann aus Virginia in das Restaurant, schoss mit einem Schnellfeuergewehr um sich und forderte die Freilassung der vermeintlich in Hinterzimmern festgehaltenen Kinder. Glücklicherweise wurde niemand verletzt.

Der College-Graben

Eine ungewöhnlich tiefe Kluft verlief in dieser Präsidentschaftswahl zwischen höher und geringer Gebildeten: Amerikaner mit College-Abschluss entschieden sich mit 52 zu 43 Prozent klar für Clinton, bei jenen ohne College-Abschluss gewann hingegen Trump ebenso eindeutig (52 zu 44 Prozent). Unter weißen Wählern ohne College-Abschluss stimmten gar zwei Drittel (67 Prozent) für Trump und nur 28 Prozent für Clinton. Gallup bilanziert: »Dies ist mit Abstand der tiefste

Graben zwischen College-Graduierten und Nicht-College-Absolventen in Wählerbefragungen seit 1980. 2012 gab es beispielsweise kaum einen Unterschied zwischen diesen beiden Gruppen: College-Absolventen stimmten für Obama statt Romney mit 50 zu 48 Prozent, und jene ohne College-Abschluss unterstützten Obama ebenfalls mit 51 zu 47 Prozent.« Signifikant war auch der Unterschied bei der Stadt-Land-Gewichtung. Trump räumte in den ländlichen Gebieten ab. Er holte rund fünfmal so viele Countys wie Clinton, nämlich 2584 gegenüber 472. Aber in den urbanen Wahlbezirken der Demokratin leben deutlich mehr Menschen, und sie erwirtschaften 64 Prozent des Bruttoinlandsprodukts.

Das Bild von verelendeten Massen, die für Trump votiert hätten, stimmt hingegen nicht. Das durchschnittliche Haushaltseinkommen der republikanischen Wähler lag bei 72 000 Dollar und damit oberhalb des US-Durchschnitts (62 000 Dollar) und der Finanzkraft von Clintons Anhängerschaft (61 000 Dollar). Allerdings ist gerade in den von Trump überraschend erkämpften *battleground states* wie Wisconsin, Michigan und Ohio der Anteil der Zwangsvollstreckungen bei Häusern, deren Käufer die monatlichen Raten nicht mehr bedienen konnten, besonders hoch. Offenkundig waren Trumps Wähler zumeist nicht arm, aber viele leben in der Furcht vor dem Verlust ihres bescheidenen Wohlstandes und dem Abrutschen in die Armut.

Donald Trump und Hillary Clinton waren die unbeliebtesten Präsidentschaftskandidaten seit Beginn der Meinungsforschung. Beide galten als unehrlich und nicht vertrauenswürdig. Clinton wurde als ehrgeizige Trickserin angesehen und Trump als unerfahrener Prahlhans. Am Wahltag 2016 lehnten laut einer Gallup-Umfrage 52 Prozent der Amerikaner Clinton ab und sogar 61 Prozent Trump. Insbesondere deswegen war die Wahlbeteiligung mit 55,4 Prozent auch die niedrigste seit 20 Jahren. Das Rennen zwischen Obama und McCain hatte 2008 hingegen 63,7 Prozent und Obamas Wiederwahl 2012 gegen Romney 60 Prozent der Stimmberechtigten in die Wahllokale gelockt. 2004 (Amtsbestätigung von George W. Bush gegen John Kerry) betrug die Wahlbeteiligung 62,1 Prozent und vier Jahre zuvor (Wahl von George W. Bush gegen Al Gore) immerhin 56,6 Prozent. Nur 1996, als Bill Clinton gegen Bob Dole seine Wiederwahl sicherte, lag sie mit 53,5 Prozent noch niedriger.

Historisch einzigartig war auch die Polarisierung zwischen den Anhängern der beiden Kandidaten: Im September 2016 ergab eine Erhebung der Monmouth Universität, dass nur zwei von 100 Wahlberechtigten sowohl Trump als auch Clinton akzeptabel fanden. Zum Vergleich: Im Jahr 2000, als George W. Bush und Al Gore für das Weiße Haus antraten, fanden immerhin 20 Prozent beide Kandidaten wählbar – also zehnmal so viele. Doch trotz dieser Unpopularität gewann Trump mehr als nur das Weiße Haus. Auch das Repräsentantenhaus und der Senat gingen an die Republikaner. Alle Senatskandidaten der Partei, die sich für Trump ausgesprochen hatten, holten ein Mandat, und alle Parteifreunde, die dem Präsidentschaftskandidaten die kalte Schulter gezeigt hatten, scheiterten.

Clintons Fehler

Clintons Schwäche begann mit ihrem Slogan: »*Stronger together*«. Er klingt nach einem sympathischen, aber inhaltsleeren Allgemeinplatz aus dem Gemeinschaftskundeunterricht. Wer ist »gemeinsam stärker«, um was zu erreichen? »*Make America great again*« hingegen appelliert an Patriotismus und

Gemeinschaftswerk. Die Empfänger sind direkt angesprochen, sie sollen Amerika groß machen. Aus dem »again« ist sowohl zu schlussfolgern, dass es derzeit nicht groß sei, als auch, dass es eine ruhmreichere Vergangenheit gegeben habe. Dahinter verbirgt sich die (an anderer Stelle des Buches erläuterte) Skepsis von Trump gegenüber dem Gedanken des *American Exceptionalism* oder der amerikanischen Einzigartigkeit.

Die Demokratin fühlte sich allzu lange als sichere Siegerin, und darum tat sie zu wenig, um die Klientel des Republikaners auf ihre Seite zu ziehen. »Grob verallgemeinernd, könnte man die Hälfte von Trumps Unterstützern in das einordnen, was ich den Korb der Erbärmlichen bezeichnen würde«, sagte sie im September 2016 bei einer »LGBT for Hillary«-Gala in New York City. Zu diesen Erbärmlichen (*deplorables*) gehörten »die Rassisten, Sexisten, Homophoben, Xenophoben, Islamophoben – Sie wissen schon. Und leider gibt es solche Leute. Und er hat sie gestärkt. Er hat ihre Websites aufgewertet, die nur 11 000 Leute hatten – jetzt elf Millionen. Er tweetet und teilt ihre beleidigende, hasserfüllte, niederträchtige Rhetorik. Nun, einige von diesen Leuten – es gibt sie, aber zum Glück sind sie nicht Amerika.« Clintons Attacke gegen jeden zweiten Anhänger von Trump stellte eine unfaire Pauschalisierung und Diffamierung dar. Die einstige Chefdiplomatin der USA sagte am nächsten Tag: »Gestern Abend habe ich grob verallgemeinert, und das ist nie eine gute Idee. Ich bedaure, dass ich sagte ›die Hälfte‹ – das war falsch.« Der Begriff *deplorables* machte als ironische Selbstetikettierung rasant Karriere. Auf Twitter kombinierten Trump-Anhänger ihren Namen mit der Bezeichnung zu *Deplorable Me* oder *Deplorable Jo,* es gab *Deplorable Girls* und die *Deplorable Party USA.* T-Shirts mit entsprechenden Begriffen tauchten bei den nächsten Trump-

Veranstaltungen auf. Ein Begriff, der abwerten sollte, wurde umgedreht – und war in diesem Moment eine Waffe nur noch gegen Clinton.

Viele konservative Wähler, darunter große Teile der bereits erwähnten Evangelikalen, mochten Trump nicht, aber sie verabscheuten Clinton. Die Demokratin hat Probleme mit Transparenz und Offenheit. In ihrer Zeit als Außenministerin brach sie eindeutig Regierungsvorschriften, als sie sehr bewusst ihren privaten E-Mail-Account verwendete für dienstliche Belange; die Kommunikation sollte nicht archiviert werden. Dass jene 33 000 E-Mails, die sie löschte, wirklich nur die Vorbereitungen der Hochzeit von Tochter Chelsea oder Verabredungen zu Yoga-Stunden betrafen, darf angesichts des technischen Aufwandes dieser spurenfreien Tilgung bezweifelt werden. Zudem tritt sie wie ihre Partei für das Recht auf Abtreibung ein, und dieses Faktum konnte auch ihr katholischer *running mate* Tim Kaine, ein Senator aus Virginia, nicht verwischen. Er persönlich sei entschieden gegen Schwangerschaftsabbrüche, wolle aber die Rechtslage nicht ändern, erklärte er im Wahlkampf. Im Prinzip unterschied er sich damit nicht von Trump, der ebenfalls keine Initiative ergreifen wird, um die Rechtslage zu verändern. Doch Trump bot zumindest die Gewähr, konservative Verfassungsrichter zu berufen, die in gesellschaftspolitischen Fragen einen unter Obama beschleunigten Linkstrend in ethischen Fragen stoppen. Mit dem 49-jährigen Neil Gorsuch, der im April 2017 gegen den Widerstand der Demokraten in den Supreme Court berufen wurde, hat Trump den 2016 verstorbenen Supreme-Court-Richter Antonin Scalia ersetzt. Die Demokraten mögen Gorsuch wegen seiner konservativen Weltanschauung nicht, seine fachliche Kompetenz lässt sich indes nicht ernsthaft bestreiten.

Die doch so politikerfahrene Demokratin machte einen weiteren Fehler: In diversen Videospots und Wahlkampfauftritten präsentierte sie sich als Anwältin der Schwarzen, der Hispanics, der Frauen, der Homo- und Bisexuellen, der Muslime, der alleinstehenden Mütter, der Millennials. Diese Identitätspolitik, bei der soziale Einheiten basierend auf Ethnie, Religion, sexueller Orientierung oder Weltanschauung und deren Partikularinteressen definiert werden, kam in progressiven Kreisen gut an, weil aus diesem Geist einst die Bürgerrechtsbewegung und später die LGBT-Gruppen entstanden. Rechts und bis tief in die Mitte erweckt identitäre Politik hingegen den Verdacht der Fragmentierung der Nation zugunsten einer Koalition von Minderheiten und der Marginalisierung amerikanischer Grundprinzipien. Der große amerikanische Historiker Samuel P. Huntington hat in seinem wichtigen Buch »Who Are We?« von der »anhaltenden Zentralität der anglo-protestantischen Kultur für die amerikanische nationale Identität«[22] geschrieben und den Unterschied zwischen »Siedlern und Einwanderern« betont: Erstere schaffen und definieren eine neue Gemeinschaft, letztere ordnen sich ihr unter. Gerade Clinton, die einstige Außenministerin, hätte im Wahlkampf zum Weitwinkel greifen und über Amerikas Interessen in der Welt, über die internationalen Herausforderungen und über die Bedrohung von Demokratie und Freiheit reden können. Stattdessen nahm sie die Lupe und filterte das Klein-Klein des sozialen Zusammenlebens heraus. Die Mittelschichtsweißen, derzeit noch die größte Teilmenge in den USA, gerieten bei dieser Aneinanderreihung von Minoritäten in Vergessenheit.

Der Meinungsforscher, der nicht mehr an sich glaubte

Warum haben die Meinungsforscher im Mutterland der Demoskopie die Entwicklung falsch eingeschätzt? Etablierte Agenturen wie Rasmussen, Pew Research oder Ipsos sahen Clinton bis zum Schluss zumindest knapp führend. Gallup erfragte zwar nicht regelmäßig die Wahlabsichten, ermittelte aber für Clinton durchgängig bessere Beliebtheitswerte.

Trump-Anhänger witterten hinter diesem breiten Konsens eine »Verschwörung der Mainstream-Medien«. Sie rechnen den Republikaner-nahen Sender Fox News dazu, der ebenfalls Clinton bis zum Schluss vorne sah. Charles Krauthammer, ein konservativer Kommentator des Senders, nannte Trump einen »Rodeo-Clown«. Joel B. Pollak von der Trump-nahen Website Breitbart.com, der den Kandidaten mit dem übrigen Pressekorps zu vielen Wahlkampfauftritten begleitete, schrieb in einem deutlich gefärbten, insgesamt aber informativen Buch: »Insbesondere Fox News hatte eine Vorliebe, regelmäßig die negativste Umfrage für Trump auszuwählen und andere Umfragen, in denen er besser abschnitt, zu ignorieren.«[23] Doch sogar Breitbart.com selbst, dessen vormaliger Chef Steve Bannon Wahlkampfberater Trumps war und heute Chefstratege im Weißen Haus ist, sagte mithilfe der Demoskopen der Agentur Gravis noch in der letzten US-weiten, am 3. November durchgeführten Umfrage einen Sieg von Clinton mit 47 zu 45 Prozent voraus.

Nur ein niederländischer Wissenschaftler kam zu anderen Ergebnissen – denen er aber schließlich selbst nicht mehr traute. Arie Kapteyn, der mit seinem Team für die Los Angeles Times arbeitet, sagte den Sieg von Trump voraus. Am Tag vor der Wahl taxierte Kapteyn die Demokratin auf 43,2 und den Republikaner auf 48,0 Prozent. Zwar lässt sich einwenden, dass Clinton ja tatsächlich bei den Direktstimmen mit 48,2 zu 46,1 Prozent vorne gelegen habe. Aber die Tücken des auf den Wahlleuten (*Electorate*) basierenden Systems, das Trump zum Präsidenten machte, hatte Kapteyn eingepreist. »Um ehrlich zu sein, ich war selbst überrascht«, sagte der Wissenschaftler, der an der University of Southern California (USC) in Los Angeles forscht, am Tag nach der Wahl. Dass er richtig liegen würde, hatte Kapteyn schließlich selbst nicht mehr geglaubt, so isoliert stand er da. In einem Hörfunkinterview zwei Tage vor dem 8. November prognostizierte er: »Clinton wird gewinnen, aber ich denke, es wird viel knapper, als die Leute erwarten.«

Dass seine Umfrageergebnisse dann doch bestätigt wurden, lässt sich auf zwei Faktoren zurückführen. Zum einen ist Kapteyn spezialisiert auf Ökonometrie. Diese wirtschaftswissenschaftliche Fachrichtung führt statistisches Datenmaterial mit mathematischen Auswertungsmethoden zusammen. Bei seinem Datenmaterial legte Kapteyn größeres Gewicht als andere darauf, eine Teilgruppe in die repräsentativ ausgewählte Gesamtgruppe der Befragten einzubeziehen, die 2012 überproportional der Wahl ferngeblieben war, nämlich die weiße ländliche Bevölkerung. Was aber noch wichtiger war: Die täglich aktualisierte Online-Erhebung richtete sich stets an die gleichen Teilnehmer, während andere Institute immer wieder neue Interviewpartner nach Kriterien wie Ethnie, Alter und Geschlecht auswählten. Im Nachhinein war diese Technik offenkundig entscheidend. Zwischen Befragten und Befragern bildete sich trotz des Distanz wahrenden Online-Verfahrens ein Vertrauensverhältnis. Damit wurde ausgeschaltet, was man in Amerika jetzt die »Scheuheit« der Trump-Wähler nennt und was die deutsche Demoskopin Elisabeth Noelle-

Neumann in den 1970er Jahren als »Schweigespirale« definiert hat: Menschen fürchten sich vor der Isolation, wenn sie zu Parteien oder Kandidaten neigen, die von Medien und herrschender Meinung abgelehnt werden. Das führt dann weniger zur Änderung des Wahlverhaltens als zur Unaufrichtigkeit bei Umfragen oder in sonstigen Äußerungen.

Übrigens ist die Los Angeles Times keiner Parteilichkeit zugunsten von Trump verdächtig. Im September 2016 veröffentlichte die Chefredaktion des Blattes ein eindeutiges *Endorsement* für Clinton. Die Autoren fügten ihrer Wahlempfehlung hinzu, ein Wahlsieg von Trump wäre »eine Katastrophe«.

6 | Das Universum des Präsidenten: Familie und Verbündete

»Ich mag Nepotismus«, sagte Donald Trump, damals Unternehmer, 2006 im Interview mit CNN-Talkmaster Larry King. »Sonst kann man nichts für seine Kids tun. Viele sagen ja: Ohhh, Nepotismus. Meist sind das Leute ohne Kinder.« Darum sei es völlig in Ordnung, dass er eine vakant gewordene Stelle in seiner TV-Show »The Apprentice« mit seiner Tochter Ivanka besetzt habe. »Sie ist wunderschön, und sie ist smart.« Wie der Vater, so der Sohn. »Nepotismus ist ein Faktor des Lebens«, sagte im April 2017 Eric Trump, der zusammen mit seinem älteren Bruder Don Jr. die Leitung des Familienkonzerns übernommen hat, solange der Vater als Präsident der USA anderweitige Verpflichtungen hat. Als diese Bemerkung Kritik auslöste, präzisierte Eric seine Position. Sein Vater vertraue den Leuten, die ihm am nächsten seien, und das gelte für seinen Bruder und ihn und die Schwester Ivanka, die als Beraterin im Weißen Haus arbeitet. »Ist das Nepotismus? Absolut. Ist das eine gute Sache? Absolut. Ein Familienunternehmen ist eine schöne Sache«, so Eric Trump.

Wo beginnt oder wo endet das Familienunternehmen? Wo verlaufen die Grenzen zwischen Familie, Konzern und Weißem Haus? Vetternwirtschaft, lange betrachtet als Phänomen aus der Geschichte oder als Problem rückständiger Entwicklungsländer, ist wieder zu einem Thema der Amerikaner geworden. »*Drain the swamp*« hatte Donald Trump im Wahlkampf unermüdlich gefordert – »legt den Sumpf trocken«. Kurz nach Amtsantritt 2017 unterschrieb er eine *Executive Order*, um die »Drehtür« zwischen Administration und Unternehmen oder Verbänden zu stoppen. Regierungsoffizielle müssen künftig fünf Jahre warten, wenn sie nach dem Ausscheiden aus einer Behörde als Lobbyisten anheuern wollen. Allerdings wollte Trump auch die Wartezeit für Senatoren, Abgeordnete und deren leitende Mitarbeiter, die in die Lobbyindustrie wechseln wollen, von zwei auf fünf Jahre erhöhen. Davon ist keine Rede mehr. Der Präsident hat begonnen, das bisherige Interessengeflecht in Washington gegen einen neuen Sumpf auszutauschen. Engste Verwandte, langjährige Freunde und loyale Vertraute rückten nach.

Neuland betritt Trump damit keineswegs. 18 Söhne und 14 Schwiegertöchter von Präsidenten dienten bereits im Weißen Haus. John Adams, der zweite US-Präsident, schickte seinen Sohn John Quincy Adams, der später Präsident Nr. 6 werden sollte, als Privatsekretär des US-Botschafters am russischen Zarenhof nach St. Petersburg. William McAdoo, verheiratet mit Woodrow Wilsons Tochter Eleanor, leitete vor 100 Jahren während der Präsidentschaft des Schwiegervaters das direkt neben dem Weißen Haus gelegene Finanzministerium.

Und dann holte John F. Kennedy seinen Bruder Robert F. Kennedy in den 1960er Jahren als Justizminister an Bord. »Bobby« Kennedy war populär und wurde gerühmt als Anwalt der Bürgerrechte und Kämpfer gegen die organisierte Kriminalität. Doch die Verwandtschaft mit dem Präsidenten, der 1963 in Dallas von Lee Harvey Oswald erschossen wurde, warf einen Schatten auf seine Position. 1967, ein Jahr, bevor Bobby Kennedy dem Attentat eines antiisraelischen Palästinensers in Los Angeles zum Opfer fiel, beschloss der Kongress ein Gesetz gegen Nepotismus. Das *Federal Anti-Nepotism Statute* (5 U.S. Code, § 3110) verbietet es Regierungsvertretern, darunter ausdrücklich auch dem Präsidenten, Familienmitglieder zu ernennen oder zu beschäftigen. Sollten nahe Verwandte dennoch in einer Regierungsbehörde beschäftigt sein, dürfen sie nach Absatz c) dieses Gesetzes keine Bezahlung erhalten.

Der Präsident und die Gesetzeslücken

Allerdings gibt es eine Lücke in der Lex Kennedy. »Das Anti-Nepotismus-Gesetz hat offenkundig eine Ausnahme, wenn man im West Wing arbeiten soll, weil der Präsident befugt ist, sein Team selbst zu ernennen«, frohlockte Trumps Beraterin Kellyanne Conway im Dezember 2016 in der MSNBC-Sendung »Morning Joe«. Der Präsident kann demnach zwar keinen Angehörigen ins Kabinett berufen. Aber er besitzt die Autorität, sich seine direkten Mitarbeiter im Weißen Haus ohne jede Einschränkung auszusuchen. Vor diesem juristischen Hintergrund berief Trump, in Übereinstimmung mit dem Recht, Tochter Ivanka und Schwiegersohn Jared Kushner in seinen Stab – wegen Absatz c) als unbezahlte Mitarbeiter. Das lässt sich für beide verschmerzen. Auch der Immobilienentwickler Kushner ist Multimillionär – dass er wegen seiner Russlandkontakte noch zur politischen Belastung seines Schwiegervaters werden sollte, war bei seiner Anstellung nicht erkennbar. Im Weißen Haus verdienen übrigens die bestbezahlten Angestellten nur 179 700 Dollar im Jahr. Und Trump selbst hat gleich nach seiner Wahl bekräftigt, er werde die 400 000 Dollar, die dem Präsidenten laut Gesetz zustehen, spenden.

Noch eine zweite Ausnahme kommt Trump zugute. Das Gesetz zur Interessenverquickung (18 U. S. Code, § 202), das eine Trennung von politischem Amt und privatem Geschäft vorschreibt, gilt nicht für den Präsidenten – allerdings auch nicht für den Vizepräsidenten, die Senatoren und Abgeordneten des US-Kongresses sowie für die Bundesrichter. Darum hätte Trump im Weißen Haus nicht einmal auf die Leitung seines Konzerns verzichten müssen. Insbesondere aber war er nicht gezwungen, das Unternehmen anonymen Treuhändern zu überlassen, wie er es beispielsweise als Minister hätte tun müssen. Stattdessen leiten als sogenannte Trustees die Söhne Don Jr. (Jahrgang 1977) und Eric (1984) die milliardenschwere Trump Organization. Die Brüder, die wie Schwester Ivanka (1981) aus Trumps erster Ehe mit dem Ex-Model Ivana Zelníčková stammen, agieren offiziell unabhängig. »Ich rede nicht über Regierungspolitik mit ihm, und er spricht nicht über das Geschäft mit uns. Das ist ein fester Pakt, den wir vereinbart haben, und das ist es, woran wir uns halten«, versichert Eric Trump. Aber es gibt keine Kontaktsperre zwischen ihnen und ihrem Vater. Schon die Existenz von Enkeln (Don Jr. hat fünf Kinder, während Eric und seine Frau ihr erstes Baby im September 2017 erwarten und den Präsidenten damit zum neunten Mal Großvater werden lassen) spricht für regelmäßige Treffen. Dass bei derartigen Begegnungen nicht auch über das Geschäft gesprochen wird, ist schwer vorstellbar angesichts der Fixierung des Vaters auf den Konzern. Und es ist, wie gesehen, nicht einmal illegal.

Die Sorge, die Familie Trump könne politische Ämter und Geschäftsinteressen vermengen, ist nicht theoretischer Natur: Im Februar 2017 gestanden chinesische Behörden dem Trump-Konzern 38 Handelsmarken und damit faktische Monopole zu, die im April 2016 beantragt worden waren. Lassen sich derartige Deals aus Gesprächen über bilaterale Wirtschaftsbeziehungen wirklich heraushalten? Die »Trademarks« betreffen unter anderem Hotelbauten, Sicherheitsdienste und einen Escort-Service – letzteren allerdings will das Unternehmen des Präsidenten in China angeblich gar nicht starten. Vielmehr gehe es darum, das Geschäftsfeld zu blockieren. Betrüger sollten daran gehindert werden, unter dem Namen Trump einen entsprechenden Dienst zu vermarkten. Einen entsprechenden Versuch hatte es bereits im Juni 2015 gegeben, einen Tag nachdem Trump seine Präsidentschaftsbewerbung angekündigt hatte.

Im April 2017 warb das State Department auf einer Website für »Mar-a-Lago – das Weiße Haus für den Winter«. Der Preis für die Mitgliedschaft in Donald Trumps floridianischem Privatclub hat sich bereits nach seiner Wahl verdoppelt auf 200 000 Dollar. Nach kurzer Zeit wurde der Blogeintrag gelöscht; das Außenministerium bedauerte die PR-Einlage für den Präsidenten.

Die Geschäfte der First Daughter

Distanz zu ihrem bisherigen Leben als Geschäftsfrau praktiziert auch Ivanka Trump nicht. Im November 2016 trug sie bei einem Interview in der populären Sendung »60 Minutes« auffälliges Geschmeide aus einer Linie, für die sie innerhalb des diversifizierten Familienkonzerns mit ihrer Schmuck- und Modefirma Ivanka Trump Marks LLC verantwortlich zeichnete. Ihre Mitarbeiter wiesen gleich nach der Ausstrahlung mittels E-Mail (»Style alert!«) Journalisten darauf hin. »Bitte informieren Sie Ihre Klientel darüber und zögern Sie natürlich nicht, sich im Falle von Fragen zu melden«, hieß es.

Der Vater ging die ökonomischen Interessen der Tochter noch plumper an. Als verschiedene amerikanische Kaufhausketten, darunter Nordstrom, im Februar 2017 die Schmucklinie der First Daughter aufgrund schlechter Umsätze aus dem Sortiment nahmen, twitterte der Präsident: »Meine Tochter Ivanka wurde von Nordstrom so unfair behandelt. Sie ist eine großartige Person – drängt mich immer, das Richtige zu tun! Schlimm!« Die Nordstrom-Aktie stürzte ab, erholte sich allerdings rasch. Dennoch zeigte die Episode, wie leicht der twitteraffine Präsident die Börsen in Turbulenzen stürzen kann. Seine enge Beraterin Kellyanne Conway kündigte kurz darauf bei einem Auftritt in Fox News eine »kostenlose Werbung« an und rief die Zuschauer auf, Ivankas Schmuck zu erwerben. »Geht, kauft ihn heute, alle«, appellierte sie. »Ihr könnt ihn online finden.« Doch was der Präsident darf, ist seinen Mitarbeitern nicht erlaubt. Für Conway, eine millionenschwere Umfrageexpertin, die ab August 2016 als erste Frau den Wahlkampf des Kandidaten einer der beiden großen Parteien managte, gilt das Gesetz gegen Interessenverquickung. Der Direktor des Büros für Regierungsethik sah »deutliche Gründe für die Annahme, dass Ms. Conway die Verhaltensregeln verletzt hat«. Laut Regierungssprecher Sean Spicer kam es zu einem »Gespräch« mit der zerknirschten Conway.

Im Übrigen kann Ivanka den Rückschlag bei Nordstrom und andernorts in den USA verschmerzen. Ihr Unternehmen boomt seit der Wahl des Vaters weltweit. Als sie am 6. April 2017 in Mar-a-Lago am Dinner zu Ehren des Präsidenten Xi Jinping teilnahm, wurden ihrer (derzeit von Don und Eric geführten) Schmuck- und Modefirma im fernen Peking drei monopolartige Markenrechte bewilligt für den chinesischen Markt. Es geht um Handtaschen, Schmuck und Wellness-Dienstleistungen. Ivanka war im Trump-Familienkonzern als

Executive Vice President mit Zuständigkeiten für Entwicklung und Akquisitionen die rechte Hand ihres Vaters. Mit ihrem Ehemann Jared Kushner beriet sie Donald Trump auch während dessen Kandidatur.

Im Weißen Haus ist Ivanka Trump offiziell »Assistentin« ihres Vaters und wird seinem inneren Kreis zugerechnet. Sie ist nach Aussagen eines langjährigen Freundes der Familie »das smarteste« unter den Trump-Kindern und der absolute Favorit des Präsidenten. Wie ihre Brüder und der Vater hat Ivanka keine intellektuellen Ambitionen. Sie ist nicht an Literatur oder weltanschaulichen Debatten interessiert, aber mit schneller Auffassungsgabe ausgestattet und rhetorisch klarer und strukturierter als ihr Vater – und mutmaßlich auch intelligenter. Früh hat sich Ivanka entschlossen, nicht eigene Wege zu suchen, sondern ein Teil der »Marke Trump« zu werden. Im Weißen Haus berät Ivanka ihren Vater bei Frauenthemen. Sie will weibliche Führungskräfte ermutigen und die vom Vater versprochene Gesetzgebung für einen Mutterschutzurlaub vorantreiben. Als Angela Merkel im März 2017 das Weiße Haus besuchte und mit einer Gruppe von Unternehmern über den Handel und die Stärken des deutschen dualen Ausbildungssystems diskutierte, wurde Ivanka Trump am Runden Tisch direkt neben die Kanzlerin platziert. Merkel erinnerte sie daran, dass deutsche Unternehmen 81 000 Arbeitsplätze in den USA geschaffen und 270 Millionen Dollar investiert haben. Im April 2017 besuchte sie den an die deutsche G-20-Präsidentschaft angelehnten »Women 20 Summit« in Berlin. Bei diesem Frauengipfel musste sich die Amerikanerin kritische Fragen zum Frauenbild ihres Vaters und Buhs gefallen lassen, als sie ihn verteidigte. Merkel ließ sich von den Vorbehalten gegenüber Ivanka Trump nicht anstecken. Beim Dinner wirkte der Umgang der beiden so unterschiedlichen Frauen fast schon vertraut. Auch Siemens-Chef Joe Kaeser nutzte den Deutschlandbesuch und lud die Präsidententochter in die Technikakademie seines Konzerns ein. Merkel wie Kaeser, der auch beim Besuch im Weißen Haus dabei war, haben begriffen: Wenn jemand das nicht durchgängig positive Deutschlandbild des amerikanischen Präsidenten aufpolieren kann, dann ist es Ivanka. Sie ist seit 2009 mit dem Unternehmer Jared Kushner verheiratet und trat dafür zum jüdischen Glauben über.

Smarter Schwiegersohn, emanzipierte First Lady

Jared Kushner ist angeschlagen durch den geheimen Gesprächskanal, den er in der Übergangszeit Anfang Dezember 2016 für den kommenden Präsidenten mithilfe des russischen Botschafters Sergej Kislyak nach Moskau einzurichten versucht haben soll – ausgerechnet in der russischen Botschaft in Washington. Dieser Vorstoß rückte Kushner Ende Mai 2017 ins Zentrum der FBI-Ermittlungen. Der Enkel von Holocaust-Überlebenden aus Polen, der die Tradition der modernen Orthodoxie pflegt, kommt wie der Schwiegervater aus der Immobilienbranche und verfügt zusammen mit den Eltern und seinem Bruder Josh nach Schätzung von Forbes über ein Gesamtvermögen von rund 1,8 Milliarden Dollar. Trump, der selten eingesteht, dass andere einen höheren Intelligenzquotienten als er haben könnten, findet den Schwiegersohn »wirklich sehr smart«.

Ausgestattet mit dem offiziellen Titel eines »Senior Adviser«, sei Kushner »Trumps Mann für die Außenpolitik«, sagt ein Mitarbeiter des Weißen Hauses. Aber der Präsident baut auf seinen Rat auch bei anderen Themen. Als Kushner und seine

Frau im März 2017 in einer wichtigen Phase der Verhandlungen über die Abschaffung von Obamacare ein Skiwochenende in den Rocky Mountains verbrachten, reagierte der Schwiegervater gereizt auf ihre Abwesenheit, hieß es im Weißen Haus.

Der Schwiegersohn gehört zur eher linksbürgerlichen Gesellschaft von New York City und war bis zum Wahlkampf registrierter Demokrat. 2006, mit gerade 25 Jahren, kaufte er das kriselnde Wochenblatt New York Observer und baute es um zu einem Internetportal weitgehend ohne New-York-Bezug. Inzwischen soll es in den schwarzen Zahlen sein. Der Observer gehörte zu den wenigen Medien, die im Wahlkampf eine Wahlempfehlung für Trump veröffentlichten.

Dass Kushner durchsetzungsstark ist, bekam Chris Christie zu spüren, der Gouverneur von New Jersey. Christie startete 2015 selbst als Bewerber für das Ticket zum Weißen Haus, schlug sich dann aber als einer der ersten etablierten Republikaner auf die Seite von Trump. Anfänglich träumte er dem Vernehmen nach vom Posten des Vizepräsidenten, später hoffte er wohl auf das Justizministerium. Letzlich wurde er nur Chef einer von Trump eingerichteten Task Force zur Bekämpfung des Drogenmissbrauchs. Der mutmaßliche Grund: Als New Yorker Generalbundesanwalt hatte Christie 2005 den Vater von Jared Kushner wegen illegaler Wahlkampfspenden und Steuerbetrugs kurzzeitig hinter Gitter gebracht. So etwas führt nicht zu Freundschaft.

Nicht eingebunden in den Familienkonzern oder das Weiße Haus ist von den erwachsenen Präsidentenkindern nur Tiffany (Jahrgang 1993), die Tochter aus Trumps zweiter Ehe mit Schauspielerin Marla Maples. Die Halbschwester von Don Jr., Ivanka und Eric hielt eine gefeierte Rede bei der Republican National Convention im Juli 2016 in Cleveland, auf der ihr

Vater nominiert wurde. Tiffany nahm auch an der Inauguration im Januar 2017 in Washington teil – ebenso wie Mutter Marla Maples und Donald Trumps erste Frau Ivana. Letztere verließ die Veranstaltung allerdings frühzeitig, weil sie Marla, mit der Trump sie über Jahre betrogen hatte, nicht begegnen wollte. In seltenen Fällen tritt Tiffany für das Familienunternehmen in Erscheinung, unter anderem beim Durchschneiden des roten Bandes zur Eröffnung des neuesten Trump-Luxushotels im Oktober 2016 in Washington, wenige Blocks entfernt vom Weißen Haus. Die »vergessene Trump« ist bei ihrer Mutter in Kalifornien aufgewachsen, hat als Model gejobbt, eine Karriere als Sängerin probiert und bereitet sich an der New York University auf einen juristischen Abschluss vor. Dem Vater schickte sie zu seinem 70. Geburtstag im Juni herzige Fotos aus ihrer Kindheit: »Happy Birthday, dad! I love you!« Ihre 800 000 Follower auf Instagram konnten an diesem Familienereignis teilnehmen. Gelegentlich ist Tiffany ausweislich der Fotos auf ihrem Account auch im väterlichen Privatclub im floridianischen Mar-a-Lago zu Gast.

First Lady Melania, als gebürtige Slowenin aufgewachsen in Jugoslawien, war nach der Inauguration ihres Mannes zunächst in New York geblieben. Sie habe ihrem Sohn Barron, dem jüngsten Präsidentenspross, einen Umzug während des Schuljahres ersparen wollen, lautete die Begründung. Im Sommer 2017 zogen sie und der Junge ins Weiße Haus nach. Zum Schuljahr 2017/18 wurde Barron, an der St. Andrew's Episcopal School in Potomac (Maryland) im nordwestlichen Speckgürtel der Hauptstadt angemeldet. Bei wichtigen Anlässen war das ehemalige Fotomodel Melania aber auch schon zuvor an der Seite des Präsidenten, beispielsweise bei seiner ersten Auslandsreise nach Riad, Jerusalem, in den Vatikan, nach Brüssel und Sizilien im Mai 2017. Im ultrakonservativen

Saudi-Arabien war sie eindeutig stilsicherer und selbstbewusster als ihr Mann: Die First Lady trug zum elegant-lässigen Hosenanzug ihr Haar offen, obwohl Trump Vorgängerin Michelle Obama 2015 noch dafür kritisiert hatte, dass sie durch den Verzicht auf eine Kopfbedeckung die Gastgeber beleidigt hätte. Und wenn der Präsident nach ihrer Hand griff, wehrte die emanzipierte Melania Trump dies mehrfach während der Reise mit einer so knappen wie eindeutigen Bewegung ab. Im Vatikan bei der Begegnung mit Papst Franziskus trug die überzeugte Katholikin hingegen einen schwarzen Schleier.

Kräftemessen mit Steve Bannon

Der Kreis der engen Vertrauten des Präsidenten außerhalb der eigenen Familie ist klein. Steve Bannon, der Chefstratege im Weißen Haus, gehört zu den wichtigen Ausnahmen. Der meinungsstarke Medienunternehmer aus irisch-katholischem Arbeitermilieu stieß im August 2016 als Exekutivchef zum Wahlkampfteam von Trump. Zuvor war er Chef des Internetportals Breitbart.com, das er selbst als »Plattform für die alternative Rechte« bezeichnete. Zu diesem im Amerikanischen als *alt-right* abgekürzten und weitgehend unorganisierten Netzwerk gehören kleinere bis kleinste Gruppen. Manche sind erzkonservativ, andere reaktionär, weitere gar nazistisch, und sogar Monarchisten gibt es unter ihnen. Der jüdische Intellektuelle Alan Dershowitz verteidigt Bannon gegen den Vorwurf, er sei Antisemit – allerdings sei er antimuslimisch und frauenfeindlich und darum »disqualifiziert für hohe Ämter«.
Bannon, zu dessen Gefolgsleuten Trumps Redenschreiber Stephen Miller gehört, tendiert zu apokalyptischen Anschau-

ungen. Der Titel eines ihn prägenden Buches lautet »The Fourth Turning«[24] und vertritt die These, alle 80 bis 100 Jahre stehe Amerika ein massiver Wendepunkt bevor. Es begann mit der Bostoner Tea Party und der Unabhängigkeit, ging weiter mit der Sklavenbefreiung und führte zur Großen Depression des Jahres 1929. Jetzt sei die »vierte Wende« zu erwarten, heißt es in dem 1997 erschienenen Buch. Bannon ist ein überzeugter *America-First*-Ideologe, der sogar legale Immigration als bedrohlich für die amerikanische Kultur ansieht. Er fordert die »Dekonstruktion des administrativen Staates«, der jenseits der transparenten Gesetzgebung immer neue Regulierungen, Abgaben und andere Belastungen gewissermaßen aus sich selbst entwickle.

Im April 2017 verlor Bannon seinen Sitz im National Security Council (NSC). Dafür rückten, entsprechend der üblichen Zusammensetzung dieses Gremiums, General Joseph Dunford als Vorsitzender der Vereinigten Generalstabschefs (Chairman of the Joint Chiefs of Staff), Dan Coats als nationaler Geheimdienstkoordinator (Director National Intelligence) und CIA-Direktor Mike Pompeo in den Rat. Nach offiziellem Sprachgebrauch handelte es sich nicht um eine Entmachtung von Bannon. Aber hinter den Kulissen heißt es, Trumps nationaler Sicherheitsberater H. R. McMaster habe den Ideologen in dem Kreis nicht sehen wollen. Stabschef Reince Priebus, der auf gleicher Ebene wie Bannon angesiedelt ist, verblieb hingegen im NSC.

Der Pragmatiker Kushner ist der Gegenspieler des Ideologen Bannon. Im weltanschaulichen wie machtstrategischen Ringen zwischen Fundamentalisten und Realpolitikern haben letztere schon wegen Kushners persönlicher Nähe zum Präsidenten die stärkeren Bataillone. Kushner unterstützen unter anderem Stabschef Priebus, der zuvor Chef des Republican

National Committee und damit eine Art Vorsitzender der Republikaner war, und Gary Cohn, Trumps wirtschaftlicher Chefberater. Cohn, ein registrierter Demokrat, war der fünfte Banker von Goldman Sachs, den Trump in seine Administration holte. Zu dieser Gruppe gehört auch Steven Mnuchin, jetzt Finanzminister, zuvor Finanzchef der Trump-Kampagne und einst Partner der Investmentbank. Dass Trump Goldman-Sachs-Leute anwirbt, ist bemerkenswert, nachdem er im Wahlkampf seine »Drain-the-swamp«-Rhetorik auch gegen »Wall Street« gerichtet hatte: »Ich kenne die Typen bei Goldman Sachs. Sie haben totale Kontrolle über Hillary Clinton.« Trump-Beraterin Kellyanne Conway hat Berichte der MSNBC-Moderatoren Joe Scarborough und Mika Brzezinski dementiert, sie habe sich im Wahlkampf bei abgeschalteten Mikrofonen abfällig über den Kandidaten geäußert. Selbst wenn das wahr sein sollte, wird der Präsident gut überlegen müssen, Conway zu feuern. Sie war als Wahlkampfmanagerin so dicht an Trump, dass sie manche Enthüllungen lancieren könnte. Gleiches gilt für Sprecher Sean Spicer, dem der Präsident mitunter weniger zuzutrauen scheint als dessen Stellvertreterin Sarah Huckabee Sanders.

Vielfach wurde Trump kritisiert, weil er mehrere Milliardäre ins Kabinett geholt hat. Dabei ist es zu begrüßen, wenn Hochvermögende eine aus ihrer Sicht mies bezahlte Position (Minister in Washington verdienen knapp 200 000 Dollar) übernehmen, um der Nation zu dienen. Natürlich dürfen sie die Position nicht nutzen, um persönliche Interessen zu verfolgen – aber dies gilt für Normalverdiener ebenso. Allerdings sollten auch Quereinsteiger über politische Allgemeinbildung verfügen. Handelsminister Wilbur Ross, ein milliardenschwerer Investor und Trump seit den 1980er Jahren geschäftlich verbunden, hielt es nach der Saudi-Arabien-Reise mit dem

Präsidenten im Mai 2017 für erwähnenswert, dass in dem absolutistisch regierten Königreich »nicht ein einziger Hinweis auf Protestler zu erkennen war«.

Profis im Kabinett

Schlagzeilen macht allenfalls gelegentlich der Außenminister. Rex Tillerson, der Chef des State Department und vormalige Vorstandschef von ExxonMobil, wurde bei Amtsantritt misstrauisch beäugt wegen der Kooperation des US-Energieriesen mit der russischen Ölfirma Rosneft und wegen seiner persönlichen Drähte nach Moskau. Wladimir Putin persönlich zeichnete ihn 2013 mit dem russischen Orden der Freundschaft aus. Doch Tillerson hat von Beginn an die russische Einmischung in die US-Wahlen kritisiert und die Aufrechterhaltung amerikanischer Sanktionen wegen der faktischen Annexion der Krim durch Moskau befürwortet. Außer in der Russlandpolitik folgt der Außenminister offenkundig unkritisch der Linie, die Trump vorgibt. Übrigens gehört der 65-jährige Rex Tillerson, im State Department »T. Rex« genannt, entgegen verbreiteten Vorurteilen nicht zum Trump-Netzwerk. Die beiden Männer lernten sich erst im Rahmen der Kabinettsbildung kennen. Robert Gates (Verteidigungsminister unter George W. Bush und Obama), Condoleezza Rice (Außenministerin unter George W. Bush) und James Baker (Außenminister unter George H. W. Bush) hatten Tillerson empfohlen.

Bildungsministerin Betsy DeVos sei nur ins Kabinett geholt worden, weil sie für Trumps Wahlkampf spendete, sagen die Demokraten. Doch Gleiches könnte man auch Obama vorwerfen, der die Milliardärin Penny Pritzker nach etlichen

Spenden für seine Kampagnen zur Wirtschaftsministerin gemacht hatte. Die Unternehmerin, geboren als Elizabeth Prince, wurde durch die Ehe mit dem Amway-Erben Dick DeVos zur Milliardärin. Sie ist eine entschiedene Kritikerin der öffentlichen Schulen in den USA, mit denen sie persönlich allerdings keine Erfahrung gemacht hat: Wie ihre vier Kinder besuchte sie Privatschulen. DeVos will ein Voucher-System einführen, das in den 1950er Jahren der libertäre Wirtschaftstheoretiker Milton Friedman vorschlug: Eltern erhalten Gutscheine in Höhe der steuerlichen Aufwendungen für einen öffentlichen Schulplatz und können damit ihre Kinder bei Privatschulen oder Vertragsschulen (*Charter Schools*) anmelden, eine eventuelle Differenz müssen sie selbst tragen. Dadurch sollen Wettbewerb geschaffen und die Bildungsqualität erhöht werden. Gegner monieren, dass über die Voucher Steuergelder an Privatschulen fließen würden. Doch die letzte Kompetenz über die konkrete Umsetzung von Reformen verbleibt ohnehin bei den einzelnen Bundesstaaten. Da amerikanische Schüler im internationalen Pisa-Test in den Fächern Mathematik, Schreiben und Lesen ausgesprochen weit abgerutscht sind, kann es grundsätzlich nur begrüßt werden, wenn das derzeitige US-Bildungssystem infrage gestellt wird.

Auch Verteidigungsminister James »Mad Dog« Mattis und der nationale Sicherheitsberater H. R. McMaster sind zuverlässige Profis und Realpolitiker. Beide Generäle ließen sich von Trumps Putin-Begeisterung nicht anstecken. Allerdings gilt die Position von McMaster als wackelig. Bei seinem ersten Jerusalem-Besuch nahm Trump Kushner mit in ein Gespräch mit dem israelischen Ministerpräsidenten Benjamin Netanjahu, während der Sicherheitsberater vor der Tür warten musste. Angeblich bezeichnete Trump McMaster intern als »Qual«, weil er in Sitzungen zu viel rede – was sich offenkundig darauf bezieht, dass McMaster den Präsidenten gelegentlich vorsichtig zu korrigieren versucht und im Zusammenhang mit einer Zwei-Staaten-Lösung die »Würde der Palästinenser« angemahnt haben soll. Sollte McMaster entlassen werden, gäbe es zwischen dem Präsidenten und dem nuklearen Sicherheitscode kein Korrektiv mehr.

Vizepräsident Mike Pence, der zehn Jahre Abgeordneter im US-Kongress und vier Jahre Gouverneur von Indiana war, gilt als gewiefter Politprofi, der klug genug ist, sich auch in Krisen wie die um die Entlassung von FBI-Chef James Comey nicht in den Vordergrund zu schieben. Denn vorne auf der Bühne, da will der Präsident stehen. Donald Trumps Macht bleibt groß und seine Überzeugung, die richtigen Entscheidungen zu treffen, ist bislang unerschüttert. Er sieht darum gar keine Notwendigkeit, ständig auf seine Berater zu hören.

7 | Außenpolitik im Vorzeichen des »America First«

Wer die Außenpolitik von Donald Trump, dem Präsidenten, verstehen will, muss zurückgehen in die Zeit, als Donald Trump, der Unternehmer, noch nicht einmal im Wahlkampf- modus war, und zu einer Interviewfrage, die mit Außenpolitik nichts zu tun hat, aber viel über sein Verständnis internatio- naler Abhängigkeiten aussagt – und, nebenbei, über den Cha- rakter des heutigen Commander-in-Chief.

»Was bedeutet amerikanischer Exzeptionalismus für Sie?«, fragte ihn im Juni 2015 Jeffrey Lord für das konservative Mo- natsmagazin The American Spectator. Man muss dazu wissen, dass die Idee des *American Exceptionalism*, der Einzigartigkeit einer Nation mit einer besonderen Mission für die gesamte Welt, für die Amerikaner so wichtig ist wie Mekka für den Is- lam oder der Humor für die Briten. Donald Trump ließ sich indes auf kein Ritual ein. »Ich denke, in einer Weise ist das ein sehr gefährlicher Begriff, ich hörte nämlich Putin sagen: ›Wer denken die eigentlich, dass sie sind, wenn sie sagen, sie seien exzeptionell?‹ Man kann das Gefühl haben, exzeptionell zu sein, aber wenn man beginnt, es anderen Ländern oder ande- ren Menschen ins Gesicht zu rufen, denke ich wirklich, dass es sehr gefährlich ist, den Begriff zu nutzen. Nun, ich hörte Putin das zu jemandem sagen, Sie wissen ja, ich hatte den Miss-Universe-Wettbewerb drüben in Moskau, kürzlich, und Putin, am Rande gesagt, behandelte uns unglaublich gut.«

Wenige amerikanische Politiker würden es wagen, diese Leitidee der Vereinigten Staaten so unverblümt infrage zu stellen. Trump, der politisch Unkorrekte, brachte die Unbekümmertheit mit, und er deutete damit sein Bild von einer internationalen Gemengelage an, in der die Amerikaner sich zwar als zu Höherem berufen fühlen dürfen, aber nicht erwarten können, dass andere Nationen diesen Eindruck teilen. Trump hat die amerikanische Einzigartigkeit noch häufiger bestritten. »Wenn Sie ein Deutscher sind, oder aus Japan, oder Sie sind aus China, wollen Sie keine Leute haben, die das sagen. Ich mochte den Begriff nie«, antwortete er im April 2015 in Houston, zwei Monate vor Bekanntgabe seiner Präsidentschaftskandidatur, als er bei einer Veranstaltung der lokalen Tea-Party-Vereinigung »Texas Patriots« aufgefordert wurde, den amerikanischen Exzeptionalismus zu definieren.

Über die Persönlichkeit von Trump sagen die Zitate allerdings noch mehr aus. Er hat schlicht gelogen, als er behauptete, er habe Putin irgendetwas sagen hören, weil der russische Präsident gar nicht bei der Veranstaltung war. Vor seiner Präsidentschaft sind sich Putin und Trump nie begegnet. Warum behauptete Trump dennoch, er habe den russischen Präsidenten erlebt, der ihn »unglaublich gut« behandelt habe? Die Antwort ist naheliegend: Trump hält nicht Amerika für exzeptionell, möchte aber, dass die Menschen ihn für exzeptionell halten. Er, der Milliardär, der die Schwächen des eigenen Landes entlarvt (»Morde in den Straßen. Schauen Sie, was in Chicago und andernorts los ist«) und die Mächtigen der Welt kennt, ist derjenige, der Amerika wirklich wieder exzeptionell und einzigartig machen kann. »Wir haben vielleicht eine Chance, es in einer nicht zu fernen Zukunft zu sagen«, tröstete er die texanischen Patrioten am Ende seiner durchaus nachdenklichen Ausführungen. Das Publikum reagierte weitgehend schweigsam. In seinem Wahlkampf verzichtete Trump später auf jedes Infragestellen der Einzigartigkeit der Nation. Stattdessen ließ er die Anhänger skandieren: »*Make America great again*« – was im Klartext heißt, dass es aktuell um den amerikanischen Exzeptionalismus nicht zum Besten bestellt ist.

Die Betonung der amerikanischen Einzigartigkeit ist in der Tat für Nicht-Amerikaner gelegentlich anstrengend. Trump antizipierte die Stimmung von durchschnittlichen Deutschen, Japanern oder Chinesen richtig, während die Worte, die er von Putin persönlich gehört haben will, in Wirklichkeit aus einem Gastbeitrag des russischen Präsidenten für die New York Times im September 2013 stammen. Vor dem Hintergrund von Barack Obamas Androhung eines Militärschlags gegen Syrien wegen eines C-Waffen-Einsatzes schrieb Putin, er würde dem amerikanischen Amtskollegen »nicht zustimmen« in seiner Behauptung, die Politik der USA »mache Amerika anders« und »mache uns einzigartig«. Es sei »extrem gefährlich, Menschen aufzufordern, sich als exzeptionell zu sehen, was auch immer das Motiv sein mag«.

Und doch ist der Glaube an den Exzeptionalismus der entscheidende Motor für das weltweite Engagement Amerikas. Nur wer sich für etwas Besonderes hält, ist auch bereit zur internationalen Mission, die von deeskalierender Diplomatie über die Sicherung der maritimen Handelswege bis zur Bekämpfung von Seuchen in Afrika und zu exterritorialen Militäreinsätzen reicht. Trump erteilt dieser Idee nicht nur eine rhetorische Absage. Er entzieht schlicht jeder amerikanischen Vorbildfunktion den Boden durch die Vermengung von Politik und Privatinteressen, durch praktizierten Nepotismus, durch seine ständige Verbiegung der Wahrheit und den heftigen Hauch der Vulgarität, der mit ihm ins Weiße Haus einzog.

Trump verrückt Amerikas Image in Richtung eines Drittwelt-landes, und es ist nicht gesichert, dass seine Nachfolger die früheren, ebenfalls nie makellosen, aber gleichwohl Ehrfurcht gebietenden Standards wiederherstellen können. Amerika ist die größte und eine besondere Macht in der Welt – nach Trump wird sie möglicherweise nur noch die größte sein.

Seit der Jahrtausendwende beschleunigt sich der »Rise of the Rest«, der Aufstieg der anderen, wie ihn Fareed Zakaria genannt hat.[25] Dieser Trend relativiert die Vormacht der USA, aber er beendet sie nicht, so Zakaria unter Verweis auf die führende Stellung des Landes in den Zukunftsbranchen Nanotechnologie, Biotechnologie und Digitalisierung. Die militärische Dominanz kommt hinzu. Eine ordnende Funkti-on der USA auf der globalen Bühne dürfte in der Zukunft tat-sächlich noch wichtiger werden. »Populismus und Nationalis-mus sind auf dem Vormarsch«, analysiert Richard Haas, bewährter Diplomat und Präsident des außenpolitischen Ex-pertengremiums Council on Foreign Relations. »Wir beob-achten eine weitverbreitete Ablehnung von Globalisierung und internationalem Engagement und infolgedessen das In-fragestellen langbewährter Politik, von der Offenheit gegen-über Handel und Einwanderung bis zur Bereitschaft, Allian-zen und Verpflichtungen im Ausland aufrechtzuerhalten.« Das Engagement Washingtons bleibe existenziell, aber nötig dafür sei neben dem Willen der Amerikaner der internationa-le »Respekt vor den Vereinigten Staaten und Respekt für das amerikanische politische, soziale und wirtschaftliche Modell, verbunden mit dem Wunsch, es nachzuahmen«.[26] Wird dieser Respekt die gegenwärtige Präsidentschaft überleben?

Die geopolitische Denkfabrik Stratfor, ansässig in Austin (Texas), zeichnet in ihrem Zehnjahres-Ausblick, verfasst im März 2017, ebenfalls hochgefährliche Zukunftsszenarien. Zur

Krise der EU, »die nicht gelöst werden konnte und deren Intensität zugenommen hat«, heißt es dort: »Wir erwarten, dass die Europäische Union nie zurückfinden wird zu ihrer früheren Geschlossenheit, und falls sie überlebt, wird sie in der kommenden Dekade in einer begrenzteren und stärker fragmentierten Form operieren.« Deutschland werde »ernste ökonomische Rückschläge« erleiden, »Polen infolgedessen seine regionale Macht ausweiten«. Die Konfrontation mit Russland wegen der Ukraine werde ein zentrales Thema der internationalen Beziehungen bleiben, »aber wir denken nicht, dass die Russische Föderation in ihrer jetzigen Form über die gesamte Dekade existieren wird«, so die Prognose. Eine zunehmende »Fragmentierung« oder gar der Kollaps Russlands werde Fragen nach der Sicherheit von Moskaus Nukleararsenalen aufwerfen. China werde in zehn Jahren weiterhin eine ökonomische Großmacht sein, »aber nicht der dynamische Motor für wirtschaftliches Wachstum bleiben«.

Zeitsprung: ein anderer Ort, eine andere Zeit, ein anderer Donald Trump.

»Heute Abend habe ich einen gezielten Militärschlag gegen den Flugplatz in Syrien angeordnet, von dem aus der Chemieangriff gestartet wurde«, ließ ein konzentriert klingender Präsident aus seinem Privatclub Mar-a-Lago live über alle großen Nachrichtensender die Nation und die gesamte Welt wissen. »Es liegt im vitalen nationalen Sicherheitsinteresse der Vereinigten Staaten, die Verbreitung und den Einsatz tödlicher Chemiewaffen zu verhindern.« Das war am 6. April 2017 um 21.40 Uhr, und Trump, der bis dahin weitgehend glücklose und im Umfragetief steckende Innenpolitiker, war exakt 60 Minuten zuvor zum Commander-in-Chief geworden. 60 Marschflugkörper hatten um 20.40 Uhr amerikanischer Ostküstenzeit oder 3.40 Uhr am Morgen des 7. April syrischer

Ortszeit von den im östlichen Mittelmeer liegenden Zerstörern *USS Porter* und *USS Ross* Kurs genommen auf den Luftwaffenstützpunkt al-Schayrat 160 Kilometer nördlich von Damaskus. Ein Tomahawk stürzte wegen einer technischen Panne gleich ins Wasser, 59 erreichten die Zielregion. Trump, der im Wahlkampf angekündigt hatte, Amerika könne nicht länger »Weltpolizist« sein, reagierte damit auf einen C-Waffen-Angriff, bei dem in Chan Schaichun im Gouvernement Idlib im Nordwesten des Landes mindestens 74 Zivilisten durch das Giftgas Sarin getötet worden waren, unter ihnen Frauen und Kinder.

Was war das Motiv für diesen Einsatz? Trump schien emotional berührt zu sein durch die schockierenden Bilder der ums Leben gekommenen »wunderschönen kleinen Babys« in Chan Schaichun. Tochter Ivanka, Mutter dreier kleiner Kinder, habe ihn zu dem Militärschlag gedrängt, schätzt ihr Bruder Eric. Dennoch ist die Entscheidung irritierend. Gut eine Woche vor dem sehr begrenzten Militärschlag, der als möglichst harmloser Warnschuss konzipiert war und nur geringen Schaden anrichtete, hatte Nikki Haley, die US-Botschafterin bei den Vereinten Nationen, dem syrischen Präsidenten Baschar al-Assad signalisiert, dass sein Sturz kein zentrales Ziel Washingtons sei: »Unsere Priorität ist es nicht länger, hier zu sitzen und uns darauf zu fokussieren, Assad wegzubekommen.« Ganz ähnlich klang Außenminister Rex Tillerson: Über die künftige Regierung Syriens »wird vom syrischen Volk entschieden werden«. Das lag auf der Linie jener Flut von Tweets, mit denen Trump im September 2013 seinen Vorgänger Obama empört davor warnte, wegen eines damaligen C-Waffen-Angriffs mit noch mehr zivilen Opfern Syrien zu bestrafen. »Präsident Obama, greifen Sie nicht Syrien an«, twitterte er damals. Und: »Der Präsident muss Zustimmung des Kongresses einholen vor Angriff auf Syrien – großer Fehler, falls er das nicht tut.«

Im August 2012 hatte Obama erklärt, »dass es für uns eine rote Linie wäre, wenn wir sehen würden, dass eine Menge chemischer Waffen verlagert oder genutzt wird«. Als ein Jahr später bei einem Giftgaseinsatz in Ghuta zwischen 280 und 1700 Menschen getötet wurden, schien das Limit überschritten. Der Präsident bereitete zusammen mit dem britischen Premier David Cameron einen – ebenfalls limitierten – Militärschlag gegen syrische Streitkräfte vor. Aber er sagte ihn wieder ab, nachdem das Unterhaus in London die Teilnahme Großbritanniens blockiert und Obama zudem vom amerikanischen Kongress das Signal erhalten hatte, man werde ihm keinen Freibrief für die Operation geben. Obama, der den Einsatz angekündigt hatte, zog zurück – Trump, der jeden Einsatz ausgeschlossen hatte, schlug zu. Der Präsident verstieß damit gegen seinen Slogan »*America First*«, der im Wahlkampf als außenpolitische Trump-Doktrin gegolten hatte: Dieser Präsident werde nur tun, was den amerikanischen Interessen in der Welt nutze. Das Schicksal syrischer Zivilisten verfehlt diese Kriterien eindeutig. Zwar machte Trump keine Anstalten, syrische Flüchtlinge ins Land oder die verwundeten und traumatisierten Opfer aus Chan Schaichun in amerikanischen Krankenhäusern behandeln zu lassen. Dennoch ähnelte der Militärschlag jenem »humanitären Interventionismus«, zu dem die damalige Außenministerin Hillary Clinton 2011 Obama in Libyen gedrängt hatte. Er führte zum Sturz des Diktators Muammar al-Gaddafi, aber auch zu einem *failed state* und zum Erstarken der Dschihadisten im nördlichen Afrika.

Ob Trumps Militäreinsatz nach amerikanischem Recht statthaft war, ist umstritten. Die Entscheidung über Krieg und Frieden liegt in den USA beim Kongress. Zwar gibt es die *War*

Powers Resolution, die dem Präsidenten bestimmte Rechte einräumt, aber auch in ihr werden Bedingungen genannt, unter anderem ein »nationaler Notstand«, ausgelöst durch einen »Angriff gegen die Vereinigten Staaten«. Doch der sonst so selbstbewusste Kongress verzichtete in diesem Fall auf jede Überprüfung – vielleicht wegen der öffentlichen Zustimmung zu der Aktion.

»Ich denke, Donald Trump wurde heute zum Präsidenten der Vereinigten Staaten«, sagte Fareed Zakaria, der Geopolitikexperte von CNN. Erstmals gab es aus beiden politischen Lagern in Washington vor allem Zustimmung und Unterstützung für Trump. Die Verbündeten, darunter Deutschland, äußerten Verständnis für das amerikanische Vorgehen. »Wow, was für einen Unterschied 59 Tomahawk-Raketen machen können«, ließ die Satiresendung »Saturday Night Live« ihren Trump-Parodisten Alec Baldwin staunen. Ging es Trump um sein Image? Am 9. Oktober 2012, einen Monat vor der Wiederwahl des Vorgängers, hatte er getwittert: »Jetzt, wo Obamas Umfragewerte im Absturz sind – macht euch gefasst auf einen Angriff von ihm gegen Libyen oder den Iran. Er ist verzweifelt.« Sollte Trump die zynische Idee gekommen sein, durch Raketen seine Umfragewerte zu verbessern, ist ihm das nicht gelungen. In einer in der folgenden Woche veröffentlichten Umfrage des Senders CBS befürworteten 57 Prozent der Amerikaner den Militärschlag gegen Syrien. Selbst Anhänger der Demokraten urteilten zu 40 Prozent positiv. Aber insgesamt kam der Präsident aus seinen negativen Zustimmungswerten nicht heraus. Zudem enttäuschte er einen besonders treuen Teil seiner Basis. Wähler, die unter »*America First*« verstanden hatten, der neue Präsident werde sich nicht in gefährliche außenpolitische Interventionen hineinziehen lassen, fragten nach den Unterschieden zwischen seiner Politik und jener von Hillary Clinton, die im Wahlkampf für die Einrichtung einer No-Fly-Zone in Syrien geworben hatte. Die konservative Publizistin Ann Coulter, Autorin des Buches »In Trump We Trust«, twitterte am 7. April 2017: »Ich hatte erwartet, diesen Teil von Trumps Präsidentschaft mit Tweets darüber zu verbringen, dass es legal ist, Ankerbabys (Babys, zu deren Entbindung Ausländerinnen eigens in die USA eingereist sind, um ihrem Kind die US-Staatsbürgerschaft zu sichern; A. G.) zu deportieren, und nicht gegen einen weiteren Nahostkrieg zu argumentieren.«

Syrien ist nicht das einzige außenpolitische Feld, auf dem Trump Positionen radikal veränderte. Es gibt etliche weitere Stichwörter.

Nato

Er schob unsanft Duško Marković zur Seite, den Premierminister von Montenegro, als er sich zu sehr im Hintergrund wähnte, und er belehrte die Staats- und Regierungsvertreter der Nato-Partner, dass sie dem amerikanischen Steuerzahler »ungeheure Mengen Geld schuldig« seien, weil »23 von 28 Staaten immer noch nicht zahlen, was sie zahlen sollten«. Donald Trump demonstrierte bei seinem ersten Auftritt im Mai 2017 bei einem Gipfel der nordatlantischen Verteidigungsgemeinschaft in Brüssel seine Missachtung der Allianz. Die Beistandsverpflichtung des Artikels 5 des Nato-Vertrages, nach dem ein Angriff auf einen Staat eine Attacke auf das gesamte Bündnis ist, erwähnte er entgegen den Erwartungen gerade der Mitglieder im Osten nicht. Dabei hatte der Präsident bei einem Besuch von Nato-Generalsekretär Jens Stoltenberg im April 2017 im Weißen Haus noch für Aufatmen gesorgt durch einen vermeintlichen Rückzug von Wahlkampfäußerungen: »Ich sagte, die Nato sei obsolet; sie ist nicht mehr obsolet.«

Die Mitglieder der Allianz hatten sich 2014 in Wales verpflichtet, zwei Prozent des Bruttoinlandsprodukts für die Verteidigung auszugeben, was die USA seit 2005 anmahnen. Deutschland investiert bislang nur 1,2 Prozent. Bundeskanzlerin Angela Merkel versicherte darum im März 2017 bei ihrem Antrittsbesuch im Weißen Haus während der gemeinsamen Pressekonferenz, dass »auch Deutschland seine Verteidigungsausgaben erhöhen wird« und sich »dem Zwei-Prozent-Ziel bis 2024 verpflichtet« habe. Dennoch verkündete Trump am nächsten Tag via Twitter: »Deutschland schuldet der Nato große Geldsummen & die Vereinigten Staaten müssen mehr erhalten für die mächtige und sehr teure Verteidigung, die sie für Deutschland gewährleisten.«

Neben den USA, die 3,61 Prozent ihres Bruttoinlandsprodukts für diesen Zweck aufwenden, erfüllen nur Griechenland (2,36 Prozent), Estland (2,18 Prozent), Großbritannien (2,17 Prozent) und Polen (2,01 Prozent) die Selbstverpflichtungen. 2018 sollen auch Rumänien, Lettland und Litauen die Marke erreichen. Allerdings irrt der Präsident, wenn er suggeriert, es gebe so etwas wie eine gemeinsame Nato-Kasse, in der Gelder gefehlt hätten, die dann von den USA ausgeglichen werden mussten. Die Nato kennt keine Transaktionen vom einen zum anderen Staat. Durch die Vernachlässigung der Selbstverpflichtungen in der Vergangenheit ist niemand Schuldner und niemand Gläubiger geworden. An seiner Idee, Washington stehe noch Geld von den Verbündeten zu, hält Trump trotzdem fest. Das Problem ist also keineswegs vom Tisch: Der deutsche Außenminister Sigmar Gabriel erklärte im Mai 2017 bei seinem Besuch in Washington, die Zwei-Prozent-Marke käme einer Verdoppelung der derzeitigen Berliner Verteidigungsausgaben auf 70 Milliarden Dollar gleich. Das sei nicht realistisch. »Ich fragte Angela Merkel und Rex Tillerson, wo sollten wir denn unsere Flugzeugträger parken«, witzelte der SPD-Politiker. Im Übrigen weist Gabriel auf die Tatsache hin, dass in der Nato-Erklärung von Wales keine Verpflichtung formuliert wurde. Dort geloben die Mitglieder mit geringeren Wehretats lediglich, »sich innerhalb von zehn Jahren auf den Richtwert von zwei Prozent zuzubewegen«. Viel deutet darauf hin, dass es führende Unionspolitiker in Berlin ähnlich sehen. Trotz der Aufrüstung Russlands und eines zumindest angedrohten Rückzugs der USA scheint die bisherige verteidigungspolitische Passivität in ganz Europa noch viele Anhänger zu haben.

Das führt zu Misstrauen im Weißen Haus. Umgekehrt rätseln sogar Verbündete, die oberhalb der Marke liegen, ob es sich bei der Nato weiterhin um eine solidarische Werteallianz handelt oder allein die Höhe des Beitrages entscheidend für die wechselseitige Beistandsgarantie ist. Die Nato, gegründet auf Betreiben der USA, wird von den USA zur Disposition gestellt. Moskau kann mit Präsident Trump zufrieden sein.

Europäische Union

Das Hauptproblem im Verhältnis zwischen Washington und Brüssel ist rasch zu beschreiben: Trump, der sich aus seiner Unternehmerzeit als Meister am Verhandlungstisch sieht, mag keine multilateralen Verträge. Darum betrachtet er den nordamerikanischen Freihandelsvertrag Nafta, den er mit Kanada und Mexiko nachverhandelt, ebenso misstrauisch wie die Nato. Er hat den von Obama unterzeichneten transpazifischen Freihandelsvertrag TPP storniert und kein Interesse an den TTIP-Vereinbarungen mit der Europäischen Union. Der Präsident bevorzugt bilaterale Verträge, weil sich dann ihm notwendig scheinende Korrekturen eins zu eins aushandeln lassen. Darum hat Trump auch den Brexit befürwortet und bejubelt. Die EU mit ihren konföderativen und zum Teil föderativen Elementen erscheint ihm artifiziell – jede Nation sei von ihrer spezifischen »Einzigartigkeit« überzeugt, lautet ein Grund für seine Absage an den *American Exceptionalism*, und darum erschließt sich ihm nicht die Idee einer (zumindest partiellen) Aufgabe nationaler Souveränität.

Allerdings sind Trumps Einschätzungen der Zukunft der EU Schwankungen unterworfen. Äußerte er im Januar 2017 noch, der Brexit sei nur der Anfang des Zerfalls und es würden »weitere Länder austreten«, sagte der Präsident im April 2017 der Londoner Financial Times: »Ich denke wirklich, die Europäische Union bekommt ihre Sache hin.« Offenkundig hat sich Trump von den sicherheitspolitischen Profis in seiner Administration erklären lassen, dass ein instabiles Europa schlicht den Interessen Washingtons schaden würde.

Deutschland

Trumps Äußerungen aus dem Mai 2017, wegen seiner Handelsüberschüsse sei Deutschland »sehr schlimm«, müssen eher als Einschüchterungsgeste denn als echte Abneigung angesehen werden. Gleichwohl gehört das »very, very bad« Deutschland zu den Exportländern, die der amerikanische Präsident als angebliche »Währungsmanipulierer« ins Visier genommen hat. Peter Navarro, der Direktor des im Weißen Haus neu geschaffenen National Trade Council, betrachtet die EU als eine Art Trojanisches Pferd Berlins: »Deutschland nutzt weiterhin andere Länder in der EU wie auch die USA aus mit einer ›stillschweigenden Deutschen Mark‹, die massiv unterbewertet ist.« Dabei schien das Treffen mit Angela Merkel im Weißen Haus im März 2017 ein gutes zwischenmenschliches Klima geschaffen zu haben. In einem AP-Interview sagte Trump: »Ja, es ist witzig: Eine der besten Chemien hatte ich mit Merkel.« Er habe dies nicht erwartet, weil »wir zerstritten sind, wie Sie wissen, wegen der Nato-Zahlungen und wegen der Einwanderung. (Aber) wir hatten eine unglaubliche Chemie.« Auch aus diesem Grund war Merkel nach dem Brüsseler Nato-Gipfel zutiefst enttäuscht. Sie hatte geglaubt, einen Draht zu dem schwierigen Präsidenten gefunden zu haben, und erkannte nun, dass er unberechenbar ist. Auch darum sagte sie in der dafür wenig geeigneten Umgebung eines Bierzeltes im Wahlkampf: »Die Zeiten, in denen wir uns auf andere verlassen konnten, die sind ein Stück weit vorbei.« Wir kommen auf diese durchaus gefährliche Äußerung zurück.

Merkel ist eine Transatlantikerin; für die Wissenschaftlerin aus der DDR war das freiheitliche Amerika einst ein »Sehnsuchtsort«. Trump ist deutscher Abstammung; erkennbar emotional davon eingenommen ist er jedoch nicht. Der Präsident hält Merkels Politik der Grenzöffnung aus dem Sommer 2015 und ihre damalige Passivität angesichts einer vorübergehend unkontrollierten Massenzuwanderung schlicht für katastrophal. Längst hat die Kanzlerin umgesteuert und mit der Türkei die Schließung der Balkanroute ausgehandelt, um die Zahl der Flüchtlinge und Migranten drastisch zu reduzieren. Dass Ungarn einen Grenzzaun zu Serbien und Kroatien errichtet hat, wird in Europa nicht mehr kritisiert. Und im dänischen Parlament wird inzwischen über eine befestigte Grenze zu Deutschland diskutiert. Ähnlichkeiten mit der von Trump geforderten Mauer zu Mexiko sind schwer zu bestreiten.

Daneben missfällt dem Präsidenten das Defizit von nahezu 60 Milliarden Euro im Handel mit Deutschland. 2016 importierten die USA Güter *made in Germany* im Wert von 101,6 Milliarden Euro und exportierten amerikanische Produkte für 43,9 Milliarden Euro. Deutschland verkauft Autos für 51,2 Milliarden Dollar in den USA. Aber Personenkraftwagen sind mit einem Wert von 6,6 Milliarden Dollar (Angaben für 2016) zugleich der größte Exportschlager der USA im Handel mit Deutschland. Und Amerikas größter Autoexporteur ist – BMW. 2016 wurden BMWs *made in USA* im Gesamtwert von 10 Milliarden Dollar weltweit verkauft. Der bajuwarische Autohersteller produziert seine X-Modelle in Spartanburg (North Carolina), auch für den deutschen Markt. BMW und andere deutsche Automobilhersteller wie VW (Chattanooga, Tennessee) oder Mercedes (Tuscaloosa, Alabama) beschäftigen in den Staaten 35 000 Mitarbeiter. 2016 wurden 670 000 Fahrzeuge deutscher Hersteller in die USA importiert, aber 809 000 Modelle von Volkswagen, Mercedes oder BMW in deutschen Fabriken in den USA montiert. Mitunter sind deutsche Autos in Wirklichkeit sehr amerikanisch. Die VW-Premiummarke Audi allerdings hat 2016 eine Milliarde Euro in ein neues Werk in Mexiko investiert. Der Audi Q5, der dort für 4 200 Arbeitsplätze sorgt, könnte von der US-Administration mit Strafzöllen belegt werden. Denn Trump denkt in derartigen Fragen nicht marktwirtschaftlich, etwa im Sinne von Qualität und Image, sondern er will Angebot und Nachfrage politisch steuern.

Die größte Gefahr für das deutsch-amerikanische Verhältnis droht indes durch das sinkende Ansehen der USA. Es gibt einen Antiamerikanismus im linken und im rechten Milieu. Viele Deutsche hassten George W. Bush (wegen des Irakkrieges), viele Deutsche sahen sich in ihrer Liebe zu Obama zurückgestoßen (wegen des NSA-Skandals), und viele Deutsche verachten Trump (wegen Trump). Im Februar 2017 meldete der ARD-Deutschlandtrend, dass die Bundesbürger den USA (22 Prozent) und Russland (21 Prozent) nahezu das gleiche geringe Maß an Vertrauen entgegenbringen. Berlin sollte angesichts einer unsicheren Zukunft der EU und der zunehmend imperialen Politik Russlands aus purem Eigeninteresse das Verhältnis zu Washington pflegen. Unabhängig davon ist es gut, wenn Angela Merkel den Draht zur moderierenden Präsidententochter Ivanka Trump nicht abkühlen lässt.

Russland

Viele Details bleiben unklar, aber die grobe Linie ist unstrittig: Wladimir Putin versuchte 2016, Hillary Clintons Wahlkampf durch Cyberattacken zu beschädigen, und hat dadurch Donald Trump unterstützt. Ob die durch russische Hackerangriffe in die Öffentlichkeit gelangten E-Mails der Demokraten einen entscheidenden Einfluss auf das Wahlergebnis hatten, ist rein spekulativ. Eine direkte und koordinierte Zusammenarbeit zwischen dem Trump-Team und offiziellen oder inoffiziellen Vertretern Moskaus hat es im Wahlkampf aber mutmaßlich nicht gegeben. Allerdings riefen Russlandkontakte von Trumps Schwiegersohn Jared Kushner in der Übergangsphase das FBI auf den Plan. Zudem stolperten mehrere Trump-Mitarbeiter entweder noch im Wahlkampf (Paul Manafort, Carter Page) oder bereits während seiner Präsidentschaft (sein nationaler Sicherheitsberater Michael Flynn) über dubiose Verbindungen. Dem Thema ist ein eigenes Kapitel gewidmet. Was der Präsident Trump lernen musste: Die persönliche Bewunderung, die er für starke, zum Despotismus neigende Führer erkennbar hegt und im Falle Putins oft formuliert hat, ist noch kein Garant für eine Verbesserung der bilateralen Beziehungen.

Im April 2005 bezeichnete Putin den Untergang der Sowjetunion als »die größte geopolitische Katastrophe des (20.) Jahrhunderts«. Damit trauerte er nicht »dem Verlust des ökonomischen und politischen kommunistischen Systems nach«, wie Fiona Hill in ihrem lesenswerten Buch über Putin[27] betont, sondern der verlorenen staatlichen Größe. Hoffentlich spricht Trump häufig mit Hill, die er von der Denkfabrik Brookings Institution abgeworben und als Russlandexpertin für den National Security Council ins Weiße Haus geholt hat. Russland ist ein territorialer Riese auf wackeligen Beinen: Die Wirtschaft ist nicht diversifiziert, sondern vom Energieexport abhängig, die Infrastruktur ist veraltet, die Staatsquote zu hoch, die Korruption gewaltig. Top-Manager und Wissenschaftler wandern ab, ausländische Fachkräfte bleiben fern. Putin kämpft gegen den weiteren Verfall der Föderation. Mit der Annexion der Krim versuchte er, den Trend umzukehren. Das aber ist ein gefährliches Kalkül. Sollte Putin auch noch versuchen, den Osten der Ukraine, insbesondere das Steinkohle- und Industrierevier Donbas, dem russischen Staat einzuverleiben, wäre eine militärische Eskalation in Europa möglich.

Die Alternative könnte darin bestehen, dass Brüssel der Ukraine den Beitritt zur EU freistellt. In die Nato könnte Kiew hingegen erst eines sehr fernen Tages aufgenommen werden, an dem auch Moskau willens wäre, sich nach einer ausgesprochen gründlichen Reform dem Bündnis anzuschließen. Zur Erinnerung: Putin selbst hatte 2001 eine Nato-Mitgliedschaft Russlands ins Gespräch gebracht. Diese vage Möglichkeit zerfällt allerdings, falls die Nato zuvor ihre Stärke und Strahlkraft verliert – durch die *America-First*-Politik Donald Trumps.

Naher Osten

In Riad reihte sich der Präsident in den traditionellen arabischen Ardah-Schwerttanz ein, und in der Holocaust-Gedenkstätte Yad Vashem in Jerusalem hielt er die vermutlich erste Rede, in der er nicht ein einziges Mal »ich« sagte. Trumps Reise Ende Mai 2017 nach Saudi-Arabien und Israel war insgesamt erfolgreich. Er präsentierte sich in Jerusalem als entschlossener Freund Israels und beschwor in Riad bei einer Konferenz mit Vertretern von 50 muslimischen Staaten eine gemeinsame Front gegen den sogenannten Islamischen Staat: »Dies ist ein Kampf zwischen barbarischen Kriminellen, die menschliches Leben auszulöschen versuchen, und anständigen Menschen aller Religionen, die es schützen wollen.« Der Präsident versicherte dem von ihm als »weisen Mann« gelobten König Salman, Amerika wolle die Menschen nicht belehren, »wie sie leben sollen, was sie tun sollen, wer sie sein sollen oder welchen Glauben sie leben«. Zuvor hatte Trump, dem menschenrechtliche Mindeststandards in fremden Ländern erkennbar kein Anliegen sind, Verträge über den Verkauf von Panzern, Kampfschiffen, Raketenabwehrsystemen, Radar- und Kommunikationstechnik sowie Cybersicherheitstechnologie im Wert von 110 Milliarden Dollar an Riad unterzeichnet. In der Weltgeschichte gab es keinen größeren Rüstungsdeal.

Der Wahlkämpfer Trump hatte noch behauptet: »Der Islam hasst uns.« Und schwammig antwortete der Kandidat in einer Fernsehdebatte im Februar 2016 auf die Frage nach seinen Vorstellungen für eine Lösung des israelisch-palästinensischen Konfliktes: »Lasst mich eine Art neutraler Typ sein.« Einen Monat später versicherte Trump dem CNN-Moderator Wolf Blitzer: »Es gibt niemanden, der mehr Pro-Israel ist als ich.« Im Mai 2016 ermunterte er Jerusalem, den Siedlungsbau in der

Westbank uneingeschränkt fortzusetzen. Kaum im Amt, trat der Präsident wieder auf die Bremse. Den versprochenen Umzug der amerikanischen Botschaft von Tel Aviv nach Jerusalem wird es nicht geben. Und seinen Sprecher Spicer ließ er erklären: »Zwar glauben wir nicht, dass die Existenz von Siedlungen ein Hindernis für den Frieden darstellt, aber der Bau neuer Siedlungen oder die Ausdehnung bestehender Siedlungen über deren aktuelle Grenzen hinaus mag nicht hilfreich sein.« Damit hat Trump die Position Washingtons verändert. Obama betrachtete die Siedlungen selbst als illegal, Trump warnt lediglich davor, die bestehenden Ortschaften auszuweiten oder neue hinzuzufügen – und zwar nicht, weil dies völkerrechtswidrig sei, sondern weil es Verhandlungen erschwere.

Beim israelisch-palästinensischen Konflikt setzt Trump darauf, dass Jared Kushner die Probleme lösen wird, an denen die regionalen Mächte und die amerikanischen Außenminister seit einem halben Jahrhundert gescheitert sind. »Wenn du keinen Frieden im Nahen Osten erreichen kannst, kann es niemand«, sagte der Präsident dem 35-jährigen Gatten seiner Tochter Ivanka im Januar 2017. Bis Mai war er allerdings schon wieder zu einer anderen Einschätzung gelangt. Nach seiner ersten Begegnung mit Palästinenser-Präsident Mahmud Abbas im Weißen Haus sagte Trump, er denke, eine Friedenslösung für die Region sei, »ehrlich gesagt, vielleicht nicht so schwer, wie die Leute über die Jahre gedacht haben«. Allerdings hielt die Zuversicht nicht lange. Bei der nächsten Begegnung in Jerusalem schrie Trump Abbas an: »Sie haben mich reingelegt in D. C.! Sie haben mir von Ihrem Engagement für den Frieden erzählt, aber die Israelis haben mir gezeigt, dass sie an der Aufhetzung beteiligt sind!«

Immerhin tut sich beim Blick auf die nahöstliche Gesamtregion eine historisch interessante Ausgangssituation auf: Riad und Jerusalem definieren ebenso wie die neue Administration in Washington den Iran als ihren gemeinsamen Hauptfeind. Gleich danach kommen die Dschihadistenmilizen des IS. Zwar gibt es bislang keine diplomatischen Beziehungen zwischen Riad und Jerusalem. Aber der Konflikt zwischen Saudis und Iranern als Führungsmächten der Sunniten und Schiiten lässt plötzlich sogar einen israelisch-arabischen Frieden in mittelfristiger Perspektive möglich scheinen. Dies wäre allerdings ein instabiler Friede nach dem arabischen Muster »Der Feind meines Feindes ist mein Freund«. Was, wenn dieser Feind aufgeben müsste oder besiegt würde? Was, wenn es Trump gelingen sollte, den Iran, der aus seiner Sicht beim Atomdeal 2015 zu gut wegkam, durch eine erneute wirtschaftliche Isolierung oder gar durch militärische Schläge nachhaltig zu schwächen? In diesem Moment wäre der Grund für einen Ausgleich zwischen Juden und Arabern dahin. Trump zeichnet ein plötzlich sehr positives Bild Saudi-Arabiens. Doch dieser Wüstenstaat ist das Zentrum der sunnitischen Wahhabiten, die mit ihrem Alleinvertretungsanspruch des wahren Islams hinter dem internationalen Terrorismus stehen. Neben dem al-Qaida-Führer Osama bin Laden kamen 15 der 19 Attentäter des 11. September 2001 aus Saudi-Arabien. Der 2016 veröffentlichte Untersuchungsbericht des Kongresses, in dem 29 Seiten weiterhin geschwärzt sind, belegt, dass einige der Terroristen und deren Verbindungsleute Geld und Unterstützung von Mitgliedern der Königsfamilie, von saudischen Diplomaten und anderen saudischen Offiziellen erhielten. Nahezu alle Terroranschläge in westlichen Staaten nach 9/11 fußten auf der wahhabitischen Lehre und lassen sich ideell nach Saudi-Arabien zurückverfolgen.

Hatte Obama versucht, dem Iran Anreize für eine langfristige Normalisierung der Beziehungen zu bieten und Saudi-Arabien zu zwingen, sich auf ein Arrangement der regionalen

Machtteilung mit Teheran einzulassen, setzt Trump ausschließlich auf Riad. Das ist eine gefährliche Verschiebung der Balance. Die Jerusalem Post erinnerte am Tag nach Trumps Nahostreise, zwar sei es richtig, dass die USA Waffen auch an die Golfstaaten und vor allem an Saudi-Arabien liefern. Dennoch müsse die Trump-Regierung sicherstellen, »dass Israel seinen qualitativen militärischen Vorsprung behält, welche Waffensysteme auch immer verkauft werden an Staaten, die weiterhin zu ihren Feinden zu rechnen sind«.

Iran

In der nahöstlichen Region selbst ist der Iran der größte Terrorförderer. Er unterstützt die Hisbollah im Libanon, die Hamas im Gazastreifen, schiitische Extremisten in Bahrain und die Huthi im Jemen. Immerhin wurde der Versuch Teherans, sich atomar zu bewaffnen, 2015 durch einen internationalen Deal, den »gemeinsamen Umsetzungsplan« (Joint Comprehensive Plan of Action, JCPOA), vorläufig eingefroren. Trump hält von diesem Vertrag der Vorgängerregierung allerdings wenig. »Ich meine, das war der schlechteste Deal, den ich jemals ausverhandelt gesehen habe«, sagte er im Februar 2017. Doch wenn der von Trump gern geschmähte und in der Außenpolitik tatsächlich wenig erfolgreiche Obama in einem Punkt einen kunstvollen Vertragsabschluss auf internationaler Ebene für sich reklamieren kann, dann ist es das Nuklearabkommen mit dem Iran, das im April 2015 in seinen Grundzügen vereinbart und am 14. Juli verkündet wurde. Er brachte sieben Verhandlungspartner mit sehr unterschiedlichen Zielsetzungen unter einen Hut. Die Signatarstaaten des Abkommens mit dem Iran sind die USA, Russland, China, Großbritannien, Frankreich und Deutschland; an den entscheidenden Schlussverhandlungen nahm aus protokollarischen Gründen die Europäische Union teil. Kernpunkte des Vertrags sind die Limitierung der Zahl der Zentrifugen auf zehn Jahre und des Grades und der Qualität der Urananreicherung auf 15 Jahre.

Entscheidenden Anteil am Zustandekommen des Vertrags hatte ein Computerwurm namens Stuxnet. Mit ihm wurden 2010 iranische Zentrifugen in der Anreicherungsanlage Natanz zerstört. Es war das erste Mal in der Geschichte überhaupt, dass ein Computervirus einen physischen Schaden anrichtete, indem er die Steuerung der Zentrifugen überlistete, sie hochtourig drehen ließ und damit für Explosionen und Karambolagen sorgte. Zudem startete Washington 2013 im Oman Geheimverhandlungen mit Teheran. Obama und Hassan Rouhani, der im Mai 2017 wiedergewählte iranische Präsident und ein Vertreter des gemäßigten Lagers seines Landes, telefonierten im September des Jahres 2013. Es war der erste Kontakt zwischen beiden Staaten auf höchster Ebene seit dem Sturz des Schahs 1979. Dass der Iran aufgrund der begrenzten Laufzeiten des Abkommens ab 2030 juristisch legitimiert ist, seine Atomwaffenprogramme wieder aufzunehmen (und dies bis dahin mutmaßlich verdeckt vorbereiten wird), ist vielfach kritisiert worden. Aber nahezu alle völkerrechtlichen Verträge werden auf eine bestimmte Zeit geschlossen.

Bleibt die Frage: Welche muslimische Vormacht könnte sich mittel- bis langfristig eher reformieren oder gar demokratisieren? Das archaisch regierte Reich der sunnitischen Scheiche, das trotz des engen Bündnisses mit den USA nie einen ernsthaften Demokratisierungsversuch unternahm, oder der schiitische Mullah-Staat, in dem die Menschen bis zur Islamischen Revolution 1979 nach sehr säkularen und westlichen Prinzipien ausgebildet wurden?

Türkei

Vorübergehend war Ankara in einer beneidenswerten Situation: Ein Lobbyist, der über seine Beratungsfirma über eine halbe Million Dollar an Honoraren aus der Türkei bezogen hatte, war nationaler Sicherheitsberater des Präsidenten der USA geworden. Recep Tayyip Erdoğan hoffte, über diese exquisite Verbindung die Auslieferung von Fetullah Gülen durchsetzen zu können, dem türkischen Kleriker, der seit fast zwei Jahrzehnten im Exil in Pennsylvania lebt und nach – nie belegten – Vorwürfen Ankaras hinter dem gescheiterten Militärputsch des Juli 2016 steckt. Doch dann stolperte dieser Sicherheitsberater, Michael Flynn, über seine ebenfalls intensiven und gleichfalls lukrativen Kontakte nach Moskau, die er zunächst geleugnet hatte, und wurde von Trump gefeuert.

Für Spannungen zwischen beiden Hauptstädten sorgt neben Gülen die Militärkooperation der USA mit den »Volksverteidigungseinheiten« der syrischen Kurden (YPG) beim Kampf gegen den IS in Syrien. Ankara wirft der YPG Zusammenarbeit mit der marxistischen Arbeiterpartei Kurdistans (PKK) vor, die in der Türkei, der EU und den USA als Terrororganisation eingestuft wird. Doch Erdoğan konnte bei seinem Besuch im Weißen Haus im Mai 2017 Trump nicht von der amerikanischen Entscheidung abbringen, die YPG zu bewaffnen. Andererseits sieht Erdoğan, der am lautesten den Sturz von Baschar al-Assad in Damaskus fordert und darum anfänglich islamistische Kämpfer über die türkische Grenze nach Syrien strömen ließ, den IS inzwischen als mittelfristige Bedrohung für seinen eigenen Staat.

Trump hat dem türkischen Amtskollegen, der kritische Journalisten als »Terroristen« inhaftieren lässt und hart gegen die Opposition vorgeht, telefonisch gratuliert zu seinem knappen

Sieg im Referendum über eine neue Verfassung im April 2017. Sie sichert dem Präsidenten eine einzigartige Machtfülle und führt sein Land weg vom Säkularismus des Kemal Atatürk, der die Türkei 1923 auf den Trümmern des Osmanischen Reiches gründete. In die EU passt diese Türkei nicht mehr. Aber Ankara bleibt strategisch wichtig, weil es nicht nur das östliche Mittelmeer sichert, sondern auch als Brandmauer fungiert in einem unsicheren Staatengürtel von Libyen bis Afghanistan und in direkter Nachbarschaft zu Syrien, dem Irak und dem Iran.

China

Im Wahlkampf war China das bevorzugte Angriffsziel Trumps, noch vor Mexiko. Peking nutze einen künstlich geschwächten Renminbi, um Arbeitsplätze aus den USA wegzulocken. Darum werde er »am ersten Tag im Amt« das Finanzministerium anweisen, China als Währungsmanipulierer darzustellen. Dazu kam es nicht. Aber wenige Tage bevor Präsident Trump im April 2017 seinen Amtskollegen Xi Jinping in Florida empfing, twitterte er, China solle dafür sorgen, dass Nordkorea die Waffenprogramme beende – sonst gäbe es einen amerikanischen Alleingang: »Nordkorea sucht Ärger. Falls China sich entscheidet zu helfen, wäre das großartig. Falls nicht, werden wir das Problem ohne sie lösen. U.S.A.« Das war rasch überholt: Bei dem Treffen erhielt der amerikanische Präsident von Xi eine Einführung in die Komplexität der Außen- und Sicherheitspolitik. Xi erzählte ihm von der Geschichte Chinas und Koreas, »nicht *Nord*koreas«, wie Trump im Interview mit dem Wall Street Journal glaubte, eigens unterstreichen zu müssen, und dabei geschah es: »Nachdem ich zehn Minuten zugehört hatte, begriff ich, dass es nicht so einfach ist.« Inzwischen hat Washington China Handelserleichterungen eingeräumt als Gegenleistung für Xis Versicherung, Pjöngjangs Waffenprogramme zu bändigen. Ebenfalls überholt ist Trumps Ankündigung, China als Währungsmanipulierer darzustellen. Peking habe den Renminbi seit seinem Amtsantritt »aus Respekt« ihm gegenüber nicht mehr gedrückt, behauptete Trump im April 2017, und das klang, als sei das Reich der Mitte vor seinen Drohungen eingeknickt. In Wirklichkeit kommt dieses Lob für Peking um einige Jahre verspätet und hat nichts mit dem Machtwechsel in Washington zu tun. Bereits seit 2014 verzichtet China auf Währungsmanipulationen und versucht im Gegenteil, den Renminbi aufzuwerten, um eine Investorenflucht aus dem Land zu stoppen. Dass Trumps Lob für Peking dennoch nicht dauerhaft sein muss, lässt sich aus einer Rede schlussfolgern, die er Ende April 2017 in Harrisburg (Pennsylvania) hielt. Er wolle Xi für eine gemeinsame Nordkorea-Politik gewinnen, rief er in die Menge, »und ich denke, das ist nicht exakt der richtige Zeitpunkt, China genau jetzt einen Währungsmanipulierer zu nennen«. Chinesische Experten, die jede Rede von Trump auswerten, dürften verstanden haben: Aufgeschoben ist nicht aufgehoben.

Nicht vergessen hat man in Peking auch, dass der *President-elect* im Dezember 2016 die taiwanesische Präsidentin Tsai Ing-wen anrief. Dieser erste offizielle Kontakt zwischen Führern beider Länder seit 1979 stellte Washingtons Ein-China-Politik infrage. Als Kritik an dem Telefonat laut wurde, sagte Trump im Interview mit Fox News: »Ich wüsste nicht, warum wir uns an eine Ein-China-Politik binden müssen, solange wir keinen Deal mit China machen, der mit anderen Dingen zu tun hat, Handel eingeschlossen.« Das machte klar, dass Trump Taiwan als reines Druckmittel sieht, um von Peking Zugeständnisse in Handelsfragen verlangen zu können. Im Februar 2017 versicherte er Xi, dass sich an der Ein-China-Politik Washingtons nichts ändern werde.

Erkennbar hat Peking wegen Trumps angedrohtem Alleingang seinen Druck auf Pjöngjang intensiviert. Aber es behält dabei die eigenen Interessen im Auge, die bei einem einzigen Blick auf die Weltkarte verständlich werden: Würde die Kim-Diktatur kollabieren, käme es nach einer Zeit des Chaos zur Wiedervereinigung Koreas unter dem Vorzeichen des wesentlich stärkeren und für die Menschen attraktiveren südlichen Teilstaates – und damit zu einem prowestlichen, demokratischen, kapitalistischen Gesamtkorea. So würden ein US-Verbündeter und amerikanisches Militär direkt an die chinesische Grenze rücken.

Trump konzentriert sich in seinen Beziehungen zu China ganz und gar auf die Nordkorea-Frage. Pekings Territorialgewinnung durch Landaufschüttungen im südchinesischen Meer verfolgt er passiv, während Obama die Anrainer wie Vietnam, Indonesien oder Malaysia immerhin durch gelegentliche maritime Präsenz in den Gewässern zu beruhigen versuchte. Der neue Präsident scheint sich hingegen mit einer auch militärisch wachsenden Macht Chinas abzufinden. Die Pax Americana wird damit in einer Region relativiert, die wegen Bodenschätzen, Fischreichtum und insbesondere wegen der dort sich kreuzenden Seehandelswege geostrategisch eine enorme und weiterhin wachsende Bedeutung hat.

Nordkorea

Drei Phasen gab es bereits in der Nordkorea-Politik von Donald Trump: Zuerst, schon vor seiner Inauguration, drohte er via Twitter einen präemptiven Militärschlag an, falls Pjöngjang die ballistischen Raketentests und sein Nuklearwaffenprogramm fortsetzen werde. Dann suchte er den Schulterschluss mit Xi und verkündete, der Flugzeugträger *USS Carl Vinson* habe »mit einer mächtigen Armada« Kurs auf Korea genommen. Die dritte Phase seiner Nordkorea-Politik begann mit Trumps Erklärung, »unter den richtigen Rahmenbedingungen« sei er bereit, Kim Jong-un zu treffen: »Es wäre mir eine Ehre.«

Dass Trump sich geehrt fühlen würde durch die Begegnung mit einem Diktator, der nicht nur den eigenen Onkel hingerichtet hat und einen im Ausland lebenden Halbbruder ermorden ließ, sondern zudem den USA seit Jahren einen Atomangriff androht, ist bemerkenswert. Aber ein militärischer Konflikt bleibt trotz dieser Ehrenbekundung möglich. Nordkorea wird 2017 mutmaßlich mehr Raketentests durchführen als in den Jahren zuvor. Trumps drei Phasen – Androhung eines Alleingangs gegen Pjöngjang, Versuch einer Koordination mit Peking, rhetorische Umarmung von Kim – haben zunächst keinen messbaren Erfolg gehabt. Gefährlich wird es, wenn der amerikanische Präsident aus Frust darüber zurückkehrt zur muskulösen Politik der ersten Phase, Nordkorea an den Raketentests dennoch festhält und Trump einen Gesichtsverlust fürchtet. Dann könnte sich die vierte Phase zu einem heißen Krieg entwickeln, möglicherweise samt Einsatz nuklearer Waffen Nordkoreas gegen den Süden des Landes, gegen Japan und Teile Chinas. Bis zu 28000 US-Soldaten in der Region wären betroffen und würden Washington zu einer Reaktion zwingen.

Als 1993 die Internationale Atomenergiebehörde (IAEA) Indizien präsentierte, nach denen Pjöngjang gegen den von ihm unterzeichneten (und erst 2003 gekündigten) Atomwaffensperrvertrag verstoßen hatte, wäre ein präventiver Schlag gegen Nordkoreas Nuklearanlagen und Raketenstellungen aussichtsreich gewesen. Präsident Bill Clinton ließ die Gelegenheit verstreichen. Dass Kim Jong-un, den Trump als »cleveren Burschen« bezeichnet hat, heute auf seine Atomwaffen verzichten würde, darf ausgeschlossen werden. Sie sind seine Lebensversicherung.

Philippinen

In einem als »sehr freundschaftlich« beschriebenen Gespräch gratulierte Trump Ende April 2017 seinem philippinischen Amtskollegen Rodrigo Duterte zu dem »unglaublichen Job«, den er bei seinem Kampf gegen Drogen leiste, und lud ihn nach Washington D. C. ein. Diesem Krieg fielen in weniger als einem Jahr geschätzte 9 000 Menschen zum Opfer, darunter neben Dealern auch Abhängige. Duterte, der sich im September 2016 mit Adolf Hitler verglich, hatte Trumps Vorgänger Obama empfohlen, er solle »zur Hölle gehen«. Jetzt schien er besänftigt: »(Trump) sagt, dass wir Freunde sind, warum sollten wir also einen Streit anzetteln?«
Finden hier zwei Sonderlinge der Weltpolitik zusammen? Viel spricht dafür, dass Trump dem Rat seiner außenpolitischen Berater folgte. Die historisch engen Bande zwischen den USA und den Philippinen sind gefährdet durch die Bemühungen von Duterte, eine neue Allianz mit Russland und China einzugehen. Dass die USA gegenzusteuern versuchen, ist nachvollziehbar – der geradezu leisetreterische Ton von Trump,

der stets erklärte, das Ausland habe keinen Respekt vor Obama, ist allerdings der Weltsupermacht nicht würdig.

Hat Trump eine außenpolitische Doktrin?

In der Gratulation für Erdoğan, in seinem Telefonat mit Duterte und in der Versicherung gegenüber dem saudischen König Salman, man wolle keiner Gesellschaft Vorschriften machen, spiegelt sich Trumps Absage an den *American Exceptionalism* wider. Ihm ist es gleich, ob in anderen Staaten Demokraten oder Autokraten herrschen, weltliche oder religiöse Führer, Befürworter oder Verächter von Menschenrechten. Das Magazin The Atlantic prägte im September 2016 eine Formulierung über Trump, die zum geflügelten Wort wurde: »Die Presse nimmt ihn wörtlich, aber nicht ernst; seine Anhänger nehmen ihn ernst, aber nicht wörtlich.«

In vielen Punkten darf man Trump weder wörtlich noch ernst nehmen. In einer entscheidenden Position aber ist er entschlossen: Seine Außenpolitik bleibt der Idee des *America First* verpflichtet – gelegentliche Abweichungen von der Linie, etwa in der Form des militärischen Nadelstichs gegen Syrien, ändern daran nichts. Eine darüber hinaus weisende außenpolitische Doktrin verfolgt er nicht. Zwar schlussfolgerten einige Beobachter, Trumps Annäherung an Russland, seine kurzzeitigen Kontakte mit Taiwan und seine Drohungen gegenüber Nordkorea liefen auf eine Isolierung Chinas hinaus. Doch wäre dies sein Ziel gewesen, hätte er den transpazifischen Freihandelsvertrag TPP, der Peking isoliert hätte, nicht gekündigt, sondern als politischen Hebel genutzt.

Für Trump ist die militärische Macht der entscheidende Garant der Größe. Mit einem Wehretat von 610 Milliarden Dollar sind die USA bereits jetzt so stark wie die nächsten acht Staaten kombiniert. Zwischen diesen Ländern, nämlich Russland, China, Indien, Frankreich, Großbritannien, Japan, der Türkei und Deutschland, ist keine Koalition denkbar, die den USA gefährlich werden könnte. Dennoch versprach Trump im und nach dem Wahlkampf 2016 eine Aufrüstung der Air Force und eine Erhöhung der Zahl der Flugzeugträger von zehn auf zwölf.

Die Autorität einer Weltsupermacht erwächst aber auch aus weichen Faktoren wie Diplomatie und Handel. Und am wichtigsten für die globale Sonderstellung der USA ist ihr breites Netz an militärischen und nicht-militärischen Verbündeten. Allein über die Nato ist Washington mit 27 Staaten in West-, Mittelost- und Südeuropa, in Nordamerika (Kanada) und in Westasien (Türkei) verbündet. Darüber hinaus sind Japan, Südkorea, Taiwan oder Australien mit den USA alliiert oder beherbergen gar amerikanische Militärstützpunkte. Vietnam, Kambodscha oder Indonesien setzen in ihrer Bündnispolitik eher auf Washington als auf Peking. Bislang hat sich wenig geändert an der Richtigkeit der Analyse des chinesischen Geopolitikers Yan Xuetong, Direktor des Instituts für Internationale Beziehungen an Pekings Tsinghua Universität, der im Februar 2016 sagte: »China hat nur einen echten Verbündeten: Pakistan.«

Trump droht, den gewaltigen bündnispolitischen Vorsprung der USA zu verspielen. *America First* reicht nicht aus, um Loyalitäten zu sichern. Wenn der Präsident den Eindruck vermittelt, die Nato stehe zur Disposition und bei jedem außen- und handelspolitischen Schachzug gehe es nur um eine Verbesserung der Situation der USA, werden bisherige Partner und Alliierte bald mit einem *we first*, »wir zuerst«, ebenfalls den eigenen Vorteil über alles stellen. Was, wenn

Südkoreaner und Japaner aufgrund ihrer Zweifel an Trumps Verlässlichkeit eigene Atomwaffen entwickeln, um sich gegen Nordkorea zu verteidigen? Ein weltweites Grundvertrauen in nicht ausschließlich eigennützige Motive Washingtons ist unverzichtbar, wenn die USA weitere Unordnung in der Welt verhindern und die globale Supermacht bleiben wollen.

8 | Spuren nach Moskau: »Putin ist netter als ich«

»Aber er ist doch ein Mörder! Putin ist ein Mörder«, empörte sich der damalige Starmoderator von Fox News. Der Präsident blieb unbeeindruckt: »Es gibt viele Mörder. Wir haben viele Mörder. Was denken Sie? Unser Land ist so unschuldig?« Das Gespräch zwischen Donald Trump und Bill O'Reilly fand Anfang Februar 2017 statt, rund zwei Wochen nach dem Machtwechsel in Washington. Es ist erinnerungswürdig, weil es das letzte große Interview von O'Reilly werden sollte, der vom Sender wenige Wochen später wegen des Vorwurfs ehemaliger Mitarbeiterinnen, er habe sie sexuell bedrängt, mit 25 Millionen Dollar freigestellt wurde. Und es setzte einen für Washington gänzlich neuen Ton: Ein Commander-in-Chief, sonst eifrig darauf bedacht, die »Einzigartigkeit Amerikas«, zur Abgrenzung von anderen Ländern hervorzuheben, relativierte die Unterschiede zwischen Weißem Haus und Kreml. Wladimir Putin, der Andersdenkende mit Gewalt unterdrückt, in dessen Land kritische Journalisten und Dissidenten zu Tode kommen, sei nicht schlimmer als seine amerikanischen Amtskollegen? Und Russland somit den Vereinigten Staaten vergleichbar? Derartige Bemerkungen hätten patriotische Amerikaner wohl keinem gewählten Politiker verziehen. Bei Trump akzeptierten es seine Anhänger. Von diesem Präsidenten erwarteten sie die Infragestellung des »Systems«, die

Idee des *American Exceptionalism* eingeschlossen. Trumps Gegner hingegen sahen sich bestätigt: Dieser Präsident ist ein verkappter Despot. Bis in die Reihen der Republikaner schwappte die Wut. Der New Yorker Kongressabgeordnete Peter King sagte: »Kein amerikanischer Präsident sollte so reden.« Trumps Kommentare wären, »als würde man Roosevelt mit Stalin oder Churchill mit Hitler vergleichen«. Senator Marco Rubio aus Florida, der in den Primaries 2016 schmählich an Trump gescheitert war, fragte via Twitter: »Wann wurde je ein Aktivist der Demokraten vergiftet von der GOP oder umgekehrt? Wir sind nicht wie Putin.«

Wie Kaugummi unter den Schuhen klebt der Sticker der Russlandnähe am Image des amerikanischen Präsidenten. Zwar schien Trumps Flirt mit Putin, den das staunende Publikum im Präsidentschaftswahlkampf 2016 verfolgt hatte, durch den nadelstichartigen amerikanischen Militärschlag gegen Russlands Verbündeten Syrien Anfang April 2017 zunächst beendet. Plötzlich galt Trump als Hasardeur: Stephen F. Cohen, Russlandexperte und Princeton-Professor, versicherte auf CNN unmittelbar nach dem vom Präsidenten angeordneten Militärschlag gegen Syrien, dies sei »der gefährlichste Moment in den amerikanisch-russischen Beziehungen seit der Kubakrise 1962«. Die Huffington Post warnte: »Trump könnte den Dritten Weltkrieg starten mit einem weiteren Luftangriff auf Syrien.« Aber binnen weniger Wochen war diese Konfrontation abgehakt. Und Washington kehrte zurück zur Debatte über die russische Spur in Trumps Wahlsieg.

Hacker hatten im Juni 2016 rund 44 000 E-Mails und 17 000 Anhänge von Servern der Demokraten gestohlen und über die Enthüllungsplattform Wikileaks publiziert. Schon im Juli 2016 startete das FBI Untersuchungen über »die Natur aller Verbindungen zwischen Personen, die mit dem Trump-Wahlkampf verbunden sind, und der russischen Regierung«. Ab dem 7. Oktober 2016 gelangten weitere 20 000 E-Mails an die Öffentlichkeit, die vom Server des Clinton-Wahlkampfmanagers John Podesta gestohlen worden waren. Frühzeitig fanden die US-Geheimdienste Hinweise, dass es sich bei den Hackern, die unter den Namen »Cozy Bear« und »Fancy Bear« firmierten und später auch politische Institutionen und Parteien in Frankreich und Deutschland attackierten, um »Individuen mit Verbindungen zur russischen Regierung« handelte. In einem Bericht der US-Geheimdienste vom 6. Januar 2017 zur »Bewertung russischer Aktivitäten und Intentionen in den vorigen US-Wahlen« heißt es, Putin persönlich habe eine Einflusskampagne für die Präsidentschaftswahlen angeordnet: »Russlands Ziele waren es, das öffentliche Vertrauen in den demokratischen Prozess in den USA zu untergraben, Ministerin Clinton zu verleumden und ihre Wählbarkeit und potenzielle Präsidentschaft zu beschädigen. Wir nehmen ferner an, dass Putin und die russische Regierung eine klare Präferenz für *President-elect* Trump entwickelten. Wir sind uns dieser Einschätzung sehr sicher.«

Über Kernpunkte dieses erst nach der Wahl formulierten Berichtes hatten die Geheimdienste Trump als den Kandidaten der Republikaner bereits lange vor dem 8. November 2016 informiert. Dennoch bestritt Trump die Erkenntnisse energisch. Vielleicht stecke hinter den Datendiebstählen »ein 180-Kilo-Typ, der in seinem Bett sitzt«, sagte er in einer Fernsehdebatte. Erst im Januar 2017 sollte Trump erstmals einräumen, er glaube, dass Russland hinter den Hackerangriffen stecke. Aber später machte er wieder Rückzieher. Es könnten auch China und »viele andere Gruppen gewesen sein«. Unter Anspielung auf E-Mails, die Clinton von ihrem privaten, vorschriftswidrigerweise dienstlich genutzten Server gelöscht hatte, rief Trump in einer Kandidatendebatte im Juli 2016: »Russland, falls du zuhörst, ich hoffe, du bist in der Lage, die 30 000 E-Mails zu finden, die verschwunden sind.« Bei einer Wahlveranstaltung sagte er: »Ich liebe Wikileaks!« Später versicherte Trump, er habe gescherzt. Aber die Hartnäckigkeit, mit der er eine russische Verantwortung für die Hackerangriffe negierte, war irritierend. Putin lobte er in Interviews und Tweets als jemand, der »ein großer Held in Russland« und »sehr smart« sei, mit dem man »sehr gut auskommen« könne und der hervorragende Führungsqualitäten habe. Journalisten sagte er, möglicherweise selbstironisch, im Trump Tower im September 2015: »Putin ist ein netterer Typ, als ich es bin.«

Erfundene Begegnungen mit Putin

Trump hat wiederholt gelogen, indem er persönliche Begegnungen mit dem russischen Präsidenten erfand. So wurde er am 27. Mai 2014 bei einer Diskussion vor dem National Press Club in Washington D. C. mit Blick auf eine damals noch hypothetische Präsidentschaft gefragt: »Was würden Sie tun, wenn Sie mit Präsident Putin zu tun hätten?« Seine Antwort: »Ich besitze den Miss-Universe-Wettbewerb, ich war in Moskau kürzlich, und ich sprach, indirekt und direkt, mit Präsident Putin, der nicht netter hätte sein können, und wir hatten einen enormen Erfolg.«

Die angebliche Begegnung mit Putin am Rande des Schönheitswettbewerbs wiederholte Trump in etlichen Interviews, in der Regel ergänzt um den Hinweis, dass Putin Obama verachte – so, als habe der russische Präsident ihm dies anvertraut. Er, Trump, hingegen würde als Präsident mit ihm bestens klarkommen und zweifellos auch den Whistleblower

Edward Snowden ausgeliefert bekommen, der 2013 Top-Secret-Programme des Geheimdienstes NSA den Medien zugespielt hatte und seitdem im Moskauer Exil lebt. Putin, so Trump im Juli 2015 zu CNN-Journalist Anderson Cooper, »würde nie jemanden wie Snowden in Russland halten«. Und weiter: »Wenn ich Präsident bin, würde Putin sagen, hey, wumm, jetzt gehst du. Das garantiere ich Ihnen!« Trump erfand noch eine zweite Begegnung mit dem russischen Präsidenten. In der CBS-Sendung »Face the Nation« erzählte er am 11. Oktober 2015 über eine angeblich gemeinsame Fernseherfahrung: »Ich denke, die größte Sache, die wir haben, ist, dass wir in ›60 Minutes‹ zusammen waren, und wir hatten fantastische Quoten.« Auch diese Story wärmte er nochmals auf, nämlich in einer republikanischen Kandidatendebatte im November 2015. Er vermittelte den Eindruck einer Männerfreundschaft, die sich in der Garderobe des Senders CBS gebildet hatte: »Ich lernte ihn sehr gut kennen, weil wir beide in ›60 Minutes‹ waren, wir waren Stallgefährten.«

Die Wahrheit: In der Ausgabe des angesehenen TV-Magazins »60 Minutes«, die am 27. September 2015 ausgestrahlt wurde, gab es zwei völlig verschiedene Interviews, geführt in verschiedenen Ländern zu verschiedenen Zeiten von verschiedenen Journalisten. Charlie Rose war nach Moskau gereist, um Putin über Syrien, die Ukraine und sein Image in den USA zu befragen, und Scott Pelley sprach mit Trump in dessen Penthouse im Trump Tower über die Themen seiner Präsidentschaftskandidatur, von der Abschaffung von Obamacare bis zu Steuersenkungen. In dem Interview versicherte Trump: »Ich mag keine Lügen. Ich mag es nicht zu lügen. Sie wissen, ich bin ein sehr ehrenhafter Typ, ich mag keine Lügen.«

Eine andere Legende stellte der Kandidat im Februar 2016 auf. Er habe keine Beziehung zu Putin, sagte er jetzt, »abgesehen davon, dass er mich ein Genie genannt hat«. Was hat der russische Präsident wirklich gesagt? Auf die Frage eines Korrespondenten des Senders ABC am Rande einer Veranstaltung im Dezember 2015 in Moskau sagte Putin laut Übersetzung des ABC-Dolmetschers über Trump:»Er ist eine sehr außergewöhnliche Person. Talentiert, ohne jeden Zweifel. Und er führt absolut in dem Präsidentschaftsrennen.« Trump strebe »solidere, tiefere Beziehungen« mit Russland an, »und wie könnte Russland das nicht begrüßen?« Nach dem Wort »Genie«, das Trump danach noch häufig als angebliche Charakterisierung Putins über sich zitieren sollte, sucht man in den kurzen Bemerkungen des Russen vergeblich.

Moskaus Argumente gegen Clinton

Eindeutig ist hingegen, was Putin über Clinton dachte. Der russische Präsident sah die Demokratin als Scharfmacherin. Clinton plädierte für eine aktivere Rolle der USA in Syrien, Russlands wichtigstem Partner im Nahen Osten. In dem zitierten Bericht der US-Geheimdienste wird es als »sehr wahrscheinlich« bezeichnet, dass Putin »Ministerin Hillary Clinton diskreditieren wollte, nachdem er ihr seit 2011 öffentlich vorgeworfen hat, Massenproteste gegen sein Regime Ende 2011 und Anfang 2012 initiiert zu haben, und zudem ist er mutmaßlich verärgert über Kommentare (von ihr; A. G.), die er mit großer Sicherheit als herabsetzend ansah«.

Als Außenministerin hatte Clinton in einer klassischen Bad-Cop-Good-Cop-Rollenverteilung innerhalb der US-Regierung auf die Einhaltung von Menschenrechten insistiert, während Präsident Obama auf internationaler Bühne eher pragmatisch agierte. Clintons Part wurde vor allem deutlich, nachdem es bei den russischen Parlamentswahlen im Dezember 2011 zu massiven Unregelmäßigkeiten und Manipulationen gekommen war und in vielen Städten empörte Bürger auf die Straße gingen. Angesichts der wohl größten Massendemonstrationen seit dem Ende der Sowjetunion verlangte Clinton die Überprüfung der Wahlresultate: »Die russischen Wähler verdienen eine vollständige Untersuchung zu Betrug und Manipulationen.« Putin beschwerte sich daraufhin, Clinton habe »den Ton gesetzt für einige Akteure in unserem Land, und sie gab ihnen das Signal. Sie hörten das Signal und begannen mit Unterstützung des State Department der USA ihre aktive Arbeit.« In ihren Memoiren »Hard Choices« schreibt Clinton, bei ihrer nächsten Begegnung mit Putin habe sie dessen Bemerkungen ironisiert: »Ich sehe direkt die Menschen in Moskau aufwachen und sagen: ›Hillary Clinton will, dass wir demonstrieren gehen.‹ So funktioniert so etwas nicht, Herr Präsident.«[28]

Die Geheimdienstler nannten noch zwei weitere Gründe, warum Putin auf einen Wahlsieg von Trump hoffte. Zum einen könne man mit ihm mutmaßlich »eine internationale Anti-Terror-Koalition gegen den ›Islamischen Staat‹« bilden, heißt es in dem Dossier. Und zum anderen habe Putin »viele positive Erfahrungen gemacht, wenn er mit westlichen politischen Führern mit geschäftlichen Interessen zusammenarbeitete, was diese eher dazu bewog, mit Russland zu kooperieren, so wie beispielsweise der frühere italienische Premierminister Silvio Berlusconi und der frühere deutsche Bundeskanzler Gerhard Schröder«.

In diese Desinformationskampagne der Russen waren laut dem Dossier der US-Geheimdienste Sender wie RT (ehemals Russia Today) und »bezahlte User von sozialen Medien oder ›Trolle‹« eingebunden. Hillary Clinton hält den Hackerangriff für eins von zwei »beispiellosen« Ereignissen, die zu ihrer Niederlage führten. Das andere Ereignis sei ein Brief des damaligen FBI-Direktors James Comey gewesen, der elf Tage vor der Wahl, am 28. Oktober 2016, die Vorsitzenden der Geheimdienstausschüsse des Kongresses – und damit die gesamte amerikanische Öffentlichkeit – informierte, dass die Untersuchung gegen Clinton wegen der Nutzung ihres privaten E-Mail-Accounts im State Department noch nicht abgeschlossen sei. »Wäre die Wahl am 27. Oktober gewesen, wäre ich eure Präsidentin«, sagte Clinton im Mai 2017 der CNN-Korrespondentin Christiane Amanpour. Der Brief Comeys habe ihre Niederlage besiegelt: »Es war kein perfekter Wahlkampf – so etwas gibt es nicht – aber ich war auf dem Weg zum Sieg, bis ein paar Dinge passierten.«

Am 29. Dezember 2016, drei Wochen vor dem Machtwechsel im Weißen Haus, versuchte der scheidende Präsident Obama das Image der *lame duck*, das jedem Präsidenten zum Ende seiner Amtszeit sicher ist, abzuschütteln. Als eine seiner letzten wichtigen Amtshandlungen verfügte er wegen der Hackerangriffe auf die Server der Demokraten Sanktionen gegen Russland. Er verwies 35 russische Diplomaten, die geheimdienstlichen Tätigkeiten nachgegangen sein sollen, des Landes und fror in den USA angelegte Vermögen der russischen Geheimdienste GRU und FSB ein. Trump ließ Obama erst unmittelbar vor den Aktionen informieren: Das Weiße Haus hatte Angst, dessen Mitarbeiter würden die Russen warnen und ihnen die Vernichtung von Informationen in zwei Einrichtungen in Maryland und in New York ermöglichen, von denen aus die russischen Geheimdienste operiert haben sollen und die deshalb vom FBI besetzt wurden.

Russische Gelder für General Flynn

Am selben Tag telefonierte General Michael Flynn, der designierte nationale Sicherheitsberater für das Weiße Haus, mit Sergej Kislyak, dem russischen Botschafter in Washington. Flynn behauptete, es sei unter anderem um die Vorbereitung eines Telefonats zwischen Putin und Trump gegangen. Nur einen Tag später erklärte der russische Präsident überraschend, Moskau werde keine Vergeltungssanktionen erlassen – und lud stattdessen Kinder von US-Diplomaten zu einer Weihnachtsfeier ein. Trump pries den russischen Präsidenten an diesem 30. Dezember auf Twitter: »Großartige Entscheidung zur Vertagung (von W. Putin) – ich wusste immer, dass er sehr intelligent ist.«

Am 26. Januar 2017, sechs Tage nach der Inauguration, informierte die amtierende Justizministerin Sally Yates einen Juristen des Weißen Hauses, Don McGahn, dass der Inhalt des Telefonats zwischen dem nationalen Sicherheitsberater und dem russischen Botschafter vom US-Geheimdienst mitgeschnitten worden war. Russland möge auf Obamas Sanktionen nicht überreagieren, soll Flynn signalisiert haben. Sobald Trump im Amt sei, könne man die Maßnahmen überprüfen. Yates sagt, sie habe dem Weißen Haus sehr deutlich gemacht, dass Flynn erpressbar sei. Die Juristin, die von Obama ins Ministerium geholt und am 20. Januar 2017 zur amtierenden Ministerin ernannt worden war, wurde von Trump am 30. Januar gefeuert. Begründet wurde dies mit ihrem Widerstand gegen die Präsidialverfügung zum temporären Einreiseverbot für Bürger verschiedener muslimischer Staaten.

Ein Gesetz aus dem Jahr 1799 verbietet Privatpersonen die Einmischung in Streitfragen der US-Regierung mit ausländischen Mächten. Es wurde allerdings bislang nie angewendet, auch nicht in diesem Fall – zumal Flynn weiterhin derartige Absprachen mit Kislyak leugnete, unter anderem in Gesprächen mit Vizepräsident Mike Pence. Am 13. Februar 2017 versichert Trumps Beraterin Kellyanne Conway, Flynn genieße »das volle Vertrauen« des Präsidenten. Am 14. Februar trat der nationale Sicherheitsberater nach exakt 24 Tagen im Amt zurück – auf Druck von Trump.

Nach dem Rücktritt Flynns, der von 2012 bis 2014 Direktor des militärischen Geheimdienstes DIA war, stellte sich heraus, dass der General käuflich war. Im Juli 2016 äußerte er noch Sympathien für die gerade gescheiterten Militärputschisten in der Türkei. Im September 2016 wurde Flynns Beratungsfirma von einem türkischen Geschäftsmann angeheuert – und im November veröffentlichte der General einen Gastbeitrag in der Zeitung The Hill unter der Überschrift »Unser Alliierter Türkei ist in einer Krise und braucht unsere Unterstützung«. Insbesondere forderte er, ganz im Sinne des türkischen Präsidenten Erdoğan, die Auslieferung des islamischen Klerikers Gülen, den Ankara als Drahtzieher des von Flynn nun gar nicht mehr positiv betrachteten Militärputsches bezeichnet. »Aus türkischer Sicht beherbergt Washington den Osama bin Laden der Türkei«, schrieb Flynn. Zu diesem Zeitpunkt war er Mitarbeiter von Trumps Wahlkampfteam. Insgesamt kassierte Flynn von staatsnahen türkischen Firmen mindestens 530 000 Dollar. Vor seiner Tätigkeit für Trump hatte er zudem höhere vierstellige Beträge von russischen Institutionen erhalten, unter anderem 33 750 Dollar für einen Auftritt im Dezember 2015 in Moskau am Rande eines Galadinners des Fernsehsenders RT, bei dem er neben Putin saß. Pensionierte Militärs dürfen ohne Zustimmung des Pentagons keine Gelder von Gruppierungen annehmen, die mit ausländischen Regierungen verbunden sind. Flynn leugnete die Kontakte und Zahlungen zunächst. Dadurch hat er sich möglicherweise strafbar gemacht. Im Mai 2017 erklärte der Ex-General, in den Untersuchungen des Senats zu den Russlandverbindungen vom Zeugnisverweigerungsrecht des fünften Zusatzartikels zur Verfassung Gebrauch zu machen.

Neben Flynn hatten andere Berater von Trump Kontakte zu russischen Offiziellen. Schwiegersohn Jared Kushner traf sich im Dezember 2016 im Trump Tower mit Sergej N. Gorkow, dem Putin-Vertrauten und Chef der russischen Staatsbank VEB (Vnesheconombank), die nach der Annexion der Krim auf die US-Sanktionsliste gekommen war. Was wurde dort, wenige Wochen vor Trumps Amtseinführung, in Anwesenheit von Flynn besprochen? Bei anderer Gelegenheit traf sich Kushner mit Kislyak und diskutierte laut dem Botschafter die Einrichtung eines geheimen Kommunikationskanals zwischen dem kommenden Präsidenten und dem Kreml. Er sollte ausgerechnet in der russischen Botschaft in Washington angesiedelt sein. Nun sind derartige »*back channels*«, von denen oft nicht einmal die Außenministerien wissen, keineswegs illegal und durchaus gebräuchlich in der internationalen Politik – in der Kubakrise verhinderten sie möglicherweise einen Weltkrieg. Zwei Dinge allerdings sind in diesem Fall verdächtig: Warum verschwieg Kushner seine wiederholten Kontakte zu russischen Amtsträgern, als er im Januar 2017 alle Kontakte zu ausländischen Offiziellen in einem Formular angeben musste, um den Zugang zu Top-Secret-Informationen zu erhalten? Und warum überhaupt drängte Trump schon in der Übergangszeit auf eine solche diskrete Verbindung, als das FBI dem bereits bestehenden Verdacht einer unzulässigen Zusammenarbeit seines Teams mit russischen Offiziellen nachging?

Eine weitere Merkwürdigkeit: Ein langjähriger Trump-Vertrauter, Roger Stone, kommunizierte während des Wahlkampfes mit einem Hacker, der den Decknamen »Guccifer 2.0« trägt und Teil der russischen Hackeroperation war. Guccifer 2.0 schrieb ihm via Twitter: »Bitte sagen Sie mir, wenn ich Ihnen irgendwie helfen kann. Es wäre mir eine große Freude.« Am 9. August 2016 prahlte Stone, er stehe in Kontakt mit Wikileaks-Gründer Julian Assange und versprach eine »Oktoberüberraschung«. Am 21. August tweetete er: »Glaubt mir, bald wird es harte Zeiten für Podesta geben.« Kündigte er damit die im Oktober 2016 folgende Veröffentlichung der E-Mails des Clinton-Managers an?

Der Investmentbanker Carter Page, der einige Jahre in Moskau lebte und ein scharfer Kritiker der westlichen Sanktionen gegen Moskau wegen der Krimannexion war, gehörte nie zum inneren Kreis um Trump. Aber der Präsidentschaftskandidat zählte Page im März 2016 als einen seiner (damals noch sehr raren) außenpolitischen Berater auf. Die amerikanischen Geheimdienste hegten den Verdacht, Page agiere »als Agent einer fremden Macht«, nämlich Russlands, und erwirkten bei dem für ausländische Geheimdienste zuständigen FISA-Gericht die Erlaubnis, Page abzuhören. Die Erlaubnis erhielten sie allerdings erst, als Page aus dem Trump-Team ausgeschieden war. Page bestreitet energisch, russischer Agent gewesen zu sein.

Im April 2017 ließ sich der internationale Lobbyist und Politikberater Paul Manafort, der 2016 vorübergehend Trumps Wahlkampf gemanagt hatte, beim US-Justizministerium als *foreign agent* registrieren. Der Begriff bezieht sich nicht auf geheimdienstliche Tätigkeit, sondern auf Lobbyismus für ausländische Regierungen. Manafort hatte zwischen 2007 und 2014 die Interessen des ukrainischen Politikers Viktor Janukowitsch in den USA vertreten und dafür mindestens 1,2 Millionen Dollar erhalten. Janukowitsch war von 2002 bis 2005 und von 2006 bis 2007 Ministerpräsident und ab Februar 2010 Staatspräsident der Ukraine. Nach den blutigen Zusammenstößen zwischen proeuropäischen und prorussischen Ukrainern im Februar 2014 auf dem Majdan floh Janukowitsch über Nacht nach Russland und wurde für abgesetzt erklärt. Manafort arbeitete anschließend für Janukowitschs »Partei der Regionen«.

Der umtriebige Politikberater, der eine Wohnung im New Yorker Trump Tower besitzt, wurde im März 2016 von Donald Trump angeheuert. Bereits im April übernahm Manafort die Nachfolge des Wahlkampfleiters Corey Lewandowski. Fünf Monate später, im August 2016, stießen ukrainische Korruptionsbekämpfer in Kiew auf schwarze Kassen der »Partei der Regionen«. Bei Beträgen über 12,7 Millionen Dollar, die in bar ausgezahlt worden seien, war handschriftlich der Name Manafort als Empfänger angegeben. Manafort bestreitet, das Geld erhalten zu haben. Aber am 17. August 2016 erklärte der inzwischen offiziell von den Republikanern nominierte Präsidentschaftskandidat Trump, Manafort habe seinen Rücktritt angeboten, »und ich habe ihn angenommen«.

Dass die Russen jede Menge Erpressungsmaterial, sogenanntes Kompromat, über Donald Trump selbst besitzen, davon ist Maxine Waters, Abgeordnete der Demokraten aus Kalifornien, überzeugt. Sie bezieht sich auf das 35-seitige Dossier, das vom früheren britischen Geheimagenten David Steele verfasst und im Januar 2017 von Buzz Feed veröffentlicht wurde. Sie hielt bei einem Interview mit dem Sender MSNBC insbesondere die Darstellung perverser Vergnügungen für »absolut wahr«, die der damalige Unternehmer 2013 mit urinierenden Prostituierten in einem Moskauer Hotel genossen haben soll. In dem Dossier heißt es unter dem offenkundigen Fachbegriff *golden shower*, Trump habe Nutten in ein Moskauer Hotelbett pinkeln lassen, in dem einige Zeit zuvor Barack und Michelle Obama nächtigten. Nun versprechen die Ermittlungen zu den Russlandkontakten des Trump-Teams noch manche Überraschung. Aber an dieser Stelle wird die Debatte albern: Trump hat eine so ausgemachte Bazillenphobie, dass er Fremde lieber per *fist bump* als mit Handschlag begrüßt. Diese Darstellung klingt nach Desinformation mit dem Ziel, die Untersuchungen gegen Trump in schmierige Gassen zu locken.

Seine Steuererklärung hält der Präsident geheim. Auch darum halten sich Gerüchte, sein Konzern sei nach der Finanzkrise 2008 durch kremlnahe russische Investoren über Wasser gehalten worden. Im Mai 2017 veröffentlichte Trump immerhin ein Schreiben seiner Steuerberater von der Firma Morgan Lewis, laut dem er »abgesehen von wenigen Ausnahmen« keine Einkünfte aus Russland beziehe und keine Schulden bei russischen Gläubigern habe. Zu den Ausnahmen gehörte eine 5 800-Quadratmeter-Villa in Palm Beach in Florida, die er 2005 für 41 Millionen Dollar gekauft und 2008 für 95 Millionen Dollar an den russischen Milliardär Dmitrij Rybolowlew verkauft hat, einen ehemaligen Kardiologen, der zum Kali-Magnaten aufgestiegen war. Handelte es sich bei diesem bemerkenswert hohen Gewinn um eine verdeckte Zahlung an Trump? Doch von wem und warum? Putin dürfte kaum schon im Jahr 2008 Trump als möglichen späteren Präsidenten erkannt und auf diese Weise korrumpiert haben. »Die Geschichte ist seltsam, aber Palm-Beach-Immobilien entwickeln sich manchmal merkwürdig«, sagt Gary Pohrer, ein dort tätiger Makler. »Leute entscheiden, sie wollen etwas haben und bezahlen einen Preis, der nicht unbedingt mit den Realitäten korrespondiert.« Rybolowlew zog nie in die schimmelbefallene Villa. 2015 ließ er sie abreißen und das Grundstück in drei Parzellen aufteilen, von denen er die größte im selben Jahr für

35,3 Millionen Dollar verkaufte. Er dürfte am Ende mit einem Verlust dastehen.

Als Geschäftsmann hatte Trump wiederholt mit Russen zu tun, die nicht allesamt für Ethikkommissionen qualifiziert sind. So hörte das FBI wirklich den Trump Tower in Manhattan ab – aber das war zwischen 2011 und 2013 und betraf das Fünf-Millionen-Dollar-Apartment 63 A, nur drei Stockwerke unter Trumps Penthouse. Von dort hatte ein russischer Verbrecherring um den Apartmentbesitzer Vadim Trincher illegale Glücksspiele und Geldwäsche betrieben.

Im 24. Stock des Wolkenkratzers wohnte einst Felix Sater, 1966 in der Ukraine geboren und als Kind mit seinen Eltern aus der Sowjetunion emigriert. Der Immobilienentwickler arbeitete vorübergehend als Berater der Trump Organization. In den 1990er Jahren verbrachte er ein Jahr im Gefängnis, weil er bei einer Schlägerei in einer Bar das Gesicht eines Wall-Street-Brokers mit den Scherben eines Margarita-Glases aufgeschlitzt und dabei einen Sehnerv durchtrennt hatte. 1998 war Sater, dem Kontakte zur Cosa Nostra nachgesagt werden, in einen 40-Millionen-Dollar-Aktienbetrug verwickelt – und wurde wegen seiner Bereitschaft, als V-Mann für das FBI aus der organisierten Kriminalität zu berichten, statt zu einer Haftstrafe nur zur Zahlung von 25 000 Dollar verurteilt. Angeblich in dieser Funktion versuchte Sater Boden-Luft-Raketen von Osama bin Laden zu kaufen. »Ich kaufte die Raketen nicht für mich«, versichert Sater. »Wir haben versucht, diese Waffen aus dem Schwarzmarkt herauszuholen, damit sie nicht gegen US-Verkehrsmaschinen eingesetzt werden konnten.« Trump, der im November 2015 erklärte, er habe »das beste Gedächtnis der Welt«, und einige Monate später sagte, sich an diese Behauptung nicht erinnern zu können, hat Sater angeblich vergessen. Doch es gibt Fotos von den beiden, die nur neun Jahre vor der Präsidentenwahl entstanden sind, und Sater besaß 2010 Visitenkarten, die ihn als »Senior Adviser to Donald Trump« auswiesen.

Im März 2017 bestätigte der damalige FBI-Direktor James Comey vor dem Geheimdienstausschuss des Repräsentantenhauses, seine Behörde untersuche »das Wesen aller Verbindungen zwischen Einzelpersonen, die mit dem Trump-Wahlkampfteam und der russischen Regierung verbunden sind, und ob es irgendeine Koordination zwischen dem Wahlkampfteam und russischen Bemühungen« gab, auf den Wahlkampf einzuwirken. Im gleichen Monat bat er das Justizministerium, Behauptungen des Präsidenten zurückzuweisen, Obama habe sein Wahlkampfteam »abhören« lassen. Sieben Tage nach seiner Amtseinführung soll Trump bei einem Abendessen unter vier Augen zu Comey über die Ermittlungen gegen General Flynn gesagt haben: »Ich hoffe, Sie können das fallen lassen.« Zudem erbat der Präsident eine persönliche Loyalitätserklärung. Trump dementiert beides. Der FBI-Direktor fertigte Gesprächsnotizen an, weil er den Eindruck gewonnen hatte, der Präsident wolle die Untersuchungen behindern. Am 9. Mai 2017 feuerte Trump Comey. Er begründete dies zunächst unter Berufung auf Schreiben des Justizministers Jeff Sessions und von dessen Stellvertreter Rod Rosenstein mit Comeys Zickzackkurs bei den Ermittlungen zu Hillary Clintons E-Mail-Affäre. In einem Interview mit NBC bot der Präsident sechs Tage später eine andere Erklärung an: »Unabhängig von den Empfehlungen hätte ich Comey gefeuert.« Als er diese Entscheidung traf, habe er zu sich »selbst gesagt: ›Du weißt, dieses Russlandding mit Trump und Russland ist eine erfundene Geschichte.‹« Comey sei ein »Blender« und »Angeber«. Beim Besuch des russischen Außenministers Sergej Lawrow bezeichnete er Comey als »Spinner«. Via Twitter warnte der Präsident: »James Comey sollte besser hoffen, dass es keine ›Mitschnitte‹ gibt von unseren Gesprächen, bevor er beginnt, etwas der Presse zu stecken.«

Bis tief in die Reihen der Republikaner reichte die Woge der Empörung über diese Einschüchterungsmaßnahmen. Am 17. Mai 2017 berief Vize-Justizminister Rosenstein den in beiden Parteien hoch angesehenen früheren FBI-Chef Robert Mueller als Sonderermittler für die Untersuchung russischer Aktivitäten im Rahmen der Präsidentschaftswahlen. Kurz darauf stellte sich heraus, dass Trump im März 2017 auch seinen nationalen Geheimdienstkoordinator, Daniel »Dan« Coats, und den Chef des Auslandsgeheimdienstes NSA, Michael S. Rogers, gedrängt hatte, öffentlich zu erklären, dass es keine Hinweise auf Russlandverbindungen seiner Mitarbeiter gegeben habe. Coats und Rogers lehnten dies ebenso wie zuvor Comey ab, bestätigten sie im Juni 2017 vor dem Geheimdienstausschuss des Senats.

Dass russische Hacker Clinton im Wahlkampf beschädigen wollten, ist nach allen vorliegenden Erkenntnissen unstrittig. Wie weit diese Bemühungen zu Trumps Sieg beitrugen, der letztlich auf weniger als 80 000 Stimmen in Michigan, Pennsylvania und Wisconsin basierte, wird sich nie feststellen lassen. Und zunächst gänzlich unbelegt bleibt der insbesondere von Demokraten erhobene Vorwurf, Mitarbeiter von Trump und russische Offizielle hätten bei der Veröffentlichung der von den Hackern erbeuteten E-Mails zusammengearbeitet. Allerdings stellt sich die Frage: Warum diffamierte der Präsident alle Untersuchungen zunächst der Geheimdienste und später von Sonderermittler Mueller, wenn es nichts zu verbergen gibt? Trump kommt vom Thema Russland nicht los.

9 | Rückruf der Geschichte: Trump und das Erbe des Andrew Jackson

Der französische Intellektuelle hatte keine hohe Meinung von dem amerikanischen Isolationisten mit dem poltrigen Temperament und dem markanten roten Haarschopf, den die Amerikaner ins Weiße Haus gewählt hatten. Er sei ein »jähzorniger Mann von bescheidenen Talenten; nichts in seiner gesamten bisherigen Karriere hat je gezeigt, dass er qualifiziert wäre, ein freies Volk zu regieren; und tatsächlich hat ihn die Mehrheit der gebildeten Klassen der Union stets abgelehnt«. So beschrieb Alexis de Tocqueville in seinem 1835 erschienenen Werk »Über die Demokratie in Amerika«[29] Andrew Jackson, den siebten Präsidenten der Vereinigten Staaten. Der Aristokrat Tocqueville war fasziniert von der sozialen und rechtlichen Gleichstellung der Amerikaner quer durch weiterhin vorhandene soziale Klassen zu einer Zeit, als die meisten Europäer noch nicht wählen durften. Seine Analyse ist bis heute lesenswert wegen ihrer tiefen Einsichten in die amerikanische Kultur.

Die Politik Amerikas personifizierte damals Jackson. Er gehört zu den umstrittensten, aber auch prägendsten Vordenkern des amerikanischen Systems und war aus heutiger Sicht ein »Basisdemokrat« – oder ein Demagoge. Die »einfachen Amerikaner«, zu jener Zeit beschränkt auf weiße Männer von mindestens 21 Jahren, müssten die Macht zurückverlangen von einer »Elite«, die sich in Washington ähnlich dem Adel in

Europa gebildet habe. Jackson versprach, den Einfluss der Ausländer und die Rolle der Banken zurückzudrängen. Das klang wie fast 200 Jahre später bei Donald Trump, der sich im Wahlkampf 2016 stilisierte als »Stimme der vergessenen Amerikaner« und ankündigte, »Wall Street« zu stoppen und den »Sumpf in Washington« auszutrocknen. Als »Jacksonianismus« oder »*Jacksonian Democracy*« wird die Phase der amerikanischen Politik bezeichnet, die mit Jacksons Amtszeit als Präsident 1829 begann und über das Ende seiner zweiten Legislaturperiode 1837 hinausreichte. Erst der Bürgerkrieg von 1861 bis 1865 schob andere Themen, insbesondere die Sklavenfrage und die Einheit der Union auf die Agenda.

Es geht in diesem Kapitel nicht um Anekdoten aus der Geschichte oder um zufällige Parallelen zwischen zwei Präsidenten in unterschiedlichen historischen Phasen, sondern um eine wichtige Traditionslinie der amerikanischen Kultur. Dass Donald Trump, der doch einen so radikalen Bruch mit der Politik Washingtons zu verkörpern scheint, ins Weiße Haus gelangen konnte, hat mit dem Einfluss des Andrew Jackson auf das amerikanische Denken zu tun. Der wenig belesene Trump hat sich nie intensiv mit Jackson befasst, aber er brachte aus seinem Instinkt heraus eine Saite im Gedächtnis der Nation zum Klingen, die wenig von internationalen Verpflichtungen wissen will, fremden Einflüssen gegenüber misstrauisch ist und das Establishment attackiert, das die Idee der wahren Demokratie untergrabe. Jackson und der Jacksonianismus zeigen, dass Trump nicht vom Himmel gefallen ist, sondern der Logik eines wichtigen Stranges der amerikanischen Geschichte entspringt. Trump ist mithin nicht der erste Vertreter der Denkschule des *America-First*-Isolationismus, und er wird nicht der letzte Repräsentant der *Jacksonian Democracy* im Weißen Haus sein. Sein Erbe wirkt im amerikanischen Selbstverständnis nach, oft nur als eine pastellene Kolorierung des Hintergrunds – und aktuell in schreienden Farben, für jedermann sichtbar.

Andrew Jackson, geboren am 15. März 1767 im kargen Grenzgebiet der Carolinas zum noch nicht erschlossenen Westen, war Jurist, Kriegsheld, Plantagenbesitzer, Sklavenhalter, Politiker und für viele Zeitgenossen ein Ärgernis. Sein großer politischer Widersacher John Quincy Adams sollte ihn als Analphabeten und »Barbaren« bezeichnen, »der keinen grammatikalisch korrekten Satz schreiben und kaum seinen Namen buchstabieren konnte«.[30] In Salisbury in North Carolina studierte Jackson 1784/1785 Recht und führte ein ausschweifendes Leben mit Glücksspiel, Karten und Pferderennen, das ihm nach seinem Biografen Robert V. Remini bei den Zeitgenossen den Ruf eintrug, »der übelste Bursche zu sein, der je in Salisbury lebte«. Als später bekannt wurde, dass er fürs Weiße Haus kandidieren wollte, habe eine Frau in Salisbury ausgerufen: »Jackson als Präsident? Jackson? Der Jackson, der in Salisbury gelebt hat? … Also, wenn Andrew Jackson Präsident werden kann, dann kann das jeder andere auch!«[31]

Zeitsprung: Im Dezember 2016 wurde Oprah Winfrey, die erfolgreichste Frau des amerikanischen Fernsehens, auf Bloomberg TV von David Rubenstein gefragt, ob sie sich vorstellen könne, je fürs Weiße Haus zu kandidieren. Winfrey antwortete, sie habe diese Idee niemals in Betracht gezogen, sie habe gedacht: »Oh nein, ich habe nicht genug Erfahrung, ich weiß nicht genug, das werde ich nicht tun.« Doch nun hatte gerade ein Reality-TV-Star eine erfahrene Politikerin bei den Wahlen besiegt, »und ich denke: Ohhh …« – den Gedanken, »wenn der das kann, kann ich das auch«, verstand das applaudierende Publikum, obwohl die afroamerikanische Entertainerin ihn nicht aussprach. Winfrey meinte es despektierlich, und Amerikas Intellektuelle in den Metropolen und an den Küsten grinsten ob der Andeutung. Aber für viele Amerikaner war dies kein gelungener Witz, sondern Bestätigung ihrer Überzeugungen: Kämen in Washington nicht immer wieder verbildete Oberschichtsleute an die Macht, sondern Kandidaten aus der Mitte des Volkes, die das wahre Leben in Fabriken, Kohlegruben und kleinen Büros, auf Farmen oder Ranches oder in der Arbeitslosigkeit kennen, dann ginge es dem Land besser. Dann würden amerikanische Steuermilliarden nicht im Irak oder in Afghanistan oder bei den Vereinten Nationen verschleudert, sondern für effizientere Schulen, bessere Straßen und bleifreie Wasserleitungen investiert. Diese Amerikaner hatten nicht nach einem erfahrenen Politprofi gesucht, sondern nach einem durchsetzungsstarken Führer – und dabei ausgeblendet, dass Trump ganz und gar nicht das Leben in Kohlegruben oder der Arbeitslosigkeit kennt.

Old Hickorys Mangel an Selbstkontrolle

Andrew Jackson, genannt »Old Hickory« nach dem harten Holz des Nussbaums, war ein rauer Kerl. Dieser Charakterzug wurde ihm in die Wiege gelegt als Sohn eines irischen Einwanderers mit schottischen Wurzeln, der drei Wochen vor seiner Geburt tödlich verunglückte, und einer Mutter, die im Revolutionskrieg gegen die Briten bei der Pflege amerikanischer Kriegsgefangener an Cholera erkrankte und starb, als der Junge 14 war. Jackson zeigte die ihm zugeschriebene Härte immer wieder: im zweiten Unabhängigkeitskrieg 1815 gegen die Briten, 1819 bei der Eroberung des bis dahin spanischen Florida für die USA und in diversen Kämpfen gegen

Indianerstämme. Mindestens 4000 Cherokee-Indianer starben bei ihrer Verdrängung nach Westen auf dem von Jackson erzwungenen »Pfad der Tränen«. Unsere Zeit kennt für derartige Vertreibungen den bösen Euphemismus der »ethnischen Säuberung«, doch bereits vielen Zeitgenossen galt Jackson als unmoralischer Indianerschlächter. Der jähzornige Mann soll sich bis zu 100 Duellen gestellt haben. Meistens verfehlten sich die Duellanten dank der wenig präzisen Schusswaffen, aber Jackson traf mindestens einmal tödlich, als er 1806 Charles Dickinson nach einem Streit um ein Pferderennen niederstreckte. Jackson wurde dabei ebenfalls durch eine Kugel in der Brust getroffen, die zu nah an seinem Herzen steckte, als dass man sie wegoperieren konnte. Sie sollte ihm zeitlebens Schmerzen bereiten.[32] Der kühne Jackson, dem es an Selbstkontrolle mangelte, wollte andere kontrollieren. Auch dieser Charakterzug lädt ein zu Vergleichen mit der Gegenwart.

Seinen Ruf als Held der Nation hatte Jackson begründet, als er am 8. Januar 1815 im Britisch-Amerikanischen Krieg die Schlacht bei New Orleans mit knapp 5000 Soldaten gegen eine dreimal so große englische Armee gewann. Das Tragische an den Kämpfen, in denen 2000 britische Soldaten starben, während General Jackson den Verlust von nur 13 Amerikanern vermeldete: Bereits am Heiligabend 1814 hatten die Vertreter Londons und Washingtons im belgischen Gent einen Friedensvertrag unterzeichnet. Doch die Nachricht brauchte Wochen, bis sie Amerika erreichte.

Jackson sorgte sich um den Verlust der jungen Souveränität gegenüber ausländischen Mächten und um die Aufweichung amerikanischer Werte durch fremde Einflüsse. Er, der für jeweils kurze Zeit Tennessee als Kongressabgeordneter und Senator vertrat und Richter am Supreme Court des Bundesstaates gewesen war, sah sich als Anwalt des Volkes gegen das »Monopol« einer »korrupten Elite« und gegen eine um sich greifende Bürokratie. Man müsse sich auf das politische Urteilsvermögen der einfachen Leute verlassen, sagte er. Damit stand er durchaus im Widerspruch zu den Gründungsvätern der USA. Als Befürworter einer Republik wollten sie zwar die Herrschaft der Monarchen und die Privilegien des Adels ersetzen durch die Souveränität des Volkes. Aber aus ihrer europäischen Prägung heraus trauten sie weder vorbehaltlos einem gewählten Präsidenten, der ja nach Alleinherrschaft streben könnte, noch dem ungebildeten Volk, das mit der Wahl der angemessenen Repräsentanten möglicherweise überfordert sei. Darum hatten sie das Geflecht von *checks and balances* eingeführt, jene Form von Gewaltenteilung, bei der sich das Weiße Haus und der Kongress wechselseitig neutralisieren können. Für europäische Beobachter sieht diese Form des *divided government* nach Blockade und Stillstand aus, doch die Gründerväter hatten derartige Effekte durchaus intendiert. Selbst Thomas Jefferson, der entscheidende Autor der Unabhängigkeitserklärung und dritte Präsident der USA, »glaubte, dass die republikanische Regierung in den Händen einer ›natürlichen Aristokratie‹ bleiben solle«, schreibt der Historiker Harry L. Watson.[33] »Ausgezeichnet durch Ausbildung, Vermögen und Familie, würden nur diese Gentlemen die Weisheit und Tugend besitzen, um das Gemeinwohl zu erkennen und entsprechend zu handeln.«

Für Jackson hingegen war diese Form von Demokratie zu artifiziell. Er wollte keine städtische Oberschicht, die für die Nation sprach, sondern dem Volk selbst die Entscheidungen überantworten – und das waren damals die Menschen auf dem Land. Trotz rasant wachsender Städte im Nordosten, New York allen voran, lebten um 1830 nur 7,2 Prozent der

Jared Kushner, Ivanka Trump, US-Präsident Donald Trump und First Lady Melania Trump posieren während ihres Papstbesuchs im Mai 2017 für ein Familienfoto in der Sixtinischen Kapelle.

Präsident Trump telefoniert im Oval Office mit dem australischen Premierminister Malcolm Turnbull. Im Hintergrund ein Porträt des früheren
Präsidenten Andrew Jackson.

Umgeben von wichtigen Vertrauten, Stabschef Reince Priebus, Vizepräsident Mike Pence, dem damaligen Nationalen Sicherheitsberater Michael Flynn, Chefberater Steve Bannon und dem Pressesprecher des Weißen Hauses, Sean Spicer, telefoniert der Präsident mit dem russischen Präsidenten Wladimir Putin. 28. Januar 2017.

Präsident Trump beim symbolischen Schwertkampf in Riad, Saudi-Arabien, während seiner Nahost-Reise im Mai 2017.

»Make America great again« – Donald Trump spricht bei einer Wahlveranstaltung in New Hampshire, Juni 2016.

Bundeskanzlerin Angela Merkel und US-Präsident Donald Trump treffen am 17. März 2017 in Washington im Weißen Haus zusammen.

Während der Gespräche zwischen der deutschen und der amerikanischen Delegation am 17. März 2017 in Washington sitzt Angela Merkel direkt neben der engsten Vertrauten des Präsidenten, Tochter Ivanka.

Antrittsbesuch: Den chinesischen Präsidenten Xi Jinping und dessen Frau Peng Liyuan empfängt Donald Trump am 6. April 2017 in seinem Anwesen Mar-a-Lago in Palm Beach, Florida.

Während einer nächtlichen Demonstration gegen Trumps restriktive Einwanderungspolitik hält ein Teilnehmer vor dem Obersten Gerichtshof in Washington, DC, ein Schild in die Höhe und protestiert damit gegen den sog. »Muslim Ban«.

Treffen mit Barack Obama im Weißen Haus, 10. November 2016.

Ausstieg aus der Air Force One.

Donald Trump mit seinen Enkelkindern Joseph und Arabella Kushner auf dem Rasen hinter dem Weißen Haus.

Bevölkerung in Städten oder Ortschaften mit mehr als 2 500 Einwohnern.

Das heutige Amerika gilt als urbanisiert. 79 Prozent der Amerikaner wohnen in Städten und städtischen Gebieten, sagt das Statistikamt. Wer allerdings genauer hinschaut, stellt fest, dass von diesen knapp 80 Prozent der Gesamtbevölkerung wiederum fast 80 Prozent in Kleinstädten mit weniger als 20 000 Einwohnern leben. Sie haben in ihrer Lebensweise nicht viel gemein mit den Landsleuten in New York City, Los Angeles oder Chicago, den größten Metropolen der USA. Auch das macht erklärlich, warum so wie zu Jacksons Zeiten bei der Wahl von Trump das ländliche Amerika das urbane herausforderte und besiegte.

Aus Sicht Jacksons sollte es keine zwischengeschalteten Instanzen geben. Er sah Politiker nicht als »Repräsentanten« des Volkes, sondern als dessen »Agenten«, die zu erfüllen hatten, was ihnen aufgetragen war. Er wollte das direkte Mehrheitsprinzip durchsetzen: »Die Menschen sind die Regierung.« Ein besonderes Ärgernis war Jackson das Prinzip der Wahlmänner (*electoral college*), durch die ein Präsidentschaftskandidat verlieren kann, obgleich er die Mehrheit der Direktstimmen bekommt. Auf dem Weg ins Weiße Haus hatte er sehr persönliche Erfahrungen mit diesem System gemacht. Als er 1824 erstmals antrat, gab es drei weitere Kandidaten: Jackson erzielte die meisten Direktstimmen (42 Prozent vor dem zweitplatzierten John Quincy Adams mit 33 Prozent) und die meisten Stimmen der Wahlmänner (99 vor dem zweitplatzierten Adams mit 84), aber nicht die absolute Mehrheit von 50 Prozent plus eine Stimme beziehungsweise von 131 *electoral votes*.[34] Daraufhin musste das Repräsentantenhaus entscheiden, und es brachte John Quincy Adams, den Sohn des zweiten US-Präsidenten John Adams, ins Oval Office. Henry

Clay, der damalige Sprecher des Repräsentantenhauses, war einer der beiden übrigen Kandidaten gewesen, und er sorgte dafür, dass die Abgeordneten seines Heimatstaates Kentucky für Adams stimmten. Clay wiederum wurde vom neuen Präsidenten zum Außenminister ernannt. Für Jackson war dies ein Beleg für Korruption und die Verfälschung des Wählerwillens.

Donald Trump sollte 2016 vom Prinzip der Wahlmänner profitieren, das ihm die Präsidentschaft sicherte, obwohl er bei der Zahl der Direktstimmen deutlich hinter Hillary Clinton landete. Zum vierten Mal in der amerikanischen Geschichte war der Kandidat Präsident geworden, der weniger Direktstimmen als sein Konkurrent bekam. Zuvor hatte dieses Prinzip außer Adams (1824) Rutherford B. Hayes (1876), Benjamin Harrison (1888) und George W. Bush (2000) ins Oval Office gebracht. Trump twitterte eine Woche nach diesem Sieg mit Schönheitsfehler: »Wenn die Wahl total auf Direktstimmen basieren würde, hätte ich in N.Y., Florida und Kalifornien Wahlkampf gemacht und noch deutlicher und leichter gewonnen.«

Vier Jahre zuvor hatte Trump gar zur »Revolution« gegen dieses System aufgerufen. »Das Wahlkollegium ist ein Desaster für die Demokratie«, verkündete er am 6. November 2012, dem Tag der Präsidentenwahl, weil es vorübergehend schien, als würde der Republikaner Romney gegen Obama verlieren, aber bei den Direktstimmen vorne liegen. In mindestens acht weiteren Tweets, von denen Trump einige bald wieder löschte, schrieb er unter anderem: »Diese Wahl ist ein totaler Schwindel und eine Persiflage. Wir sind keine Demokratie!« Und: Obama habe »bei den Direktstimmen deutlich verloren und die Wahl gewonnen. Wir sollten eine Revolution in diesem Land haben.« Die Revolution blieb aus, zumal sich Trumps

Mutmaßung rasch als Irrtum entpuppte: Amtsinhaber Obama gewann in beiden Kategorien, mit 332 zu 206 Stimmen im Wahlkollegium und mit 51,1 zu 47,2 Prozent bei den Direktstimmen. Aber auch nach seinem Wahlsieg sagte Trump, er fände es besser, wenn nur nach der *popular vote* entschieden würde – verbunden mit den Hinweisen, in diesem Fall hätte er halt auch in den demokratischen Hochburgen um Stimmen gekämpft. Im Übrigen seien drei bis fünf Millionen illegale Stimmen zugunsten Clintons abgegeben worden. Das erste Argument ist hypothetisch und kann richtig sein, die zweite Behauptung ist schlicht falsch. Es gab nur sehr vereinzelt irreguläre Stimmabgaben (die in den USA sehr hart bestraft werden), und zum Teil kamen sie Trump zugute.

Das gesprengte Parteiensystem

Falls John Quincy Adams durch Kungelei ins Weiße Haus gelangte, sorgte diese wichtige Episode der amerikanischen Geschichte für die Geburt des heutigen faktischen Zweiparteiensystems. In den Gründungsjahren hatte es ebenfalls zwei Parteien gegeben, nämlich die 1792 entstandene Federalist Party um Alexander Hamilton, die eine starke Zentralregierung forderte, mit Großbritannien sympathisierte und die Französische Revolution ablehnte, sowie die Democratic-Republicans um Thomas Jefferson, die auf Dezentralisierung setzten und Hamiltons Idee einer Bundesbank ablehnten. Als die Föderalisten um 1816 zerfielen, herrschte die Democratic-Republican Party für nahezu eine Dekade als eine Art Einheitspartei. Das entsprach dem Ideal des ersten Präsidenten George Washington, der im September 1796 vor der Gründung politischer Parteien warnte: Wie auch immer sie

»hier und da populäre Ziele beantworten, würden sie mutmaßlich im Laufe der Zeit und der Dinge zu starken Motoren
werden, durch die schlaue, ehrgeizige und prinzipienlose
Männer in die Lage versetzt werden, die Macht des Volkes zu
untergraben und für sich selbst die Regierung zu usurpieren,
um danach exakt jene Kräfte, die ihnen zu dieser ungerechten
Herrschaft verholfen haben, zu zerstören«.

Nach dem als manipuliert angesehenen Wahlausgang des Jahres 1824 schlossen sich Jackson und seine Anhänger zur Democratic Party zusammen, den heutigen Demokraten, während das Lager von Adams die National-Republican Party
gründete, auch Anti-Jacksonian Party genannt. Sie zerfiel bald
in Fraktionen, darunter die Whig Party, die der »Herrschaft
der Mehrheit« den Primat von Gesetzen entgegensetzte, um
eine »Diktatur des Mobs« zu verhindern. Die Whigs forderten
zudem den Schutz von Minderheiten und traten für die von
Jackson in mehreren Kriegen bekämpften Indianer ein. 1854
gründeten Whig-Anhänger zusammen mit Anti-Sklaverei-
Aktivisten aus dem Norden und weiteren Anti-Jackson-
Fraktionen die Republican Party. Sie firmiert heute auch als
Grand Old Party, obgleich die Republikaner tatsächlich die
jüngere der beiden großen amerikanischen Parteien dar-
stellen.

Heute gibt es formal um die 30 anerkannte Parteien in den
USA, von den Libertären über die Grünen bis zu Sozialisten,
Kommunisten und Neonazis. Aber sie haben keine Relevanz:
Die Scheu vor einer Zersplitterung der Nation verhinderte die
Ausweitung des faktischen Duopols von Republikanern und
Demokraten zu einem breiteren Wettbewerb der Programme
und Ideen. Fraglich ist, ob die Republikaner die Trump-Re-
gentschaft unbeschadet überstehen oder sich spalten werden
in Konservative und Populisten – und in der Folge möglicher-

weise auch die Demokraten in Sozialreformer und Sanders' demokratische Sozialisten zerfallen. Trump, der heutige »Präsident des Volkes«, könnte die Parteienlandschaft ebenso aufbrechen, wie es der damalige tat.

Jackson wollte es vier Jahre nach seiner Niederlage nochmals wissen. Der Präsidentschaftswahlkampf 1828 »bedeutete einen neuen Tiefstpunkt in Sachen Obszönität, Effekthascherei und absurden Verrücktheiten«, schreibt Biograf Remini.[35] Über Jacksons Mutter wurde aus dem Lager von Adams behauptet, sie sei »eine gemeine Prostituierte« gewesen, die einen »Mulatten« geheiratet habe. Jackson sei ein angehender Militärtyrann und Verächter der Demokratie. Er sei ein »Sklavenhändler«, was im Gegensatz zum Sklavenbesitzer selbst im Süden als anrüchig galt, und er habe in den Kriegen Deserteure hinrichten und Indianerdörfer verwüsten lassen. »Die blutigen Taten des General Jackson«, stand auf Plakaten, die lange Reihen von Särgen zeigten. Der Vorwurf der Unsittlichkeit aber war die schärfste Waffe gegen Jackson in einer protestantischen Gesellschaft, die just in dieser Zeit des starken Zustroms von Katholiken aus Irland und der Entstehung neuer Konfessionen wie der der Mormonen ein religiöses Erwachen erlebte. Jacksons Frau Rachel war vor ihrer Ehe bereits verheiratet gewesen. Angeblich hatte sie angenommen, die Scheidung vom ersten Gatten sei schon amtlich gewesen, als sie Jackson 1791 heiratete. Erst danach habe sich herausgestellt, dass die Ehe de jure noch nicht aufgelöst war. Jackson, den Gatten Nr. 2, bezichtigte man der Beihilfe zur Bigamie. Das mache ihn »moralisch ungeeignet« für das Weiße Haus.

Viele dieser Vorwürfe, die Bigamie allen voran, hätten die meisten Kandidaten aus dem Rennen gekippt. Doch die Demokraten organisierten Jacksons Anhängerschaft wie eine frühe Graswurzelbewegung. Sie griffen den Amtsinhaber

John Quincy Adams ebenfalls mit aller Härte an und verbreiteten, er sei ein »Zuhälter«. Jackson vermarktete in dem Wahlkampf seine Popularität in ausgesprochen innovativer Form. In Geschäften waren Hickory-Spazierstöcke und Hickory-Besenstiele zu kaufen; vielleicht waren das frühe Vorläufer der Trump-Stores des Wahlkampfes 2016 mit Krawatten, Poloshirts oder Ivankas Schmuckkollektion. Jackson wird zudem als leidenschaftlicher Wahlkämpfer beschrieben, und er gewann gegen alle Erwartungen. Ein neuer »Geist der Demokratie« breite sich über Amerika aus, sagte er, der erste Demagoge in der Geschichte der Nation.

Am Tag der Inauguration schien dann »die Herrschaft von König Mob zu triumphieren«, beobachtete Supreme-Court-Richter Joseph Story. Jacksons Anhänger wollten ihrem Idol gratulieren. In das Weiße Haus strömten Gäste, wie sie dort nie zuvor gesichtet worden waren: »Bauern und Gentlemen, Damen und zerlumpte Kerle, von den feinsten und geschliffensten hinunter bis zu den vulgärsten und ekelhaftesten Vertretern der Nation«, so Story[36], der ein ausgemachter Gegner der *Jacksonian Democracy* war und nicht zu Unrecht fürchtete, Eigentumsrechte vermögender Amerikaner würden unter dem egalisierenden Anspruch des neuen Präsidenten bedroht. Jackson, dessen im Wahlkampf so massiv angefeindete Frau Rachel nur Tage nach seinem Sieg an einem Herzinfarkt starb, beschwor das Ethos der kleinen Unternehmer und der Farmer, die Amerikas Wirtschaft ankurbelten, während internationale Unternehmer allenfalls das Ziel hätten, ehrlich arbeitenden Menschen das Geld wegzunehmen. »Die Mehrheit soll regieren«, erklärte er in seiner ersten Botschaft an den Kongress.[37] Gewählte Politiker, Kabinettsmitglieder, Leiter von Behörden seien allesamt nur die Werkzeuge »der Majestät des Volkes«. Tocqueville schrieb beeindruckt, man könne »fast sagen, das Volk regiert sich selbst, so dürftig und so begrenzt ist der Anteil, der für die Administration bleibt«. Und weiter: »Die Menschen regieren in der amerikanischen politischen Welt wie das Göttliche im Universum. Sie sind der Grund und das Ziel aller Dinge; alles kommt von ihnen und alles wird durch sie absorbiert.«[38]

Richter wollte Jackson nicht mehr ernennen, sondern direkt wählen lassen. Der Präsident agitierte gegen Papiergeld, dem kein echter Wert gegenüberstehe. Darum bekämpfte er die Verlängerung des Vertrages über die 1816 gegründete Second Bank of the United States (BUS). Ein privat organisiertes Depot für Bundesmittel und Anleihen auf Staatsschulden, das nur ihren Direktoren und Aktionären rechenschaftspflichtig war, nicht aber dem Wähler, war ihm zutiefst suspekt. Allerdings fehlte es ihm an jeglicher Sachkunde auf diesem Gebiet. Sein Biograf Remini schrieb, obwohl Jackson gegen Ende des Jahres 1829 »mit verschiedenen Plänen spielte, konnte sich der Präsident nicht für einen von ihnen entscheiden, so als habe er gewusst, dass er irgendeine Form einer nationalen Bank unterstützen musste, ohne sich dazu durchringen zu können.«[39]

Kampf gegen die Banken

Hielt der Präsident die Bank für verfassungswidrig, erschien deren Befürwortern sein radikaler Widerstand als Missbrauch seiner exekutiven Befugnisse. Henry Clay, der damalige Sprecher des Repräsentantenhauses, sondierte kurzzeitig die Idee eines *Impeachment*, also eines Amtsenthebungsverfahrens gegen den Präsidenten.[40] Nicholas Biddle, der Präsident der BUS-Bank, wehrte sich gegen das Weiße Haus mit Schikanen, die den nationalen Geldfluss behinderten und dem Präsidenten schaden sollten. Aber die einfachen Leute hielten dem Präsidenten die Treue. Als es Gerüchte gab, der Präsident könne von seinen Gegnern ermordet werden, berichtete die Zeitung Globe, eine gewisse »Mrs. Gadsby«, offenkundig eine reifere Anhängerin Jacksons, »hat ein Freiwilligenkorps von älteren Damen rekrutiert, das ihn mit Besenstielen schützen wollte«.[41] In der Präsidentschaftswahl 1832 wurde Jackson mit einer klaren Mehrheit gegen Clay für eine zweite Legislaturperiode bestätigt. 1841 folgte die Liquidation der BUS-Bank.

Auch Donald Trump siegte 2016, indem er eine »Bewegung« gegen die Eliten und gegen »Wall Street« schuf. »Wir übertragen die Macht zurück an das Volk«, behauptete er am 20. Januar 2017 in seiner Inaugurationsrede. Doch weder weitete Trump die demokratischen Rechte der Bürger aus noch besetzte er die Positionen seiner Administration mit den »vergessenen Männern und Frauen«, die er im Wahlkampf umworben hatte. Anstelle erfahrener Politiker holte er Verwandte ins Weiße Haus und milliardenschwere Geschäftsleute und Generäle ins Kabinett. Viele von ihnen leisten solide Arbeit, vom Außenminister Rex Tillerson, dem früheren ExxonMobil-Chef bis zum Verteidigungsminister General James »Mad Dog« Mattis. Nichts deutet jedoch bislang darauf hin, dass diese Minister besonders nahe dran sind an den »einfachen Leuten«, die vom etablierten Washington verraten worden seien.

Der typische Anhänger Jacksons im 19. Jahrhundert wurde von Zeitgenossen charakterisiert als »gutmütiger, aber oberflächlicher Mann, prahlerisch, aber unsicher, stets bereit zur Selbsttäuschung«, so Edward Pessen in seiner Studie über das »Jacksonian America«.[42] Das erinnert an die einfachen, aber oft antriebslosen Menschen in den Appalachen, dem Mittelgebirge im Osten der USA, von Alabama über Kentucky und Tennessee bis Virginia, wo Trump rund 70 Prozent der Stimmen holte. J. D. Vance, der von dort stammt, beschreibt die Menschen in seiner »Hillbilly Elegy« als Flüchtlinge vor der Realität. Die »Hinterwäldler«, wie er sie in respektvoller Solidarität nennt, lernen »von einem frühen Alter an, mit unangenehmen Wahrheiten dadurch umzugehen, dass man sie ignoriert oder sich vormacht, es gebe bessere Wahrheiten. Diese Tendenz mag ihre psychologische Belastbarkeit stärken, aber es macht es schwer für die Appalachenbewohner, einen ehrlichen Blick auf sich selbst zu werfen.«[43]

Hurensohn mit Elektrosäge

Vance beschreibt auch den Ehrbegriff seiner Nachbarn und Freunde aus Kindheitstagen. Niemand darf eine Frau beleidigen, sei es die eigene oder die Schwester oder die Mutter. Da war etwa »Onkel Pit«, der ein kleines Bauunternehmen besaß. Einmal fuhr bei ihm ein Truck vor mit einer Lieferung, und der Fahrer, wegen seiner Größe und Haarfarbe Big Red genannt, bellte Pit an: »Lad' das ab, du Hurensohn!« Der Angesprochene monierte, dies sei eine Beleidigung seiner Mutter, und als der Fahrer anstelle einer Entschuldigung das Wort wiederholte, zog ihn Pit aus der Fahrerkabine, schlug ihn bewusstlos und »bearbeitete seinen Körper auf und ab mit einer elektrischen Säge. Big Red wäre fast verblutet, aber er wurde in ein Hospital geschafft, und er überlebte.«[44] Die zu verteidigende Ehre der Frauen geht jedoch nicht so weit, schreibt Vance, dass man das Mädchen, das man geschwängert hat, heiraten muss oder dass der Vater bei der Familie aushält, wenn die Zahl der Kinder zu groß geworden ist und die Probleme damit wachsen. Bei Tocquevilles Beobachtungen aus der *Jacksonian Democracy* klingt dies ähnlich: »In einem solchen Land haben Männer eine Ahnung von den Regeln der Ehre, aber selten Zeit, ihnen ihre Aufmerksamkeit zu widmen.«[45]

2015 wurde entschieden, dass der siebte Präsident von der Vorderseite der 20-Dollar-Note weichen und dort Harriet Tubman Platz machen muss. Die ehemalige Sklavin half als Mitinitiatorin der *underground railroad* vor dem Bürgerkrieg anderen Schwarzen, aus dem Süden in die Freiheit des Nordens zu entfliehen. Jacksons Denkschule bleibt von dieser Strafaktion des progressiven Amerikas unbeeindruckt. Die Wahl von Trump hat gezeigt, wie groß das Misstrauen der Amerikaner gegenüber der politischen Elite des Landes ist. »Echte Demokratie« erwartete ein Großteil der weißen Arbeiter, der nach dem Blaumann als *blue-collar workers* bezeichneten Amerikaner, weder von Barack Obama oder Hillary Clinton noch von George W. Bush oder Mitt Romney. Der erste Präsidentschaftskandidat, dem sie seit Ronald Reagan vertrauten, ist Donald Trump. Er ist ein Protektionist, wie es Jackson war. Er misstraut dem Ausland, ausländische Verbündete eingeschlossen. Jackson hatte kein Interesse, die amerikanische Idee in der Welt auszubreiten, und das deckt sich mit den isolationistischen Positionen des gegenwärtigen Präsidenten.

Und dennoch hat Jackson, der sich mit seinen egalisierenden bis reaktionären Positionen einer Links-rechts-Einordnung entzog, bleibende Verdienste um die Modernisierung der USA erworben. Er, der bis zu seinem Tod im Juni 1845 Sklaven hielt, ermutigte durch seine Idee der radikalen Demokratie die Bewegung zu ihrer Befreiung. Und obwohl Jackson ausschließlich weiße Männer als Träger der Demokratie sah und nach heutigem Sprachgebrauch ein »Macho« war, beflügelten seine Forderungen die Bewegung für das Frauenwahlrecht. Jackson war ein realitätsferner Eiferer in seiner Kritik an Banken und am »Establishment«, aber seine Warnung davor, Demokratie nur halbherzig zu realisieren und eine Elite bei Wahlentscheidungen zu privilegieren, hat die Amerikaner gegen derartige Entwicklungen sensibilisiert. Jacksons Amerika war nicht klassenlos, doch der Präsident bekämpfte Privilegien und wollte unabhängig von Geburts- und Familienstand identische Aufstiegschancen schaffen. Er prägte damit das verlockende Bild von einem Land, in dem es jedermann zu Wohlstand bringen kann. »In Amerika waren die meisten reichen Männer zuvor arm«,[46] beschrieb Tocqueville eine soziale Durchlässigkeit, die es in Europa schlicht nicht gab.

Und Donald Trump? Gleich, ob ihm ein Republikaner oder ein Demokrat folgt, man darf bereits jetzt davon ausgehen, dass der nächste Commander-in-Chief wieder »präsidialer« sein wird und eher bisherigen Konventionen genügt. Alles spricht jedoch zugleich dafür, dass die von Trump wachgeküssten Verheißungen der *Jacksonian Democracy* und das populistische Versprechen, die einfachen Amerikaner in den Mittelpunkt zu stellen, auch künftige Wahlen beeinflussen werden. Ein von ihm wiederentdecktes Wählerpotenzial ebnet den Weg ins Weiße Haus, und weder Republikaner noch Demokraten werden es kurzfristig wieder abschreiben. Amerika wird künftig in Übereinstimmung vielleicht nicht mit der Mehrheit, aber mit einer mächtigen und nicht länger schweigenden Bevölkerungsgruppe weniger multilateral ausgerichtet und skeptischer gegenüber transatlantischen und internationalen Verpflichtungen sein. Das massenhypnotische *America First* wird Trumps Amtszeit überdauern.

Trump hatte vor dem Wahlkampf ausgesprochen wenig über Jackson gewusst. Im Mai 2017 sagte er in einem Interview mit dem Radiosender Sirius XM, »sie« hätten seinen Wahlkampf mit dem von Jackson verglichen, »und ich sagte ›wann war Andrew Jackson?‹. Es war 1828. Das ist eine lange Zeit her.« Trump spekulierte, wäre Jackson »ein bisschen später gewesen, hätte es nicht den Bürgerkrieg gegeben«. Das ist hypothetisch, auch wenn Jackson 1830 die Union zusammenhielt, als South Carolina wegen eines Streits um das Zollrecht mit dem Austritt drohte. Anlässlich des 250. Geburtstags von Jackson reiste Trump im März 2017 nach Nashville, Tennessee, und legte einen Kranz am Grab des ideellen Vorgängers nieder. »Die Erinnerung an seine Führungskraft lebt in unserem Volk, und sein Geist weist uns in eine bessere Zukunft«, ließ der Präsident die Nation wissen. Ob diese Zukunft wirklich besser wird, ist fraglich. In jedem Fall wird sie anders sein.

10 | Obama und die Political Correctness: Trumps unfreiwillige Wahlhelfer

»Ich hab's gesehen, als das World Trade Center zusammenbrach, und ich habe gesehen, wie in New Jersey, New Jersey!, Tausende und Abertausende Menschen feierten, als das Gebäude zusammenbrach. Tausende Menschen haben gefeiert!« So beschrieb Donald Trump bei einer Wahlkampfveranstaltung im November 2015, Tage nach einem islamistischen Anschlag in Paris, den 11. September 2001. Die Fakten-Checker des Internetportals PolitiFact kamen rasch zu dem Ergebnis, dass die Darstellung nicht der Wahrheit entspreche. Nichts deute daraufhin, dass Tausende mutmaßlich muslimische Menschen in New Jersey die Terrorattacke vom 11. September 2001 bejubelten.

Hat also der damalige Kandidat und heutige Präsident gelogen? Die konservative Publizistin Ann Coulter schrieb über diese Wahlkampfepisode in ihrem hymnischen Buch »In Trump We Trust«: »Niemand nimmt es wörtlich, wenn jemand sagt: ›Ich habe dich tausendmal angerufen‹ oder ›Da waren Millionen Leute‹.« Die Menschen hätten gewusst, »dass Trump die Wahrheit sagt, und die Wahrheit ist: Nachdem 3 000 unschuldige Amerikaner ermordet worden waren, gab es weitverbreitete Freudenfeiern von Muslimen.«[47] Soll heißen: Auf die Details kommt es nicht an, wenn das Gesamtbild stimmt. Später, als Trump gerade Präsident geworden war und leugnete, dass sich zu Obamas Amtseinführung im Januar 2009 wesentlich größere Menschenmassen in Washington D. C. als zu seiner Amtseinführung versammelt hatten, prägte seine enge Beraterin Kellyanne Conway das Wort von den »alternativen Fakten«.

Ann Coulter vertraut in der Tat auf Trump. In ihrem Wahlkampfbuch verteidigt sie ihn sogar gegen den Vorwurf, er habe bei einer Veranstaltung die spastischen Zuckungen des behinderten New-York-Times-Journalisten Serge Kovaleski imitiert. Die Autorin schreibt, Kovaleski »sitzt ruhig, aber wenn man auf seine Handgelenke schaut, sieht man, dass sie eingekrümmt sind. Das aber hat Trump nicht imitiert – er gab einen Standardbehinderten, der mit den Armen wedelte und dumm klang: ›Oh, ich weiß nicht, was ich gesagt habe – oh, ich erinnere mich nicht…‹«[48] Wer nach diesem Auftritt von Trump googelt, mag selbst urteilen, wie überzeugend diese Verteidigung ist. Aber Coulter macht in diesem Zusammenhang einen anderen Punkt. Sie zitiert einen Artikel Kovaleskis aus der Washington Post vom 18. September 2001, in dem er eine Woche nach 9/11 über Ermittlungen im muslimischen Milieu von New Jersey schreibt: »Innerhalb von Stunden, nachdem zwei Jetliner in das World Trade Center gepflügt waren, haben Ermittler eine Reihe von Menschen festgenommen und befragt, die angeblich beobachtet wurden, wie sie die Angriffe feierten und Buffet-ähnliche Partys auf Hausdächern feierten, während sie die Verwüstungen auf der anderen Seite des Flusses beobachteten.«

Dem CNN-Journalisten Brian Stelter sagte Kovaleski jedoch auf dessen Nachfrage, er habe seinerzeit »keine Beweise« für Freudenbekundungen unter Muslimen gefunden. »Das war nicht der Fall, soweit ich mich erinnern kann«, dementierte er seine eigene Recherche laut Stelter. Das war genug Grund für Trump, den behinderten Journalisten zu verulken – auch wenn Coulter das nicht erkennen möchte. Die Autorin zitiert weitere Artikel, unter anderem aus dem San Francisco Chronicle und der New York Post, nach denen kleine Gruppen von Menschen damals den Anschlag feierten, und Aussagen von Polizisten, die gegen derartige Aktionen eingeschritten sind. Das ist weit entfernt von den Massen, die Trump gesehen haben will. Viele Amerikaner glaubten ihm dennoch, vielleicht, weil sie sich dunkel erinnerten, in den Tagen nach 9/11 im Fernsehen Bilder von feiernden Muslimen gesehen zu haben, im Nahen Osten, im Gazastreifen, in Afghanistan. Dass dies jetzt – für New Jersey – in Abrede gestellt wurde, bestärkt viele Amerikaner in der Überzeugung, die Wahrheit werde verschleiert – nur nicht von Trump.

Darf man vom »radikalen Islam« sprechen?

Der Kandidat wurde zudem von den Demokraten gescholten, weil er vom »radikalen Islam« sprach. Diverse Medien, etwa die Washington Post, Politico.com und der Washington Examiner behaupteten, ebenso wie nach ihm Obama habe selbst der Republikaner Bush diesen Begriff nie verwendet, um die Religion niemals auch nur in die Nähe der Terroristen zu rücken. Doch die Behauptung hält der Recherche nicht stand. George W. Bush besuchte gleich nach 9/11 Moscheen, um zu zeigen, dass die große Mehrheit der rund 3,3 Millionen Muslime in den USA nichts zu tun hat mit den wenigen Extremisten und Terroristen. Dennoch hat er den *radical Islam* gelegentlich thematisiert, so gleich zwei Mal in seiner Rede zur Lage der Nation am 31. Januar 2006. Sein Nachfolger Obama benutzte diesen Begriff oder auch die Formulierung »radikaler islamischer Terrorismus« hingegen nie. Unter Verwendung der im Weißen Haus gebräuchlichen Abkürzung für den sogenannten Islamischen Staat sagte Obama stattdessen: »ISIL ist nicht islamisch. Keine Religion verzeiht das Ermorden von Unschuldigen. Und die große Mehrheit der Opfer von ISIL waren Muslime.«

Diese Differenzierung ist wichtig. Obama, der den Drohnenkrieg gegenüber der Praxis des Vorgängers Bush massiv ausweitete und in Pakistan Osama bin Laden töten ließ, hat den Terrorismus dennoch mit großer Entschiedenheit bekämpft. Und sogar Trumps nationaler Sicherheitsberater H. R. McMaster warnt vor dem Begriff »radikaler Islam«. Hinter verschlossenen Türen empfahl der General dem Präsidenten, darauf zu verzichten, weil er die Zusammenarbeit mit wichtigen muslimischen Verbündeten im Nahen Osten erschwere.

Eine Fußnote: Als Präsident Trump im Mai 2017 eine Rede im saudischen Riad hielt, wollte er ausweislich des vom Weißen Haus verteilten Redemanuskripts vom »islamistischen Terror« sprechen, was weniger verallgemeinernd klingt als »islamischer Terror«. Zwischendurch aber versprach sich der möglicherweise von der langen Anreise ermüdete Trump und nannte an einer Stelle gar den »islamistischen und islamischen Terror«. Zu diplomatischen Verstimmungen oder Protesten muslimischer Kleriker führten beide Begriffe nicht.

Darf man den »radikalen Islam« oder den »islamistischen Terror« tatsächlich nicht beim Namen nennen? Es ist selbstverständlich, von den »christlichen Kreuzzügen« des Mittelalters zu sprechen, ohne dass dies als pauschaler Angriff auf das Christentum insgesamt empfunden würde. In den 1980er Jahren verübte eine sogenannte Army of God Anschläge gegen Abtreibungskliniken und Homoclubs in den USA, und die Medien bezeichneten die Täter mit großer Selbstverständlichkeit als »radikale Christen«. Kaum jemand versteht derartige

Einordnungen als Diffamierung der gesamten Religionsgruppe. Genauso wenig wäre das pure Faktum, dass hinter dem Terror des »Islamischen Staates« oder von al-Qaida Vertreter eines »radikalen Islams« stehen, als Angriff gegen die zweitgrößte Religionsgruppe der Welt begriffen worden.

Hätte Obama einen solchen Begriff ausgesprochen, wäre es Trump im Wahlkampf deutlich schwerer gefallen, die Political Correctness des »Establishments« in Argumente für seine Kandidatur umzuwandeln. Und es ging nicht ausschließlich um den Terrorismus. Im Land gibt es drängende Probleme, insbesondere aus der Sicht von Mittelklassefamilien, die in etlichen Regionen geringere Haushaltseinkommen haben als vor 1999. Obama sei tatenlos geblieben, behaupteten die Republikaner. Hingegen habe er mithilfe von Justiz- und Bildungsministerium Schulen in den gesamten USA vorgeschrieben, ihren Schülern die Nutzung von Toiletten, Umkleideräumen oder Duschen zu ermöglichen, die nicht ihren körperlichen Merkmalen entsprechen, sondern ihrer subjektiven »Gender-Identität«. Schulen, die nicht mitmachten, verwirkten jeden Anspruch auf Bundesmittel.

Es gibt Menschen, die im falschen Körper geboren sind, wie es das Beispiel von Caitlyn Jenner beweist, die 1976 bei den Olympischen Spielen in München als Bruce Jenner Gold im Zehnkampf der Männer gewann, dreimal heiratete, sechs Kinder zeugte und dann eine Geschlechtsoperation vornehmen ließ. Dennoch wirkte angesichts der geringen Fallzahlen der Transgender-Menschen eine US-weite Verfügung zum Bau zusätzlicher Sanitäreinrichtungen an sämtlichen Lehrinstitutionen wie eine politisch korrekte Flucht vor drängenderen Problemen.

Was die Umfragen verraten

Political Correctness ist kein Randthema. In einer Rasmussen-Umfrage vom August 2015 stimmten 71 Prozent der volljährigen Amerikaner der Ansicht zu, dass »politische Korrektheit heute ein Problem in Amerika ist«. Lediglich 18 Prozent widersprachen. In Amerika ist die Idee der Political Correctness, die dem Schutz von Minderheiten dienen und unzulässige Verallgemeinerungen verhindern soll, in den 1980er Jahren populär geworden. Seit den 1990er Jahren wird der Begriff in Deutschland von Konservativen verwendet, um Tendenzen zur Einschränkung der freien Rede zu kritisieren. Das Phänomen erlebt seit wenigen Jahren an den Universitäten der USA eine Renaissance. Hochschulen zwischen Kalifornien und Massachusetts, New York und Connecticut kämpfen gegen »Mikroaggressionen«. Eine solche ist schon gegeben, wenn sich zu Halloween weiße Studenten als Mexikaner oder Indianer verkleiden, vom Bemalen des Gesichtes mit schwarzer Farbe ganz zu schweigen. Amerikanische Hochschulen werden zu »Schutzräumen«, an denen keiner Angst haben soll vor einer »Verletzung seiner Gefühle«. Der Autor beobachtete diese Entwicklung zur Jahreswende 2015/2016 am Ithaca College in New York, wo »Debatten, die irritieren oder gar traumatisieren könnten, an manchen Fakultäten gar nicht erst geführt werden. Islam und Religionen schlechthin? Viel zu heikel. Pro und Kontra Abtreibung? Ein Minenfeld. Nahostpolitik? Kein Thema mehr.« Obama wurde selbst zum Ziel der politisch Korrekten, als er 2013 die damalige Staatsanwältin und heutige kalifornische Senatorin Kamala Harris als brillante Juristin beschrieb und hinzufügte: »Außerdem ist sie, mit Abstand, die bestaussehende Staatsanwältin im Lande.« Was von den Anwesenden mit zustimmendem Gelächter aufgenommen wurde, löste in den sozialen Netzwerken Empörungswellen aus. Obama habe eine Frau auf ihr Äußeres reduziert, lautete der Vorwurf – obwohl der Präsident vorab die fachlichen Qualitäten von Harris gewürdigt hatte. Am nächsten Tag erklärte Jay Carney, damals Sprecher des Weißen Hauses, der Präsident habe Harris angerufen und sich »für die Bemerkung entschuldigt«. Wie mag er die Entschuldigung für die Bemerkung, das Gegenüber sei ausnehmend attraktiv, formuliert haben? Auch viele Amerikaner fanden es wenig amüsant, dass ihr Präsident, der sich an anderer Stelle durchaus gegen Political Correctness ausgesprochen hat, umgehend einknickte und sich für eine charmante Bemerkung entschuldigte. Sein Zurückrudern hat Obama geschadet, nicht sein Lob für die Juristin.

Die Tendenz Washingtons, Probleme und Sorgen der Menschen in den USA in der Tagespolitik auszuklammern, zeigte sich auch beim Problem der illegalen Einwanderung. Mindestens seit 2001 äußerte in Gallup-Umfragen stets mehr als die Hälfte der Bevölkerung Sorge über dieses Phänomen. Zwischen 2006 und 2011 waren sogar bis zu zwei Drittel der Befragten und auf dem Höhepunkt 72 Prozent (2006) beunruhigt. Im März 2017 lag die Quote bei 59 Prozent. Die Angst vor unkontrollierter Einwanderung trug zur Polarisierung der Gesellschaft bei. 2001 lagen Anhänger beider Parteien in dieser Frage noch dicht beieinander: 56 Prozent der Demokraten und 58 Prozent der Republikaner gaben an, dass sie sich »sehr« oder »einigermaßen« wegen der illegalen Einwanderung sorgten. Danach drifteten die Quoten auseinander: 2006 waren 60 Prozent der Demokraten und 78 Prozent der Republikaner besorgt, und im März 2017 betrug das Verhältnis 48 zu 79 Prozent. Dass die Demokraten immer entspannter und die Republikaner immer ängstlicher wurden, deutet darauf hin, dass es einen graduellen Austausch von Wählern gab. Wer gegen illegale Immigration war, registrierte sich bei anstehenden Wahlen als Republikaner; zurück bei den Demokraten blieben jene, die sich nicht sorgten. Dass Obama 2008 und 2012 dennoch seine Wahlen gewinnen konnte, liegt daran, dass andere Themen noch dringlicher erschienen, insbesondere die Frage nach Wirtschaft und Jobs.

Trumps bezahlte Claqueure

Trump kannte – oder teilte – die Stimmung, als er am 16. Juni 2015 in der Lobby des New Yorker Trump Tower seine Präsidentschaftskandidatur ankündigte und das Problem gewaltig aufbauschte: »Wenn Mexiko seine Leute schickt, dann schicken sie nicht die besten. Sie schicken Leute, die viele Probleme haben und die diese Probleme mitbringen zu uns. Sie bringen Drogen, sie bringen Verbrechen, sie sind Vergewaltiger, und einige, nehme ich an, sind gute Leute.« Trumps Lösungsvorschlag: »Ich würde eine große Mauer bauen, und keiner baut Mauern besser als ich, glaubt mir, und ich baue sie sehr preiswert. Ich werde eine große, große Mauer entlang unserer südlichen Grenze bauen. Und ich werde Mexiko für die Mauer zahlen lassen. Merkt euch meine Worte!«
Die Anwesenden klatschten begeistert. Das ist nicht ganz überraschend, weil unter ihnen bezahlte Schauspieler waren. Eine Casting-Agentur hatte sie mit einer E-Mail angeworben: »Es geht um eine Veranstaltung zur Unterstützung von Donald Trump und eine bevorstehende spektakuläre Ankündigung, die er bei der Veranstaltung machen wird. Die Veranstaltung wird im Fernsehen übertragen. Wir wollen Leute für dieses Event casten, die T-Shirts tragen und Schilder halten

und dabei helfen, ihn zu unterstützen und seine Ankündigung zu bejubeln.« Und weiter: »Weniger als drei Stunden. Der Satz dafür ist: 50 Dollar Cash am Ende der Veranstaltung.«

Die Kommentatoren sagten mehrheitlich voraus, die pauschale Diffamierung hispanischer Einwanderer als Kriminelle, von »einigen guten Leuten« abgesehen, habe Trumps Kandidatur torpediert, bevor sie begonnen hatte. Doch in den konservativen Milieus und draußen im ländlichen Amerika, auch dort, wo sonst die Demokraten gewählt wurden, war die Reaktion eine andere. Endlich sprach jemand aus, was man dort seit Langem dachte! Endlich war jemand bereit, das Land zu schützen vor illegalen Einwanderern und Drogen! Die Bedeutung dieser Ankündigung lässt sich kaum überschätzen. Für viele Wähler war der Mauerbau wichtiger als jedes andere programmatische Detail. Im Februar 2016 twitterte der Vice-Journalist Michael C. Moynihan vom ersten Caucus der republikanischen Vorwahlen: »Sprach mit vielen Trump-Unterstützern in Iowa. Wenn ich darauf hinwies, dass er kein Konservativer sei, hatten alle dieselbe Antwort: ›Na und? Die Mauer!‹«

Trumps Vorhaben wurde im In- und Ausland oft mit der Berliner Mauer und der innerdeutschen Grenze verglichen. Aber die Unterschiede sind größer als die Gemeinsamkeiten: Die Kommunisten in Ostberlin und in Moskau ließen Mauer und Stacheldraht errichten, um entgegen allen Menschenrechten 16 Millionen Deutsche daran zu hindern, die DDR zu verlassen. Trump hingegen will eine völkerrechtlich legitimierte Grenze sichern, um Nicht-Bürgern die illegale Einreise zu verwehren. Man muss Trumps teuren und volkswirtschaftlich fragwürdigen Plan einer hässlichen, 3244 Kilometer langen Mauer im oder vor dem Rio Grande, durch die Chihuahua-

Wüste, das Colorado-Delta und die niederkalifornische Halbinsel nicht unterstützen, um die Gleichsetzung mit der Berliner Mauer als falsch zu entlarven. Größer sind im Übrigen die Parallelen zwischen Trumps Projekt und der Sperrung der Balkanrouten vom Nahen Osten nach Europa oder zu dem Grenzzaun, den Ungarn 2015 zu Serbien und Kroatien zog. Mitunter dienen Trump Verweise auf eine angebliche Political Correctness nur dazu, seine ideologischen Motive zu tarnen. Ein Beispiel dafür ist die Verbissenheit, mit der er Einreiseverbote für Menschen aus bestimmten muslimischen Ländern zu dekretieren versuchte. Dieser Versuch wurde nicht nur von linken Gruppierungen kritisiert, sondern ebenso von konservativen Staatsrechtlern.

»Einreiseverbot für Muslime«

Im Dezember 2015 hatte Trump angesichts einer Reihe von weltweiten Terroranschlägen ein »totales und komplettes Einreiseverbot für alle Muslime« angekündigt, das gelten sollte, »bis die Vertreter unseres Landes herausfinden, was aktuell los ist«. Kritik daran versuchten seine Mitarbeiter als »politisch korrekte« Verweigerung vor der realen Bedrohung durch den Terror zu denunzieren. Doch die Idee stieß auch bei Republikanern wie Paul Ryan, dem Sprecher des Repräsentantenhauses, auf heftige Kritik. Gefragt wurde zudem, wie die Sicherheitsbehörden Muslime bei der Einreise identifizieren wollen. Am Kopftuch? Gut, dass Audrey Hepburn das nicht mehr erleben muss. Am Herkunftsland? Christen aus dem Irak und Juden aus Ägypten würden an der Grenze abgewiesen. Trump schwächte ab, es habe sich ja nur um einen »Vorschlag« gehandelt. Kaum im Amt, erließ er am 27. Januar 2017 mit der *Executive Order* 13769 ein für drei bis vier Monate geltendes Einreiseverbot für Bürger aus den sechs vorwiegend muslimischen Ländern Iran, Irak, Libyen, Somalia, Sudan und Jemen. Für Menschen aus einem siebten Land, Syrien, galt zudem ein unbegrenztes Zuwanderungsverbot.

Interessant ist, dass Saudi-Arabien in der Gefahrenliste fehlte; dabei war dieses Land, das Trump als erste Station seiner ersten Auslandsreise im Mai 2017 ansteuerte, die Heimat von 15 der 19 Terroristen des 9/11-Anschlags. Dennoch sind Spekulationen, Trump habe Länder aufgrund der Interessen seines Konzerns ausgespart, offenkundig falsch. In Saudi-Arabien ist die Trump Organization wirtschaftlich nicht tätig, und die Aktivitäten auch im übrigen muslimischen Staatenraum sind begrenzt. In den Vereinigten Arabischen Emiraten besitzt das Unternehmen Golfplätze und im türkischen Istanbul die Trump Towers.

Trumps Länderliste stammt von Vorgänger Obama. Im Februar 2016 hatte das Ministerium für Heimatschutz die Aufhebung der Visafreiheit im Rahmen des Visa-Waiver-Programms für Reisende verfügt, die nach dem 1. März 2011 »den Irak, Syrien, den Iran, den Sudan, Libyen, Somalia oder den Jemen« besucht hatten. Damit definierte auch die Obama-Regierung diese Länder als Gefahrenherde und als mögliche Ausgangspunkte für terroristische Anschläge. Allerdings handelte es sich nicht um ein Einreiseverbot. Vielmehr mussten Reisende, die sich in einem der Länder aufgehalten hatten, förmliche Visa-Anträge stellen, auch wenn sie Bürger der insgesamt 38 Länder des Visa-Waiver-Programms waren (Deutschland und die meisten EU-Länder gehören dazu), die davon eigentlich ausgenommen sind. Zudem hatte das State Department unter Hillary Clinton 2011 die Bearbeitung von Asylanträgen aus dem Irak für sechs Monate eingestellt, nachdem zwei als Terroristen gesuchte Iraker als Flüchtlinge nach Kentucky gelangt waren.

Bundesrichter stoppten Trumps Präsidialverfügung mit der Begründung, sie widerspreche der amerikanischen Verfassung. Der Präsident schimpfte über »sogenannte Richter« und legte am 6. März 2017 mit der *Executive Order* 13780 eine überarbeitete Form des Erlasses vor, in der Green-Card-Inhaber und Menschen mit doppelter Staatsangehörigkeit von den Einreiseverboten ausgenommen wurden. Außerdem waren die Restriktionen gegenüber Syrien nun auch zeitlich befristet, und der Irak, ein wichtiger Partner im Kampf gegen den IS, war von der Liste gestrichen worden. Aber auch diese Verordnung wurde von Bundesrichtern gestoppt, darunter auch von einem konservativ besetzten Berufungsgericht in Virginia.

Die heftige und bis weit in konservative Kreise reichende Kritik an Trumps versuchten partiellen Einreiseverboten war erkennbar nicht durch politische Korrektheit geprägt, sondern durch politische Vernunft – und durch die Verteidigung des Rechts auf religiöse Freiheit, das im *First Amendment* zur amerikanischen Verfassung garantiert wird. Der Fall zeigt, dass die oft berechtigte Kritik an Political Correctness in anderen Fällen nur ideologische Ziele verschleiern soll. Der Streit darüber wird Amerika weiter spalten. Das Problem beginnt mit den unterschiedlichen Universen, in denen die Amerikaner auch wegen ihrer sehr polarisierenden Fernsehkanäle leben. Der rechte Amerikaner, der Fox News sieht, hat eine gänzlich andere Wahrnehmung der Wirklichkeit als sein linker Landsmann, der MSNBC schaut. In der Fox-Darstellung lauert der Terrorismus hinter jeder Ecke, bei MSNBC ist die Fremdenfeindlichkeit das eigentliche Problem. Die liberale Website Daily Kos kritisiert »Zombie Trumpcare« als eine

»miserable Gesundheitsreform«, während zur gleichen Zeit auf der Trump-nahen Website Breitbart.com ein Zitat des CIA-Direktors aus Obamas Tagen, John Brennan, zum Aufmacher gebracht wird: »Ich habe keine Beweise für eine Zusammenarbeit (des Trump-Teams) mit Russland gesehen.« Würden alle Fernsehsender und Medien eine ausgewogenere Berichterstattung vermitteln, gäbe es einen breiteren Konsens über Fakten und weniger Möglichkeiten, die Realität zu verbiegen, indem man sie als *Fake News* denunziert.

11 | Amerikas Wirtschaft: Wer fuhr den Wagen in den Sumpf?

»Um ehrlich zu sein, ich habe ein ungeheures Fiasko geerbt«, versicherte Donald Trump bereits vier Wochen nach seinem Amtsantritt mit Blick auf die wirtschaftliche Situation der USA. Der Vorgänger habe ihm Chaos hinterlassen. Aber, versprach der Präsident, »ich bin im Prozess, das auszubügeln«. Barack Obama hatte sich mehr Zeit gelassen, aber dann ebenfalls die vorangegangene Präsidentschaft der Republikaner für die ökonomische Schieflage des Landes verantwortlich gemacht. »Nachdem sie das Auto in den Sumpf gesteuert und es so schwierig wie möglich für uns gemacht haben, es wieder rauszuziehen, wollen sie den Schlüssel zurückhaben«, sagte Obama im Mai 2010. »Nein! Ihr könnt nicht fahren. Wir wollen nicht, dass ihr wieder in den Sumpf fahrt. Wir haben das Auto gerade rausgeholt!« In den USA nennt man dieses Schwarze-Peter-Spiel *blame game*. Ein Fakten-Check lässt an den Aussagen beider Präsidenten zweifeln.

Zunächst Trump: Er präzisierte im Februar 2017 in seiner Rede vor dem Kongress, um welches Fiasko es sich handele. »94 Millionen Amerikaner sind aus der Erwerbsbevölkerung herausgefallen, über 43 Millionen Amerikaner leben nun in Armut und über 43 Millionen Amerikaner beziehen Lebensmittelmarken.« Und: »In den vergangenen acht Jahren hat die vorige Regierung mehr neue Schulden angehäuft als nahezu alle anderen Präsidenten zusammen.«

Tatsächlich haben viele arbeitslose Amerikaner, vor allem solche mit geringer Qualifizierung, resigniert und die Suche nach neuen Jobs mangels realistischer Perspektiven in einem zunehmend deindustrialisierten Land aufgegeben. Darum vermittelt die amtliche Arbeitslosenquote nur einen ungefähren Eindruck von der Situation. Aber um auf jene 94 Millionen Amerikaner ohne Arbeit zu kommen, die Trump anführte, muss man zu 8,5 Millionen offiziellen Arbeitslosen alle Schüler und Studenten oberhalb von 16 Jahren, alle Rentner, alle Behinderten ohne Arbeit, alle volljährigen Umschüler und alle Hausfrauen oder Hausmänner addieren. Nimmt man hingegen die offiziellen Zahlen als Leitlinie, nahm die Arbeitslosigkeit etwa ein Jahr vor Obamas Amtsantritt wegen der Immobilien- und Finanzkrise zu, lag bei seiner Amtseinführung im Januar 2009 bei 7,8 Prozent und stieg bis Oktober 2009 auf den Spitzenwert von zehn Prozent. Danach sank sie beständig. Bei den Wahlen im November 2016 betrug sie 4,6 Prozent und im Januar 2017 zu Trumps Inauguration 4,8 Prozent.

Die Zahl der Menschen, die nach offizieller Darstellung in Armut leben (die Grenze dafür liegt aktuell bei 24 257 Dollar) wurde ebenfalls durch die Rezession der Jahre 2008/2009 deutlich größer, sank aber zum Ende der Amtszeit von Obama wieder. Waren es 2015 jene von Trump zitierten »über 43 Millionen« (exakt 43,1 Millionen), zählten die Statistiker des U. S. Census Bureau 2014 noch 46,6 Millionen Arme. Der Trend ist also fallend. Die genauen Zahlen für 2016 werden im September 2017 bekanntgegeben. Ähnlich verlief die Entwicklung bei der Zahl der Empfänger von Lebensmittelmarken. Im Januar 2009 zu Obamas Amtsantritt erhielten knapp 32 Millionen Menschen diese Form von Sozialhilfe. Bis Oktober 2013 stieg die Zahl nach Angaben des zuständigen Landwirtschaftsministeriums auf 47,4 Millionen. Anschließend sank sie langsam und betrug im September 2016 noch 43,5 Millionen. Für den folgenden Zeitraum gibt es bislang nur Schätzungen, laut denen im November 2016, dem Monat der Wahl, 43,2 Millionen und im Januar 2017, dem Monat des Amtswechsels, 42,7 Millionen Amerikaner *food stamps* bezogen.

Dass sich unter Obama die Staatsverschuldung nahezu verdoppelt hat, wie Trump sagt, ist richtig. 2008 betrug sie rund zehn Billionen Dollar und 2016 etwa 19,6 Billionen Dollar. Allerdings ging der Trend zuvor unter George W. Bush ebenfalls in Richtung einer Verdoppelung. Im Jahr der Wahl der Republikaners, 2000, lag die Staatsverschuldung bei 5,7 Billionen Dollar und 2008 bei den genannten zehn Billionen Dollar. Beide Präsidenten können auf diverse Sonderfaktoren verweisen: Bush auf 9/11 und die Kosten für die Kriege in Afghanistan und im Irak, Obama darauf, dass er diese Kriege erbte und zudem gegen die weltweite Finanzkrise kämpfen musste. Für beide Präsidenten, Bush und Obama, gilt aber auch, dass sie keine ernsthaften Anstrengungen unternahmen, der stetig wachsenden Rekordverschuldung entgegenzusteuern. Wenn Präsident Trump sagte, er habe »ein Fiasko geerbt«, hat er nur recht in Bezug auf die Verschuldung. Hingegen waren die Wirtschaft und der Arbeitsmarkt der USA beim Wechsel von Obama zu Trump weit entfernt von ihrer Bestform, aber sie entwickelten sich seit mehreren Jahren positiv.

Kernfusion statt Klimaschutzabkommen?

Im Wahlkampf versprach Trump eine unternehmerfreundliche Politik mit niedrigeren Steuern und weniger Regulierungen. Schon die Ankündigung sorgte dafür, dass sich der Rückgang der Arbeitslosigkeit beschleunigte. Im April 2017 fiel die Quote mit 4,4 Prozent auf den niedrigsten Stand seit einer Dekade. Zu erwarten ist, dass nun auch die Haushaltseinkommen schneller steigen und die Anzahl der Empfänger von Lebensmittelgutscheinen und der Haushalte unterhalb der Armutsgrenze sinkt. Allerdings werden dafür unter anderem Standards des Umweltschutzes gelockert. Den Etat für die Umweltschutzbehörde EPA will Trump um 31 Prozent kappen. Und im Juni 2017 kündigte der Präsident die Pariser Klimaschutzvereinbarungen. Das kam nicht wirklich überraschend, hatte er doch 2014 das Thema globale Erwärmung als *hoax* bezeichnet und 2012 getwittert: »Das Konzept der globalen Erwärmung wurde von und für die Chinesen erfunden, um die US-Produktion wettbewerbsunfähig zu machen.« Noch irritierender als die Kündigung selbst war die Unterstellung Trumps, bei dem Abkommen »ginge es weniger um das Klima, als darum, dass andere Länder einen Vorteil gegenüber den USA bekommen«. Da klang der Präsident wie ein Verschwörungstheoretiker, der sein Land aus Angst vor den anderen in die Isolation führt.

Nun stand das Pariser Abkommen vor dem gewaltigen Problem, dass der weltweite Energieverbrauch reduziert werden soll, aber jeder weiß, dass der weltweite Energiebedarf wegen der gewaltigen Schwellenländer wie Indien und China weiter steigen wird. Allein durch Sonnen- und Windkraft lässt sich das nicht kompensieren. Wie wäre es daher, wenn der gänzlich unkonventionelle Präsident der USA eine technologische Revolution starten würde? Der Trump-Unterstützer und Silicon-Valley-Milliardär Peter Thiel hat Helion Energy finanziert, ein Start-up zum Thema Kernfusion. Durch die Verschmelzung von Wasserstoffkernen soll, nach dem Vorbild der Sonne, Energie in solchen Mengen freigesetzt werden, dass der Bedarf der gesamten Welt gedeckt wäre. Geforscht wird an dieser Idee seit 2007 auch am internationalen Projekt Iter im südfranzösischen Kernforschungszentrum Cadarache. Die USA, die auf dem Gebiet der Fusionsforschung über eine besondere Expertise verfügen, sind an dem Milliardenprojekt neben der Europäischen Atomgemeinschaft Euratom, China, Indien, Japan, Russland und Südkorea beteiligt. Würde das Weiße Haus, angestachelt von Visionären wie Peter Thiel, dieses Thema mit dem Nachdruck protegieren, mit dem Amerika in den 1940er Jahren das Manhattan-Projekt zur Entwicklung der Atombombe oder in den 1960er Jahren das Apollo-Programm vorantrieb, ließe sich die Fusion möglicherweise nicht erst in 40 bis 50 Jahren technisch beherrschen, wie man uns seit 40 bis 50 Jahren verspricht. Dann wären die Tage der fossilen Brennstoffe bald gezählt, und das Pariser Klimaabkommen hätte jede Bedeutung verloren. Leider aber hat Trump erkennbar nicht das intellektuelle Format, die konventionelle Klimaschutzpolitik durch ein zukunftsfähiges Konzept zu ersetzen.

Trump hat eine Überprüfung von Obamas Umweltschutzauflagen in Auftrag gegeben. Das ist sinnvoll, weil die vorherige Administration sich gelegentlich allzu sehr einem Regulierungswahn hingab und beispielsweise an die Wasserqualität in Flüssen höhere Anforderungen stellte, als sie von renommierten europäischen Tafelwassern erfüllt werden. Zudem erlaubte Trump die Pipelineprojekte Keystone XL und Dakota Access, gegen die Umweltschützer und Indianerstämme, deren Regionen betroffen sind, protestiert hatten. Allerdings muss der Präsident aufpassen: Dünnt er den Umweltschutz allzu sehr aus, wird sich das ausgesprochen ökologisch orientierte Kalifornien, die sechstgrößte Volkswirtschaft der Welt und der einwohnerstärkste Bundesstaat der USA, in dieser

Frage von Washington abkoppeln. Im April 2017 kamen die Umweltminister von Kanada und Mexiko nach San Francisco, um mit ihrem kalifornischen Amtskollegen ein Abkommen zur weiteren Reduzierung des CO_2-Ausstoßes zu unterzeichnen. »Ich möchte, dass wir alles in unserer Kraft Stehende tun, um Amerika und die Welt auf Kurs zu halten«, sagt Kaliforniens demokratischer Gouverneur Jerry Brown der New York Times. »Wir versuchen, wo immer das geht, unsere Programme zu verbessern, egal was in Washington passiert.«

Das vielleicht kühnste Versprechen aller bisherigen Präsidentschaftskandidaten hat Trump gegeben, als er im April 2016 ankündigte, das Land binnen acht Jahren aus den roten Zahlen zu bringen – damit würden die USA erstmals seit 1835 schuldenfrei dastehen. Doch in seinem ersten (vom Kongress verworfenen) Etatentwurf für 2018 hatte der Präsident im Februar 2017 überhaupt keine Einsparungen, sondern lediglich Umverteilungen vorgesehen. Der zweite Entwurf aus dem Mai 2017 sah tiefe Einschnitte von zwei Billionen Dollar über zehn Jahre vor. Hingegen sollten die Verteidigungsausgaben um 500 Milliarden steigen. Für Infrastrukturmaßnahmen waren 200 Milliarden Dollar vorgesehen. 19 Milliarden Dollar wurden veranschlagt für bezahlte Elternzeit, ein Projekt, das Präsidententochter Ivanka protegiert. Auf Trumps Streichliste standen 616 Milliarden Dollar bei Medicaid, der staatlichen Gesundheitsversorgung für Einkommensschwache und Behinderte, von der Trump im Wahlkampf versprochen hatte, er werde sie nicht anrühren. Dass dieses Konzept keine Chance hatte, durch den Kongress zu kommen, war klar.

Realistischer ist sein Plan einer umfassenden Steuerkürzung, der größten seit Ronald Reagans Reform 1981. Über jeden einzelnen Punkt des Konzeptes, das die Bürger um rund sieben Billionen Dollar in einer Dekade entlasten und die Konjunktur ankurbeln soll, kann man trefflich streiten. Doch es würde nach Inkrafttreten keineswegs nur den Besserverdienenden oder Trumps Milliardenkonzern nutzen, sondern dem Mittelstand und der gesamten Wirtschaft zugute kommen, angefangen beim kleinen Handwerksbetrieb. Allerdings ist für diese großzügige Steuerentlastung keine Gegenfinanzierung vorgesehen. Finanzminister Steven Mnuchin verspricht vielmehr ein wirtschaftliches Wachstum von drei Prozent im Durchschnitt der nächsten zehn Jahre. Dadurch würde am Ende ein ausgeglichenes Budget erreicht. Ist das realistisch? In den 1990er Jahren schafften die USA ein durchschnittliches Wachstum von 3,4 Prozent. Doch dies war nicht nur heimischer Politik zu verdanken, sondern der weltwirtschaftlichen Situation nach dem Zusammenbruch des Ostblocks.

Sollte die geplante Steuerreform die Konjunktur nicht wirklich massiv ankurbeln, würde die bei rund 20 Billionen Dollar liegende Rekordverschuldung der USA nochmals gewaltig steigen. Bereits jetzt entspricht dieser Schuldenberg 105 Prozent des Bruttoinlandsprodukts. Nur 1945 und 1946, am Ende und unmittelbar nach dem Zweiten Weltkrieg, war er mit 114 und 119 Prozent rechnerisch noch höher. Die damaligen Beträge waren jedoch überschaubar: Es ging um 260 beziehungsweise 271 Milliarden Dollar, nach heutiger Kaufkraft etwa 3,5 Billionen Dollar.

Zurück zu Obama: Was meinte er mit dem Vorwurf, sein Vorgänger Bush habe »den Wagen in den Sumpf gefahren«? Mindestens fünf Billionen Dollar haben die USA bislang in den bis heute nicht abgebrochenen Einsätzen in Afghanistan und im Irak ausgegeben. Hinzu kommen über 1 900 gefallene US-Soldaten in Afghanistan und fast 4 000 im Irak. Diese Kriege haben, zusammen mit sehr großzügigen Steuererleichterungen, gewaltig zur Anhäufung der Schulden beigetragen. Doch endgültig in den Sumpf gerieten die USA (und die Volkswirtschaften weltweit) durch den Kollaps der Märkte im Jahr 2008 und die anschließende weltweite Rezession.

Als Bill Clinton in den Sumpf raste

Daran allerdings tragen weder Präsident George W. Bush noch raffgierige Wall-Street-Banker die Hauptschuld. Das globale Verhängnis begann vielmehr mit der Immobilienblase, für die ein anderer Präsident verantwortlich zeichnet: Bill Clinton rief im Mai 1995 die *National Homeownership Strategy* aus, deren Ziel darin bestand, den Anteil der Eigenheimbesitzer »auf das Allzeithoch von 67,5 Prozent bis zum Jahr 2000« anzuheben. Denn, so sagte der Demokrat 1995, »wenn wir die Zahl der Eigenheimbesitzer in unserem Land erhöhen, stärken wir die Wirtschaft, schaffen neue Jobs, unterstützen die Mittelklasse und bekommen engagiertere Bürger«. Um diesen »amerikanischen Traum« zu verwirklichen, verzichteten Banken beim Kauf von Immobilien auf Anzahlungen und Gehaltsnachweise. Doch der Immobilienmarkt wurde durch den Eingriff des Staates nicht gestärkt, sondern geschwächt. Die Quote der Eigenheimbesitzer stieg zwar bis 2004 auf stolze 69 Prozent. Aber viele Hauskäufer hatten kaum Rücklagen, viel zu niedrige Einkünfte und mussten ihre Immobilien wieder aufgeben. Die Blase platzte. Hypotheken wurden gekündigt, Immobilien überschwemmten den Markt, die Werte stürzten ab. Banken, die auf dringenden Wunsch der Politik viel zu viele faule Kredite bewilligt hatten, gerieten ins Taumeln. Die globale Finanzkrise der Jahre 2008 und folgende hatte begonnen – und der schöne Traum von den eigenen vier Wänden unabhängig von der Einkommenshöhe war ausgeträumt. Anfang 2017 betrug die Quote der Eigenheimbesitzer in den USA 63,7 Prozent – das ist knapp unter dem Niveau zum Zeitpunkt von Clintons Rede. In Zusammenarbeit mit dem republikanisch dominierten Kongress schaffte es Clinton zum Ende seiner zweiten Amtszeit, einen ausgeglichenen Haushalt vorzulegen, und er erntete dafür viel Lob. Aber der Wagen steuerte zu diesem Zeitpunkt bereits in Richtung Sumpf.

Die Finanzkrise ist überwunden, jetzt geht es um die Schuldenkrise. Trump versprach, er werde Amerika zurück in die schwarzen Zahlen bringen, doch er hat keine überzeugende Idee, wie er diese anspruchsvolle Aufgabe lösen will. Amerikanische Präsidenten haben die Tendenz, die Rekordverschuldung zu verdammen und sie dann zu erhöhen. Das erinnert an Woody Allen, der sich beschwerte über ein Restaurant: Die dort gereichten Speisen schmeckten schrecklich – und außerdem seien die Portionen viel zu klein.

.

12 | Protektionismus: Trump, der Freihandel und die gefährdete Marktwirtschaft

Der Kandidat auf dem Weg ins Weiße Haus machte aus seiner wirtschaftspolitischen Philosophie kein Geheimnis. »Ich sage, wir werden aussteigen aus Nafta, bis wir den Vertrag neu verhandeln, und verhandeln ihn neu zu Bedingungen, die Vorteile bringen für alle Amerikaner«, trommelte er gegen den nordamerikanischen Freihandelsvertrag. Wegen der niedrigeren Löhne in Mexiko würden Jobs oder ganze Firmen aus den USA abwandern, darum tauge das Abkommen nichts. »Einige dieser alten Vereinbarungen bringen uns Nachteile. Darum brauchen wir bessere Verträge.« Das Jahr des Wahlkampfes: 2008. Der Kandidat: Barack Obama. Als Präsident hat er seine markigen Ankündigungen rasch vergessen und auf Neuverhandlungen des North American Free Trade Agreement verzichtet. An anderer Stelle betrieb er hingegen eine ausgesprochen protektionistische Politik. Nachverhandlungen mit Ottawa und Mexiko-City führt inzwischen sein Nachfolger Donald Trump. Die angestrebten Änderungen sind bescheiden. Im Wahlkampf klang es noch anders.

»Nafta ist der schlechteste Handelsvertrag, der vielleicht je weltweit unterzeichnet wurde, aber sicher der schlechteste, der in diesem Land unterzeichnet worden ist«, sagte der Kandidat im September 2016 im Fernsehduell mit Hillary Clinton. Kurz darauf twitterte er, er werde Nafta neu verhandeln, und »wenn ich nicht einen großen Deal machen kann, werden wir es zerreißen. Wir werden diese Wirtschaft wieder zum Laufen bringen.«

Trump hat den amerikanischen Protektionismus nicht erfunden. Wenn der Präsident jetzt mit dem Slogan »*Buy American, hire American*« für den Kauf amerikanischer Produkte und die Rekrutierung amerikanischer Angestellter wirbt, dann greift er zurück auf Methoden, die bereits vor ihm in Washington ausprobiert wurden – und auch schon lange vor Obama. 1933 erließ der Kongress erstmals ein *Buy-American*-Gesetz, das die Regierung von Präsident Herbert Hoover verpflichtete, bei sämtlichen Einkäufen heimischen Produkten den Vorzug zu geben. Richard Nixon verfügte wegen eines Handelsdefizits von gerade einmal 1,5 Prozent des Bruttoinlandsprodukts zeitweise einen Aufschlag von zehn Prozent auf alle zollpflichtigen Einfuhren. Ronald Reagan verhängte in den 1980er Jahren 45 Prozent Zoll auf japanische Motorräder, um Harley-Davidson zu schützen, und gar 100 Prozent Zoll auf japanische Unterhaltungselektronik, von Fernsehern über Computer bis hin zu Videorekordern. Japan presse seine Halbleitertechnologie zu Dumpingpreisen in den US-Markt, lautete der Vorwurf. 1983 initiierte auch Reagan ein *Buy-American*-Gesetz des Kongresses, beschränkt auf Investitionen im Zusammenhang mit Verkehrsinfrastruktur, Straßenbau und Schienenwegen. Allerdings war der Republikaner im Grundsatz dem Freihandel verpflichtet; er legte Vetos ein gegen mehrere protektionistische Gesetze des Kongresses. Sein Nachfolger George H. W. Bush tat dies ebenfalls und auch dessen Sohn. »Wenn eine Ware oder Dienstleistungen zu geringeren Kosten in einem anderen Land angeboten werden, ist es sinnvoller, sie zu importieren, als daheim zu produzieren«, ließ George W. Bush den Kongress 2004 wissen.

Bill Clinton schlug im Mai 1995 angesichts des Handelsdefizits mit Japan eine 100-Prozent-Steuer auf 13 japanische Luxuslimousinen vor, die Ende Juni in Kraft treten sollte. Betroffen waren die Nissan-Marke Infiniti, Hondas Acura, Toyotas Lexus sowie Mazda und Mitsubishi. Der Senat stimmte mit 88 zu acht Stimmen zu. Die Regierung in Tokio blieb hart. Da ergriffen die Chefs der japanischen Automobilkonzerne die Initiative. Sie reisten nach Washington und legten Pläne vor, um Fabriken in den USA aufzubauen und verstärkt Produktteile von amerikanischen Zulieferern zu verwenden. Ein Kompromiss war gefunden – und beide Seiten hatten ihr Gesicht gewahrt.

Dann kam Obama. Im September 2009 verfügte er eine Einfuhrsteuer von 35 Prozent auf Autoreifen aus China. Deren Anteil am US-Markt war zwischen 2004 und 2008 von 4,7 auf 16,7 Prozent gestiegen – und 5000 heimische Arbeitsplätze gingen verloren. Die Gewerkschaften, die einen wesentlichen Anteil an Obamas Wahlsieg hatten, machten Druck. Obama wandte in dieser Situation als erster US-Präsident Section 421 des 1974 beschlossenen US-Handelsgesetzes an: Die Reifen seien »in erhöhten Mengen und unter Bedingungen« nach Amerika importiert worden, »als sollten sie Marktstörungen für inländische Produzenten verursachen«. Haben die Maßnahmen geholfen? Nach dem Inkrafttreten der Sondersteuer sank die Zahl importierter chinesischer Reifen von 13 Millionen (im dritten Quartal 2009) um 67 Prozent auf 5,6 Millionen (im vierten Quartal 2009), schrieben Gary Hufbauer und Sean Lory im April 2012 in einer Studie für das Washingtoner Peterson Institute for International Economics. Der Anteil der Reifen *made in USA* stieg 2010 um 14 Prozent – doch die Importe aus anderen Staaten, darunter Mexiko, nahmen gar um 18 Prozent zu.

Arbeitsplätze für 900 000 Dollar

In der US-Reifenindustrie entstanden 1 200 neue Jobs. Aber jeder neue Arbeitsplatz kostete stolze 900 000 Dollar, weil die amerikanischen Konsumenten für teurere Reifen aus nichtchinesischer Produktion 1,1 Milliarden Dollar zusätzlich zahlen mussten. Und nie gegengerechnet wurde, wie viele amerikanische Jobs verloren gingen, weil China im Gegenzug Strafzölle zwischen 50,3 und 105,4 Prozent auf Geflügelprodukte aus den USA verhängte. Der Export dieser Branche nach China brach um 90 Prozent oder rund eine Milliarde Dollar ein. Dennoch suchte Obama im März 2016 erneut Zuflucht im Protektionismus. Die weltweite Produktion von kalt gewalztem Stahl hatte rapide zugenommen und den Tonnenpreis um 35 Prozent unter 400 Dollar pro Tonne gedrückt. Der Branchenriese U. S. Steel Corp. meldete einen Verlust von 1,5 Milliarden Dollar. Daraufhin verhängte das Wirtschaftsministerium auf Kaltstahlimporte aus China und sechs weiteren Ländern eine Strafsteuer von 266 Prozent wegen »staatlichen Dumpings«. Private Verbraucher zahlten erneut die Zeche: Autoteile und Schiffscontainer – und damit auch deren Nutzung bei der Lieferung etlicher Waren ins Land – wurden teurer.

Gewisse Muster wiederholen sich in der Politik. Und doch ist der Protektionismus des Präsidenten Trump ein anderer als der seiner Vorgänger. Der in die Politik gewechselte Unternehmer begreift sich aufgrund seines beruflichen Hintergrundes als CEO der Vereinigten Staaten von Amerika. »Die Vereinigten Staaten sind tausendmal größer als das größte Unternehmen der Welt. Das zweitgrößte Unternehmen der Welt ist das Verteidigungsunternehmen. Das drittgrößte Unternehmen der Welt ist die Rentenkasse. Das viertgrößte …, na, Sie wissen schon, man kann die ganze Liste runtergehen«, sagte der Präsident in einem Interview mit der Nachrichtenagentur AP Ende April 2017 zur Bilanz der ersten 100 Tage. Er hat drei Konkurrenten auserkoren, denen er unterstellt, die USA in der globalen Wirtschaft durch eine Politik des Dumpings und durch Währungsmanipulationen zu übervorteilen: China, Mexiko – und Deutschland. China schien zunächst der Hauptfeind zu sein, wurde aber von Trump rehabilitiert in der Hoffnung auf eine gemeinsame Nordkorea-Politik. Mit Mexiko wird derzeit verhandelt. Bleibt Deutschland. »The Germans are bad, very bad«, klagte Trump bei dem G-7-Gipfel in Taormina Ende Mai 2017 gegenüber EU-Kommissionspräsident Jean-Claude Juncker und Ratspräsident Donald Tusk. Warum die Deutschen so schlimm seien? Wegen der »Millionen von Autos, die sie in die USA verkaufen«, so der Enkel deutscher Einwanderer. »Wir werden das stoppen.«

Schon seine Inauguration, die traditionell als Hochamt des friedlichen Machtwechsels verstanden wird und die politischen Lager des Landes zusammenführen soll, nutzte Trump für eine ungewöhnliche Kampfansage an bisherige Handelspartner. »Über viele Dekaden haben wir fremde Industrien bereichert auf Kosten der amerikanischen Industrie«, behauptete der neue Präsident in seiner weltweit von der Terrasse an der Westfassade des Kapitols übertragenen Rede. »Wir müssen unsere Grenzen schützen gegen die Verwüstungen durch andere Länder, die unsere Produkte herstellen, unsere Unternehmen stehlen und unsere Jobs zerstören.« Da schien der Führer der größten Volkswirtschaft der Welt so auf Revanche zu sinnen wie der ohnmächtige Potentat eines kolonialisierten Zwergstaates. Zudem erklärte Trump den Rückzug aus dem von Obama unterzeichneten, aber vom Kongress noch nicht ratifizierten transpazifischen Freihandelsvertrag TPP mit Kanada, Mexiko, Japan, Australien, Neuseeland, Chile, Peru, Malaysia, Singapur, Vietnam und Brunei. Die Trans-Pacific Partnership sollte Ein- und Ausfuhrzölle zwischen den beteiligten zwölf Ländern für die meisten landwirtschaftlichen Produkte und Industrieerzeugnisse abschaffen und auf besonderen Wunsch amerikanischer Unternehmer Urheberrechte schützen gegen Imitate.

Trump, der sich gern seiner ökonomischen Expertise rühmt, hatte bereits zu Beginn des Wahlkampfes TPP kritisiert, aber zu diesem Zeitpunkt erkennbar noch gedacht, China sei Vertragspartner. »TPP ist ein schrecklicher Deal«, sagte Trump im November 2015 in einer vom Fox Business Channel übertragenen Debatte der republikanischen Kandidaten in Milwaukee. »Es ist ein Deal, der dafür geschaffen ist, dass China hereinkommt, wie sie es immer tun, durch die Hintertür, und alle anderen völlig ausnutzen.« Der Moderator fragte nach, was Trump besonders störe, und der antwortete, dass »China und Indien und fast alle anderen Länder die Vereinigten Staaten ausnutzen – China besonders, weil die so gut sind. Das ist der Nummer-eins-Täter gegen unser Land. Und wenn Sie sich anschauen, wie er vorgeht, das ist durch Währungsmanipulation. Das wird nicht einmal diskutiert in dem fast 6000-seitigen Vertrag.« An dieser Stelle griff der libertäre Senator Rand Paul ein: »Wir sollten darauf hinweisen, dass China nicht Teil dieses Vertrages ist.« Der Moderator pflichtete ihm bei (»wahr, das ist wahr«), während Trump nicht reagierte.

TPP ist auf absehbare Zukunft erledigt – und das könnte China nun tatsächlich zum Vorteil gereichen. Peking verhandelt inzwischen mit dem vormaligen TPP-Vertragspartner Ottawa über einen chinesisch-kanadischen Freihandelsvertrag. Sollte sich zudem das düpierte Tokio auf einen bilateralen Freihandelsvertrag mit Peking einlassen, wären 5,3 Milliarden Dollar an amerikanischen Exporten und fünf Millionen Arbeitsplätze in Amerika gefährdet, hatte im November 2016 der Wirtschaftsrat des Weißen Hauses, damals noch unter Obama, prognostiziert. Bei Nafta, laut Trump ein »Desaster«, strebt Washington in den Anfang Mai 2017 förmlich vereinbarten Nachverhandlungen nur vergleichsweise moderate Änderungen an. Weder soll das Verfahren einer außergerichtlichen Einigung über Schiedsgerichte abgeschafft noch ein Instrumentarium zum Ausgleich von Handelsdefiziten eingeführt werden.

Die Wahrheit über den Freihandel

Dennoch: Dass ausgerechnet ein Präsident, der für die freihandelsfreundlichen Republikaner ins Weiße Haus zog, aus TPP aussteigen will und an dem (im Wahlkampf kaum erwähnten, weil schon in Europa sturmreif geschossenen) Transatlantischen Freihandelsvertrag (TTIP) kein Interesse hat, ist eine Zäsur in der Geschichte des modernen Amerikas. Stets agierte die Grand Old Party als Anwalt des Freihandels und des globalen Warenaustausches. Trump jedoch sorgt sich um eine Übervorteilung der amerikanischen Arbeiter. Dabei zeigen wissenschaftliche Untersuchungen, dass der Freihandel keineswegs verantwortlich ist für die wirtschaftlichen Probleme der USA. Die Zahl der industriellen Arbeitsplätze in den Vereinigten Staaten schrumpft schon seit den 1970er Jahren, lange vor dem Start von Nafta und dem Aufstieg Chinas zum Exportweltmeister. David Dorn und Gordon Hanson kamen 2013 in einer Studie zu dem Schluss, dass nur ein Viertel der zwischen 1990 und 2007 verlorenen Jobs auf Importe aus Fernost zurückzuführen sei. Viel entscheidender sind Automatisierung und Computerisierung. Zudem schafft Abschottung neue Probleme. Auf sechs verschiedene Stahlsorten aus China haben die USA Strafzölle erhoben. Aber ohne Importe kommen sie nicht aus. Einheimische Firmen produzieren jährlich rund 80 Millionen Tonnen Stahl, benötigt werden 110 Millionen. Ein anderes Beispiel: Die Bekleidungsindustrie, die einst aus den USA nach China abwanderte, zog angesichts der dort inzwischen gestiegenen Löhne weiter an noch billigere Produktionsstandorte wie Vietnam und Bangladesch. Wollte Trump diese Industrien tatsächlich in das Hochlohnland USA zurückholen, würde sich der Preis der gefertigten Produkte für den amerikanischen Käufer massiv erhöhen.

Schon anderthalb Monate vor seinem Amtsantritt stellte Trump zudem staatliche Aufträge an zwei der größten Luftfahrzeugunternehmen infrage. Am 6. Dezember 2016 twitterte der *President-elect*: »Boeing baut eine brandneue *Air Force One* für künftige Präsidenten, aber die Kosten sind außer Kontrolle, über vier Milliarden Dollar. Cancelt den Auftrag!« Die Boeing-Aktie stürzte vorübergehend ab. Das Unternehmen beeilte sich zu erklären, erstens gehe es um zwei identische Flugzeuge, die als »fliegende Oval Offices« mit diversen Sonderausstattungen bis hin zur Betankungstechnik im Flug ausgestattet würden, und zweitens gebe es bislang lediglich einen Vertrag über die Machbarkeit des Auftrages in Höhe von 170 Millionen Dollar.

Zweieinhalb Wochen später war Lockheed Martin dran. Der Preis für das Kampfflugzeug F-35 sei zu hoch, deshalb müsse Boeing mit ins Bieterverfahren, teilte Trump über den Kurznachrichtendienst mit. Kurzzeitig taumelte die Lockheed-Aktie, während Boeing an den Märkten nach oben schoss. Im April 2017 sagte Trump im AP-Interview, er habe seinerzeit einen »schlimmen Artikel« über das F-35-Projekt gelesen: »Es war Hunderte von Milliarden über dem Budget, es war sieben Jahre hinter dem Zeitplan, es war ein Desaster. Daraufhin rief ich Lockheed an und sagte: ›Es tut mir leid, wir müssen auch andere Firmen ins Bieterverfahren holen, vor allem Boeing‹ oder wen auch immer. Aber Boeing. Und ich rief Boeing an und fing an, konkurrierende Angebote zu bekommen, hin und her. Ich sparte 725 Millionen Dollar auf die 90 Flugzeuge. Auf nur 90. Nun werden da aber insgesamt 3000 Flugzeuge bestellt werden.« Ein Pentagon-Vertreter hatte jedoch schon zwei Tage vor Trumps Tweet, am 20. Dezember 2016, Journalisten gesagt, die Preise würden pro Flugzeug »um sechs bis sieben Prozent« heruntergehen, was eine Einsparung von rund 600 Millionen Dollar für die 90 Flugzeuge bedeutet hätte. Trump mag, falls seine Behauptung stimmt, diese Summe nochmals um 125 Millionen Dollar gedrückt haben. Wenn er sich aber die gesamten 725 Millionen Dollar an Kostenreduzierung zuschreibt, ignoriert er die Fakten.

Nie zuvor hat ein angehender Präsident ohne jede Kenntnis der Kalkulationen und Verträge vor Amtsantritt Unternehmen gedroht, sie aus einem vor Jahren vereinbarten Großprojekt zu drängen. Zwar lehrt die Lebenserfahrung, dass Verträge dieser Größenordnung häufig überteuert sind. Aber niemand, und sicher kein Immobilienunternehmer, kann dies auf der Grundlage eines Zeitungsartikels bewerten. Zumal sich die Frage stellt: Was passiert, wenn die Aufträge für Boeing oder Lockheed am Ende wirklich um Millionen oder Milliarden Dollar gekürzt werden? Die Mindereinnahmen würden nicht nur Vorständen und Aktionären abgezogen, sondern im Zweifel kompensiert durch den Abbau vieler Arbeitsplätze.

Familie Trump lässt in Asien produzieren

Der vormalige Unternehmer Trump, der sich als Künstler des »Art of the Deal« sieht, stellt ein Axiom freier Marktwirtschaft infrage, nämlich die Nichteinmischung der Politik in unternehmerische Entscheidungen. Im November 2016, gut zwei Wochen nach seinem Wahlsieg, verkündete er, der Klimaanlagenhersteller Carrier aus Indiana habe auf die Auslagerung von 1 100 Jobs nach Mexiko verzichtet. »Diese Arbeiter werden jetzt ein sehr frohes Weihnachten haben«, feierte Trump seinen Erfolg. Dabei war schon damals klar, dass die Firma an ihren Mexiko-Plänen festhalten und lediglich 730 Arbeitsplätze in den USA bleiben würden. Im Mai 2017 wurde bestätigt: Carrier verlagert 632 Jobs doch ins Nachbarland. Trump verschwieg seinerzeit einen weiteren wichtigen Punkt: Sein Vize Mike Pence, der vormalige Gouverneur aus Indiana, hatte mit dem Unternehmen einen Steuernachlass von sieben Millionen Dollar ausgehandelt. Damit kostet den amerikanischen Steuerzahler jeder gerettete Arbeitsplatz rund 9 600 Dollar.

Wiederholt warnte Trump die Vorstandsvorsitzenden großer Unternehmen vor der Auslagerung der Produktion ins Ausland. Ford und General Motors (GM) gehörten dazu. Allerdings ist dies eine ausgesprochen scheinheilige Position: Trump, der in den 1970er Jahren »undokumentierte« polnische Abrissarbeiter an der New Yorker Baustelle einsetzte, an der heute der Trump Tower steht, hat dieses legale Mittel zur Senkung von Produktionskosten stets angewendet. Die Krawatten, Poloshirts oder Damenhalstücher, die in den Trump-Stores angeboten werden, sind zum Großteil in China produziert. *Made-in-China*-Labels finden sich auch an den goldglänzenden Nachttischlampen, an den Matratzen oder

Bademänteln in den Zimmern des neuen Fünf-Sterne-Hotels Trump International an der Pennsylvania Avenue in Washington D.C., nur vier Blocks vom Weißen Haus entfernt und erst im Herbst 2016 eröffnet. Gleiches gilt für die schwarzen Regenschirme, die in der Lobby für Gäste vorgehalten werden. Andere Einrichtungsgegenstände sind auf den Philippinen produziert. Trump war ein Kapitalist und Anhänger der freien Marktwirtschaft, solange er selbst Geschäfte machte. Als Präsident vertritt er in der Ökonomie derart populistische Positionen einer staatlicher Kommandowirtschaft, dass er Bernie Sanders nie wieder als Kommunist bezeichnen sollte.

Währungsmanipulator Deutschland?

Was hat Deutschland auf wirtschaftlichem Terrain von Trump zu erwarten? So ähnlich wie beim G-7-Gipfel im Mai 2017 auf Sizilien (»The Germans are bad, very bad«), kritisierte Trump bereits einige Tage vor seinem Amtsantritt im Interview mit der Bild-Zeitung und der Londoner Times: »Wenn man durch die Fifth Avenue geht, hat jeder seinen Mercedes-Benz vor dem Haus stehen, nicht wahr? Tatsache ist, dass ihr den USA gegenüber sehr unfair wart. Es besteht keine Gegenseitigkeit. Wie viele Chevrolets sehen Sie in Deutschland? Nicht allzu viele, vielleicht gar keine, man sieht dort drüben gar nichts, es ist eine Einbahnstraße. Es muss in beide Richtungen gehen.« Einmal abgesehen davon, dass GM im Dezember 2013 entschieden hat, ab Ende 2015 keine Chevrolets mehr in Europa zu verkaufen, um seine anderen Marken Opel und Vauxhall zu stärken: Wenn man durch Berlins Friedrichstraße geht, hat jeder ein iPhone. Warum kaufen nicht ebenso viele Amerikaner deutsche Smartphones der Marke Gigaset? Klare Antwort:

Die Kunden entscheiden, in Abhängigkeit von Qualität, Preis und Image, welches Auto sie fahren und welches Telefon sie nutzen. Der Präsident müsste Amerikas Autoproduzenten daher drängen, den Standard der eigenen Produkte anzuheben. Ob konventionelle Hersteller gegen Mercedes aufholen können, ist fraglich. Elon Musks elektrogetriebene Tesla-Autos aus dem Silicon Valley hingegen und die selbstfahrenden Fords aus Detroit oder Waymos von Google könnten hingegen Volkswagen, Toyota oder BMW auf dem Weltmarkt abhängen – falls der globale Freihandel keine politischen Rückschläge erfährt, beispielsweise von der Trump-Administration in Washington. Trumps Handelsberater Peter Navarro beschuldigte Deutschland Ende Januar 2017 indirekt der Währungsmanipulation. Der Financial Times sagte der Direktor des im Weißen Haus neu geschaffenen National Trade Council: »Deutschland nutzt weiterhin andere Länder in der EU wie auch die USA aus mit einer ›stillschweigenden Deutschen Mark‹, die massiv unterbewertet ist.« Darum stelle Deutschland eine der »zentralen Hürden« für Gespräche über eine Handelsvereinbarung der EU mit den USA dar. Die von Obama und Hillary Clinton angestrebte (aber derzeit auch in Europa von der Tagesordnung genommene) Transatlantische Handels- und Investitionspartnerschaft (TTIP) wäre »ergo ein multilaterales Abkommen in einem bilateralen Gewand«, so Navarro.

Am gewaltigen Handelsüberschuss Deutschlands, der 2016 insgesamt 252,2 Milliarden Euro und im Austausch mit den USA 57,7 Milliarden Euro (64,4 Milliarden Dollar) betrug, hatte auch die vorherige US-Regierung Anstoß genommen. In der Öffentlichkeit weitgehend unbemerkt blieb, dass Obama im April 2016 Deutschland sogar zusammen mit China (Handelsüberschuss 2016: 347 Milliarden Dollar), Japan (68,9 Milliarden Dollar) und Südkorea (27,6 Milliarden Dollar) auf eine »Währungsbeobachtungsliste« setzen ließ, die in den folgenden Monaten noch um Taiwan (13,2 Milliarden Dollar) und die Schweiz (13,6 Milliarden Dollar) ergänzt wurde. Am Ende gab es allerdings Freibriefe: Keines dieser Länder habe sich einer Manipulation schuldig gemacht, ließ Washington wissen.

Merkel wies auch Navarros Vorwürfe bei einer Pressekonferenz in Stockholm zurück. »Deutschland ist ein Land, das immer dafür geworben hat, dass die Europäische Zentralbank eine unabhängige Politik macht, so wie das auch die Bundesbank gemacht hat, als es noch keinen Euro gab«, sagte die Kanzlerin. Berlin werde »auf das Verhalten der EZB auch keinen Einfluss nehmen«.

Peter Navarro ist Autor von Büchern mit so martialischen Titeln wie »Death by China« (Tod durch China). In seinem Werk »Crouching Tiger« warnt er vor dem offenkundig zum Sprung geduckten Tiger: »Chinesische U-Boote liegen auf der Lauer – mit europäischer Komplizenschaft.« In dem entsprechenden Kapitel wirft Navarro der deutschen Industrie vor, China beim Aufbau einer konventionellen U-Boot-Flotte mit dieselelektrischem Antrieb geholfen zu haben, »die zunehmend fähig ist, amerikanische, japanische und vietnamesische Kriegsschiffe zu zerstören«.[49] Dabei sollte derartige Technik für Peking nicht erhältlich sein, »weil es weiterhin sowohl ein europäisches als auch ein US-Verbot zum Export von militärischer Ausrüstung nach China gibt«. Doch diese Restriktion, verhängt nach dem Massaker am Tian'anmen-Platz 1989, »wurde in den vergangenen Jahren zu einem Pseudoverbot, zumindest für die Europäer«. Navarros hartes Diktum in Abwandlung eines Zitats von Lenin: »Die Verbündeten eines Kapitalisten werden gern das Seil verkaufen, an dem der Kapitalist erhängt wird.«[50]

Xis angeblicher Respekt vor Trump

China wurde auch von Trump zunächst als schlimmster Gegner identifiziert. Er drohte Strafzölle von bis zu 45 Prozent auf Produkte aus dem Reich der Mitte an. Eines seiner Versprechen lautete, am ersten Tag im Amt Peking als »Währungsmanipulierer« zu brandmarken. Allerdings lösten sich beide Drohungen rasch in Wohlgefallen auf. Weil Trump beim Treffen in Mar-a-Lago im April 2017 Xi Jinping für ein gemeinsames Vorgehen gegen Nordkoreas nukleare Drohungen zu gewinnen versuchte, versprach er dem Amtskollegen gar zusätzliche Erleichterungen im bilateralen Handel. Auch der Vorwurf der Währungsmanipulation habe sich erledigt – und zwar durch seinen Wahlsieg. Seit seinem Einzug ins Weiße Haus »waren sie keine Währungsmanipulierer«, behauptete Trump, »weil es da einen gewissen Respekt gibt, weil er wusste, ich würde etwas tun oder warum auch immer«.

Doch die Darstellung, Xi habe aus Respekt für oder aus Angst vor Trump die Politik der Renminbi-Abwertung irgendwann seit November 2016 gestoppt, ist schlicht falsch. Tatsächlich dauerte die »Dekade der Manipulation«, in der China jährlich bis zu 300 Milliarden Dollar aufkaufte, um die US-Währung stark zu halten und damit die eigenen Exporte zu verbilligen, von 2003 bis 2013. Positive Folge für Peking war der enorme Handelsüberschuss. Aber 2014 folgte die Wende: Weil immer mehr Investoren China mieden oder verließen, musste der Renminbi gestärkt werden. Dazu wurden ausländische Währungen verkauft, darunter der Dollar. Diese Transaktionen wurden Anfang Januar 2017 nochmals intensiviert, weil der Renminbi erneut abgerutscht war. Immerhin bereitete Trumps Dauerkritik an China dessen Staatschef Xi die Bühne, um im Januar 2017 beim Weltwirtschaftsgipfel in Davos als Anwalt des Freihandels auftreten zu können. Er erwähnte nicht Trump oder die USA, aber jedem Anwesenden war klar, wen der Generalsekretär der Kommunistischen Partei Chinas im Blick hatte: »Wer auf Protektionismus setzt, schließt sich in eine dunkle Kammer ein, in der er vor Wind und Regen geschützt ist. Er sperrt aber auch Luft und Licht aus.«

Trump ist nicht nur Protektionist. Er ist ein Interventionist, der die Volkswirtschaft politisch steuern will und den freien Wettbewerb behindert. Er verspricht die Renaissance der Kohleindustrie und ignoriert, dass der Abbau normaler Steinkohle wesentlich teurer ist als die Förderung von Erdgas. Nur der höherwertige Koks, der zur Eisenverhüttung genutzt wird, verspricht weiterhin gute Gewinne. Aber Koks ist längst nicht in allen amerikanischen Kohlerevieren zu finden. Darum erweckt der Präsident Hoffnungen, die er nicht erfüllen kann, wenn er sagt: »Wir werden den Kumpels wieder Arbeit geben. Wir werden sie wieder stolz darauf machen, Bergarbeiter zu sein.« Sein Wirtschaftsberater Gary Cohn hatte recht, als er im Mai 2017 analysierte: »Kohle macht nicht mehr so viel Sinn als Brennstoff.« Die Idee, einen Staat zu managen wie einen Konzern, funktioniert weder im Sozialismus noch im Kapitalismus. Trump verspricht, Amerika wieder groß zu machen. Aber Amerikas freie Marktwirtschaft, die der Motor bisheriger Größe war, stellt der Präsident in Frage. Trump verrückt die kapitalistische Seele der USA in einer Art, in der es kein Präsident der Demokraten nach dem Zweiten Weltkrieg je versucht hätte.

13 | Der Commander-in-Tweets, die Medien und die alternativen Fakten

Er war gerade 24 Stunden im Amt, als der Präsident im jovialen Plauderton seine erste Kriegserklärung formulierte. »Ich habe derzeit einen Krieg mit den Medien laufen«, sagte Donald Trump bei einem Besuch der CIA-Zentrale in Langley (Virginia). »Die Journalisten gehören zu den unehrlichsten Menschen auf Erden.«

Bis dahin waren Journalisten und Politiker in Washington Mitglieder eines gemeinsamen Clubs. Sie sind längst nicht immer einer Meinung, aber wie aus identischer Faser geschaffen und in der Lage, problemlos die Seiten zu wechseln. George Stephanopoulos beispielsweise, der Politikchef des Senders ABC und Anchor des Morgenmagazins »Good Morning America«, war in den 1990er Jahren wichtiger Mitarbeiter in Bill Clintons Wahlkampfteam und später im Weißen Haus faktischer Pressesprecher. Joe Scarborough, der bei MSNBC die Sendung »Morning Joe« moderiert, saß von 1995 bis 2001 als Abgeordneter der Republikaner im Kongress. Donna Brazile diskutierte regelmäßig in den CNN-Expertenrunden und war 2011 vorübergehend und ab Juli 2016 reguläre Vorsitzende des Democratic National Committee, eine Art Parteichefin. Sie verlor beide Positionen, als im Sommer 2016 auf der Enthüllungsplattform Wikileaks E-Mails veröffentlicht wurden, die belegten, dass Brazile in den parteiinternen Primaries Hillary Clinton zwei Fragen für CNN-Debatten zugespielt hatte. Sie waren ihr im Sender bekannt geworden.

Und dann kam Donald Trump. Der milliardenschwere Unternehmer und Reality-TV-Moderator war mit Medien durchaus vertraut, aber eher mit den Kollegen in den bunten Ressorts, am Rande auch mit Wirtschaftsjournalisten und daneben mit Talkmastern, die bekannte Gesichter mit provokanten Aussagen schätzen. Mit dem Pressekorps in Washington hatte Trump so gar nichts zu tun. Die Huffington Post coverte seine Präsidentschaftskandidatur 2015 zunächst im Ressort »Entertainment«. Und 2011 hatten die Korrespondenten noch gemeinsam mit Barack Obama, den sie verehrten und der sie zu manipulieren wusste, beim Dinner der White House Correspondents' Association herzlich gelacht und fröhlich gespottet über den Verschwörungstheoretiker, der die hawaiianische Geburtsbescheinigung des Präsidenten für eine Fälschung und sich für ausnehmend wichtig hielt.

Die Fröhlichkeit ist vergangen. Jetzt sitzen bei den täglichen Unterrichtungen durch Trumps Sprecher Sean Spicer zwischen den immer noch etwas verstört wirkenden alten Routiniers der renommierten Medien neue, oft sehr junge Journalisten im *James S. Brady Press Briefing Room* im Westflügel des Weißen Hauses. Sie kommen von erzkonservativen Plattformen wie Breitbart.com oder vom One America News Network. Der 29-jährige Lucian B. Wintrich arbeitet für den Trump-nahen Blog Gateway Pundit, der von seriösen konservativen Medien wie RedState.com als extrem rechtslastig und wegen Schlagzeilen wie »Enthüllt: Hillarys Hitman bricht sein Schweigen« als Verbreiter von *Fake News* verachtet wird. Hitman, das ist ein Killer. Wintrich hatte im März 2017 eine lautstarke Auseinandersetzung im *Briefing Room* mit einem der alteingesessenen Korrespondenten, nämlich Jon Decker; sie sei entgegen den Darstellungen des jungen Kollegen »nicht physisch« gewesen, versichert Decker. Er ist übrigens kein Linksradikaler, sondern arbeitet für das ebenfalls konservative Fox News Radio.

Zugeschaltet per Skype werden zu Spicers Briefings neuerdings gelegentlich Journalisten von konservativen Radiostationen oder Blogs in der Provinz. Sie finden Trump mehrheitlich prima und verzichten zumeist auf unbequeme Fragen. Dann sitzen die Kollegen von der Washington Post und dem Wall Street Journal da und ärgern sich, dass Spicer die Sitzung beendet, bevor sie ihr Verhör beginnen konnten. Das ist noch kein Grund zur Sorge. Zum einen sind die Medien nicht immer fair im Umgang mit Trump. Wir kommen darauf zurück. Zum anderen kann ein Durchschütteln der politmedialen Rituale Vorteile haben. Wenn der Sprecher des Präsidenten neben den Fragen erfahrener Korrespondenten auch solche von Journalisten aus dem *Flyover America* beantworten muss, jenen Landesteilen, die er sonst nur aus dem Flugzeug kennt und die doch wesentlich waren für den Wahlausgang im November 2016, dann ist das eine Frischzellenkur für Amerikas Demokratie. Zwar wirkt es surreal, wenn sogar das von Trump öffentlich gelobte Internetportal InfoWars.com einen Pressepass fürs Weiße Haus angeboten bekam – es handelt sich dabei um die erste Adresse für Amerikas Verschwörungstheoretiker, die überzeugt sind, dass der al-Qaida-Terroranschlag vom 11. September 2001 oder der Amoklauf im Dezember 2012 an der Sandy-Hook-Grundschule in Newtown (Connecticut), bei dem 20 Erstklässler erschossen wurden, von Washington inszeniert worden seien. Doch in der Kategorie »Würde des Amtes« werden seit dem 20. Januar 2017 ohnehin gewaltige Abstriche gemacht.

Allerdings hat Trump im Wahlkampf mit einer noch gänzlich anderen Medienpolitik gedroht. »Ich werde unsere Verleumdungsgesetze ausweiten«, kündigte er bei einem Auftritt im Februar 2016 im texanischen Fort Worth an. »Wenn die Medien absichtlich negative und schreckliche und falsche Artikel schreiben, können wir sie verklagen und viel Geld gewinnen. Wir werden diese Verleumdungsgesetze ausweiten.« Die Medien sollen finanziell geschröpft werden, weil sie »negativ« oder »schrecklich« oder gelegentlich gar »falsch« berichten? Nun gibt es in Amerika kein Verleumdungsrecht des Bundes, sondern es ist angesiedelt bei den 50 Bundesstaaten. Zudem könnte der Präsident den für Amerikaner heiligen ersten Verfassungszusatz, der die Freiheit der Presse und der Meinung garantiert, nicht beschneiden. Gesetze erlässt der Kongress. Vermerkt werden sollte allerdings, dass Trump dem FBI-Chef James Comey, den er wenige Wochen später feuerte, bei einem Gespräch im Februar 2017 nahelegte, Journalisten zu inhaftieren, die geleakte Informationen publizieren.

Die Regie einer Pressekonferenz

Mit der neuen Hackordnung bei Pressekonferenzen, auf denen harmlose Fragesteller vorgezogen und etablierte Journalisten mit kritischen Recherchen schlicht zum Schweigen gebracht werden, hat der Autor sehr persönliche Erfahrungen gemacht – und zwar bei der Pressekonferenz im *East Room* des Weißen Hauses während des Besuchs von Angela Merkel im März 2017. Als ich zu den übrigen Journalisten stieß, die wie gewöhnlich im *Briefing Room* warteten, herrschte dort Aufregung. Die im Tross der Kanzlerin angereiste Tina Hassel, Chefin des ARD-Hauptstadtstudios in Berlin und zuvor Korrespondentin in Washington, klärte mich auf. Journalisten von CNN und New York Times wollten den Präsidenten nach der Nachricht des Tages fragen, einem Dementi Londoner Regierungsvertreter zur Andeutung von Sprecher Sean Spicer vom Vortag, britische Spione hätten Trump im Wahlkampf auf Veranlassung Obamas abgehört. Obama sei »in der Lage, das zu veranlassen, und dann gibt es keinen amerikanischen Fingerabdruck«, hatte Spicer gesagt. Als »lächerlich« wies die britische Regierung dies am Morgen des Merkel-Besuchs zurück.

Bei Pressekonferenzen mit Staats- oder Regierungschefs werden meist nur wenige Fragen zugelassen, in diesem Fall zwei von amerikanischer und zwei von deutscher Seite. Als die amerikanischen Kollegen sich untereinander berieten, wer von ihnen die Abhörvorwürfe ansprechen würde, schnappte dies eine in der Nähe stehende Mitarbeiterin von Spicer auf. Daraufhin wählte das Presseteam des Weißen Hauses zwei Journalisten aus, die harmlose Fragen stellen wollten. Der CNN-Journalist Joe Johns wollte diese Regie nicht akzeptieren und fragte, ob wir Deutschen das Thema ansprechen würden. Von den aus Berlin mitgereisten Kollegen war Kristina Dunz (damals dpa, jetzt Rheinische Post) auserkoren worden, und das Washingtoner Korps ließ netterweise mir den Vortritt, weil ich im Sommer nach acht Jahren als Korrespondent zurück nach Berlin gehen würde. Der Vertreter des Bundespresseamtes wollte wie immer nur wissen, wer die Fragen stellt (damit die Kanzlerin uns aufrufen konnte), aber nicht, was wir fragen würden. Wir vereinbarten, dass ich ganz zum Schluss an die Reihe käme. Ich hatte mir Fragen zum deutschen Handelsüberschuss zurechtgelegt, war aber bereit zu wechseln, falls bis dahin das Abhörthema wirklich nicht angesprochen sein sollte, und Kristina Dunz ebenso.

Nach den Statements von Präsident und Kanzlerin rief Trump zunächst Mark Halperin von MSNBC auf. Er befragte Trump zur Gesundheitsreform und wollte von Merkel wissen, wie sie mit dem Politikstil Trumps zurechtkomme. Nach ihm fragte Kristina Dunz die Kanzlerin, ob aus ihrer Sicht Trumps »isolationistische Politik gefährlich« sei. Von Trump wollte sie wissen, warum er »Angst vor Diversität« habe, von *Fake News* spreche und Dinge behaupte, die nicht belegt werden könnten, »wie die Äußerung, Obama habe Sie abhören lassen«. Trump reagierte sarkastisch: »Nette, freundliche Reporterin.« Er sei »kein Isolationist«, sondern für »fairen« Freihandel, versicherte er: »Ich weiß nicht, welche Zeitung Sie lesen, aber ich glaube, das wäre ein weiteres Beispiel für, wie Sie sagen, *Fake News*.« Auf die Abhördebatte ging der Präsident nicht ein.

Der dritte Fragesteller, Kevin Cirilli von Bloomberg TV, sprach Trump auf die Geschlossenheit der Republikaner an. Als Letzter kam ich an die Reihe und befragte die Kanzlerin zum unterschiedlichen Verständnis der Europäischen Union in Berlin und Washington. Dann wandte ich mich an Trump: Rücke er nach dem Dementi aus London von der Meinung ab, dass der britische Geheimdienst ihn abgehört habe – oder gebe es »weitere Verdächtige«? Und, weil Trump über Twitter die entsprechende Beschuldigung gegen Obama erhoben hatte, »meine zweite Frage: Bedauern Sie gelegentlich den einen oder anderen Ihrer Tweets?«

»Sehr selten«, antwortete Trump, der nahezu 30 Millionen Twitter-Follower hat. Ich fasste nach: »Sehr selten? Sie würden sich also nie wünschen…?« Der Präsident fiel mir ins Wort: »Sehr selten. Ich würde vermutlich jetzt nicht hier sein – also sehr selten.« Denn er könne »die Medien umgehen, wenn die Medien nicht die Wahrheit erzählen, darum mag ich das«. Dann sagte Trump, mit einem Grinsen in Richtung der neben ihm stehenden Merkel: »Was das Abhören angeht, ich glaube in Bezug auf die vorige Regierung haben wir immerhin etwas gemeinsam, vielleicht.« Das gab Gelächter im Saal. Die Kanzlerin warf ihm einen irritierten Blick zu, lächelte aber nicht. Merkel wurde unter George W. Bush und Obama vom US-Geheimdienst NSA abgehört. Aber Trump? Dessen Justizminister Jeff Sessions, die Chefs von CIA, NSA und FBI und die republikanischen Vorsitzenden der Geheimdienstausschüsse im Senat und im Repräsentantenhaus fanden keine Hinweise, dass Trumps Telefone oder sein Büro angezapft worden waren – ob nun von amerikanischen oder britischen Agenten.

Der Präsident wandte sich nochmals mir zu: »Und um Ihre Frage abzuschließen, wir haben nichts behauptet. Alles, was wir getan haben, wir haben einen sehr begabten juristischen Kopf zitiert, der dafür verantwortlich ist und das im Fernsehen gesagt hat. Ich habe mir dazu keine Meinung gebildet. Das war das Statement eines sehr begabten Anwaltes auf Fox. Ich habe mich dazu nicht geäußert. Und darum sollten Sie nicht mit mir reden, sondern Sie sollten mit Fox reden, okay?« Das war nicht nötig. Anderthalb Stunden nach der auf allen News-Kanälen live übertragenen Pressekonferenz distanzierte sich Fox-News-Moderator Shepard Smith aus dem Studio von dem »begabten juristischen Kopf«, auf den sich Trump berufen hatte: »Fox News kann die Darstellung von Richter (Andrew) Napolitano nicht bestätigen. Fox News hat keine Kenntnis von Belegen irgendwelcher Art dafür, dass der derzeitige Präsident der Vereinigten Staaten zu irgendeinem Zeitpunkt in irgendeiner Weise überwacht wurde. Punkt.« Fox nahm sogar Napolitano, einen ehemaligen Verfassungsrichter in New Jersey, für einige Tage vom Schirm. Am 29. März 2017 trat der Jurist dort allerdings erneut auf – und wiederholte seine Theorie, Obama sei aus der üblichen »Befehlskette ausgestiegen« und habe den britischen Geheimdienst GCHQ zur Überwachung von Trump instrumentalisiert. Wie es aussieht, gibt es derzeit noch zwei Personen in Washington, die davon überzeugt sind: Der Ex-Richter und der Präsident. Übrigens bekamen Kristina Danz und ich vor allem von Amerikanern viel Lob für unsere Fragen. »Die deutsche Presse hat uns beschämt«, twitterte Tara Palmeri (Politico.com). Jeremy Diamond (CNN) assistierte: »Gut, dass unsere deutschen Kollegen den Präsidenten wegen der Abhörvorwürfe fragten, nachdem zwei Reporter, die Trump aufrief, das nicht taten.« Ähnlich äußerten sich CNN-Ikone Wolf Blitzer, Abby D. Philip (Washington Post) und Ryan Lizza (New Yorker). In Deutschland gab es ebenfalls viel Zustimmung, aber auch Kritik. Der Tagesspiegel schrieb, Kristina Dunz und ich hätten »Meinungsäußerungen in Frageform« gekleidet und mehrere Themen zusammengebunden, was »unter angelsächsischen Kollegen als typischer Fehler gilt«. Hingegen hätten die US-Journalisten »jeweils auf ein zentrales Thema der innenpolitischen Auseinandersetzung« abgezielt. Wäre diese Analyse richtig, warum wurde dann über Halperins und Cirillis Fragen und Trumps Antworten in den US-Medien nicht diskutiert, während die Reaktionen des Präsidenten und von Fox News auf unsere deutschen Fragen tagelang kommentiert und analysiert wurden?

Allerdings widerspreche ich auch dem freundlichen Lob, das ich erhalten habe. Deutsche Journalisten sind mutiger als ihre amerikanischen Kollegen? Nein. Ich hatte ja direkt miterlebt, dass viele unserer amerikanischen Kollegen zum selben Thema fragen wollten und durch das Weiße Hauses daran gehindert wurden. Kristina Danz und ich hatten den Vorteil, nicht vom Wohlwollen des Spicer-Teams abhängig zu sein. Einem netten Kollegen, der auf Facebook meinen »Mut« pries, antwortete ich, dass ich normale Fragen in Washington D. C. gestellt hatte – und nicht etwa in Pjöngjang.

Wie links sind Amerikas Journalisten?

Er sehe »die Mainstream-Medien als Oppositionspartei« an, hat der vormalige Breitbart-Chef und jetzige Chefstratege des Präsidenten, Steve Bannon, bereits im Januar 2017 der New York Times gesagt: »Die Medien sollten peinlich berührt und demütig sein und den Mund halten und eine Weile nur zuhören.« Und weiter: »Hier sind die Medien die Oppositionspartei. Sie verstehen dieses Land nicht. Sie verstehen immer noch nicht, warum Donald Trump der Präsident der Vereinigten Staaten ist.« Der Präsident stimmte Bannon, der vor allem im Wahlkampf als »Trumps Hirn« galt, einige Tage später zu. Er wolle nicht »über alle sprechen, aber ein großer Teil der Medien, ihre Unehrlichkeit, der totale Betrug und die Täuschung machen sie sicher teilweise zur Oppositionspartei, absolut«, sagte Trump im Interview mit David Brody vom Christian Broadcasting Network. In einem Tweet wurde er im Februar 2017 noch aggressiver. »Die *Fake-News*-Medien (erfolglose @nytimes, @NBCNews, @ABC, @CBS, @CNN) sind nicht mein Feind, sie sind der Feind des amerikanischen Volkes.« Die Empörung war groß, und Trump wertete das als Beleg für die Richtigkeit seines Vorwurfes. »Vor einigen Tagen nannte ich die *Fake News* den ›Feind des Volkes‹«, sagte er bei einer Veranstaltung der konservativen Organisation CPAC (Conservative Political Action Conference) in Washington. »Und sie sind es, sie sind der Feind des Volkes. Die sehr verlogenen Leute gaben tatsächlich nicht meinen Kommentar wieder. Die unehrlichen Medien haben nicht berichtet, dass ich die *Fake News* als Feind des Volkes bezeichnet habe – die *Fake News*! Sie ließen das Wort ›Fake‹ weg. Und plötzlich wurde daraus die Story, ›die Medien sind der Feind des Volkes‹.«

Dass den Journalisten diese Differenzierung entgangen war, hat einen simplen Grund: Trump verwendet die Begriffe *Fake News* oder *Fake Media* als Synonym für die Medien insgesamt. Immerhin hatte der Präsident in besagtem Tweet, der bekanntlich nur 140 Zeichen zulässt, vier der fünf größten Nachrichtenkanäle (es fehlte lediglich der konservative Sender Fox News) und die zweitgrößte USA-weit verbreitete Zeitung (eine höhere Auflage hat nur das Wall Street Journal) aufgelistet. An anderer Stelle warf er weiteren Medien Falschmeldungen und Lügen vor, darunter die Washington Post und das Internetportal BuzzFeed, und nur einen Tag nach Trumps Rede schloss Trumps Sprecher Spicer neben der New York Times und CNN, den häufigsten Zielscheiben der Kritik des Weißen Hauses, die Los Angeles Times, Politico.com und die britischen Medien Guardian, Daily Mail und BBC von einem Pressebriefing aus, weil sie angeblich nicht wahrheitsgemäß berichteten.

Sind die Medien voreingenommen gegenüber Trump? Davon ist auszugehen. Nur 7,1 Prozent der hauptamtlichen Medienvertreter stuften sich 2013 als Republikaner-nah ein, aber fast viermal so viele (28,1 Prozent) als Demokraten. Mit 50,2 Prozent bildete die Gruppe der sich als unabhängig bezeichnenden Journalisten in einer Untersuchung der University of Indiana die größte Gruppe.[51] 2002 war die Parteinähe allerdings noch intensiver. Damals bekannten sich 18 Prozent zu den Republikanern und 35,9 Prozent zu den Demokraten; die Unabhängigen kamen auf 32,5 Prozent. Das wirkt sich auf die Kommentierung aus. Als Trump sich Ende April 2017 nach Telefonaten mit dem Amtskollegen Enrique Peña Nieto und Premier Justin Trudeau entschied, den Nafta-Vertrag mit Mexiko und Kanada entgegen seinen Wahlkampfankündigungen nicht zu kündigen, sondern nachzuverhandeln, bekam er kein

Lob für diese rationale Entscheidung, sondern Häme wegen seiner Inkonsequenz. Auch sein Eintrag ins Gästebuch von Yad Vashem in Jerusalem im Mai 2017 wurde übermäßig kritisiert: »Es ist eine große Ehre, hier mit all meinen Freunden zu sein. So großartig. Ich werde es niemals vergessen.« Er benutzte das Wort »amazing«. Das ist in der Tat die oberflächliche Sprache eines Menschen mit überschaubarem Wortschatz und simplen Gedanken. Aber immerhin waren die kurzen Bemerkungen, die er in der Holocaust-Gedenkstätte hielt, der Erinnerungswucht des Ortes angemessen, und es war wahrscheinlich die erste Rede, in der er kein einziges Mal »ich« sagte oder sich selbst auf die Schulter klopfte. Dafür gebührt zumindest dem Redenschreiber Lob. Trump bietet fast jeden Tag Anlass zur qualifizierten Kritik, aber die Berichterstattung folgt mitunter dem Prinzip: »Er ist schuldig, bis er seine Unschuld beweist.« Bei anderen Präsidenten hieß es: »Er ist unschuldig, bis wir ihm seine Schuld nachweisen können.«

Aber stellen Journalisten auch Fakten falsch dar? Belege für eine manipulierte Berichterstattung hat Trump selten genannt. Die konservative Website Federalist zählte am 6. Februar 2017 »16 Fake-News-Stories« auf, die Journalisten seit Trumps Wahlsieg am 8. November 2016 veröffentlicht hätten: Dazu gehörten die nicht belegte Behauptung eines angeblichen Anstiegs von Selbstmorden unter Transgender-Teenagern, die ein Guardian-Journalist retweetete; außerdem die bald widerlegte Behauptung einiger IT-Experten, es gebe Hinweise auf Manipulation der elektronischen Stimmabgabe in Wisconsin, Michigan und Pennsylvania zugunsten von Trump; schließlich die von CNN verbreitete Nachricht, Nancy Sinatra sei »nicht glücklich«, dass Trump bei der Inauguration »My Way« von ihrem Vater Frank spielen ließ – tatsächlich hatte die 79-Jährige auf eine Frage zur Liedauswahl

Trumps den ominösen Hinweis getwittert: »Erinnert euch an die erste Zeile.« Weil Frank Sinatras Ballade mit den Worten: »Und nun, das Ende ist nah« beginnt, war dies als Kritik am neuen Präsidenten interpretiert und auf eine Nachfrage verzichtet worden. Nancy Sinatra beschwerte sich, löschte aber auch ihren missverständlichen Tweet.

Alle diese Falschbehauptungen wurden binnen weniger Tage oder gar Stunden korrigiert. Trump selbst hat als Beleg dafür, »dass die Medien die unehrlichsten Menschen auf Erden sind«, wiederholt eine Falschmeldung von Zeke Miller zitiert. Der Reporter des Time-Magazine gehörte am Abend des Inaugurationstages zur kleinen Gruppe von Journalisten, die das neu eingerichtete Oval Office besichtigen durften. In einem kurzen Bericht wies er darauf hin, dass die Büste von Winston Churchill, die Obama in den nahen *Treaty Room* verbannt hatte, wieder im Oval Office war. Auf die Frage von Kollegen, ob die von Obama beschaffte Büste des Bürgerrechtlers Martin Luther King Jr. noch vorhanden sei, sagte Miller, er habe sie nicht gesehen. Daraufhin wurde um 19.31 Uhr ein sogenannter *Pool Report* als Grundlage für die Berichterstattung an uns nicht anwesende Journalisten verschickt, in dem es hieß: »Weitere Dekorationsdetails: Während die Churchill-Büste zurückgekehrt ist, war die MLK-Büste nicht länger ausgestellt.« Miller, inzwischen unsicher geworden, recherchierte derweil bei Mitarbeitern des Weißen Hauses nach. Ein Angestellter informierte Miller um 20.10 Uhr, dass die King-Büste vorhanden sei. Zwei Minuten später e-mailte der Reporter eine entsprechende Korrektur (»Die MLK-Büste bleibt im Oval Office«) an seine Kollegen, samt »aufrichtigsten Entschuldigungen«. Auf der Homepage des Time-Magazine wurde der Artikel geändert. Miller bat Spicer, sein Bedauern auch dem Präsidenten auszurichten. Um 20.46 Uhr tweetete Spicer: »Entschuldigung akzeptiert.«

Aber nicht von Trump. Am nächsten Tag hielt der Präsident jene bereits erwähnte Rede beim Besuch der CIA-Zentrale. Er stand vor der Erinnerungswand für die 117 im Dienst gefallenen Geheimagenten und übertrieb die Besuchermenge bei der Inauguration (»Es sah aus wie eine Million, eine und eine halbe Million Menschen«) und die Zahl seiner Abbildungen auf dem Time-Cover (»Ich war 15-mal dieses Jahr darauf. Ich denke nicht, dass das ein Rekord ist, der jemals gebrochen werden kann, was?«). Dazwischen erklärte er, »Zeke vom Time-Magazine« habe geschrieben, er, Trump, habe die MLK-Büste entfernt: »Ich würde das nie tun, weil ich großen Respekt habe vor Dr. Martin Luther King. Aber das zeigt, wie unehrlich die Medien sind.« Noch fünf Tage später warf Trump im Interview mit Sean Hannity auf Fox News Miller eine »absichtlich falsche Berichterstattung« vor: »Das ist ein sehr ernster Vorwurf. Sie sagen nicht, die Büste wurde weggeschafft, was sie sagen, ist, dass ich ein Rassist sei.« Doch wer würde bewusst eine Falschmeldung verbreiten, die binnen Minuten widerlegbar wäre und peinlich nur auf ihn selbst zurückfiele? Wer das Geschäft kennt, weiß, dass es sich um eine ärgerliche journalistische Fehlleistung handelte, die durch Nachfragen beim Weißen Haus hätte vermieden werden können – aber möglicherweise fürchtete Miller, diese Recherche hätte jemand anderen die vermeintliche Nachricht vor ihm verbreiten lassen. Schnelligkeit geht in unserem Geschäft leider oft vor Genauigkeit. Allerdings ist Trump, der auf Twitter behauptete, Obama, dieser »üble (oder kranke) Typ«, habe seine Telefone abhören lassen oder den eigenen Geburtsschein fälschen lassen, kein überzeugender Anwalt für saubere Recherche.

Oft wird gemutmaßt, Trump twittere zwischendurch eine Ungeheuerlichkeit, um von einem peinlichen Thema abzulenken. So sollte der Vorwurf, Obama habe ihn abgehört, die Debatte um die Russlandkontakte seines Wahlkampfteams in den Hintergrund drängen. Das aber ist nicht überzeugend. Die gern in sehr frühen Morgenstunden abgesetzten Provokationen beschädigen den Absender oft noch mehr als das Thema, das er damit angeblich verdrängen wollte. Zudem gelingt die Ablenkung immer nur für kurze Zeit, bis das ursprüngliche Thema wieder in die Schlagzeilen drängt. Trump ist ein ausgesprochen impulsiver Mensch, er versteht sich eher auf die Improvisation als auf die Taktik.

Dass Trump Dinge behauptet, die nicht stimmen, kommt in praktisch jedem Interview vor. Bekannt ist sein Insistieren auf die unter anderem durch eindeutiges Bildmaterial widerlegte Behauptung, er habe bei der Amtseinführung mehr Schaulustige in Washington gehabt als Obama 2009. Das stellt die Medien vor die irritierende Frage, ob sie diese »alternativen Fakten« jedes Mal erneut korrigieren sollen. Schon im Wahlkampf gingen die TV-Moderatoren irgendwann darüber hinweg, wenn der Kandidat wieder einmal sagte, er sei immer gegen den im März 2003 gestarteten Irakkrieg gewesen. Doch seine erste Kritik an diesem Krieg ist erst für August 2004 belegt. Im September 2002 hingegen, ein halbes Jahr vor der Intervention, antwortete Trump auf die Frage des Radiojournalisten Howard Stern, ob man die Invasion starten sollte: »Ja, ich denke schon.«

Der Präsident redet Bullshit

Sind das alles Lügen? Wenn Trump etwas behauptet, dann ist er anscheinend in vielen Fällen davon überzeugt, recht zu haben – was die Angelegenheit nicht wirklich besser macht. Der

Philosoph Harry Frankfurt hat diesen Umgang mit Fakten als »Bullshit Talk« bezeichnet. Die Definition ist ernsthafter, als sie klingt, und nicht so vulgär, wie man annehmen möchte. »Bullshit ist unvermeidbar, sobald die Umstände jemanden zwingen, zu reden, ohne dass er weiß, worüber er redet«, schreibt Frankfurt. »Somit wird die Produktion von Bullshit immer dann stimuliert, wenn man von einer Person erwartet, über ein Thema zu sprechen, deren Wissen die relevanten Fakten unterschreitet.«[52] Frankfurt erläutert dies an einer Anekdote um den österreichischen Philosophen Ludwig Wittgenstein, der seine Russischlehrerin Fania Pascal nach einer Mandeloperation fragte, wie es ihr gehe. Pascal schreibt dazu in ihren Memoiren: »Ich krächzte: ›Ich fühle mich wie ein Hund, der gerade überfahren worden ist.‹ Er war empört: ›Du weißt nicht, wie sich ein Hund fühlt, der gerade überfahren wurde.‹«[53] Pascal hatte Unsinn oder Humbug geredet – oder Bullshit. Aber gelogen hätte sie nur, so Frankfurt, wenn sie sich in Wirklichkeit nicht mies, sondern wohl gefühlt hätte.

Donald Trump, dessen Gespür für Menschen größer ist als für Fakten, hasst die Journalisten nicht. Er nennt die New York Times ein »Lügenblatt«, aber als er der Redaktion am 22. Januar 2017 gegenübersaß, lobte er: »Die Times ist ein großes, großes amerikanisches Juwel. Ein Weltjuwel.« Als er im März die *breaking news* über den Rückzug der ersten Version von »Trumpcare« oder »Ryancare« zur Ersetzung von »Obamacare« bekannt machen wollte, rief er nicht Breitbart.com oder The Daily Caller an, sondern vor allen anderen Robert Pear von der New York Times und dann Robert Costa von der Washington Post. Er hegt keinen persönlichen Groll gegen die meisten Journalisten, aber er versteht schlicht nicht, dass sie ihn nicht gnädiger beurteilen. »Früher bekam ich großartige Presse. Jetzt bekomme ich die schlechteste Presse«, sagte er im

April 2017. »Ich hatte so etwas nie zuvor. Es passierte während der Primaries, und ich sagte, als ich gewann: ›Na, das eine Gute daran ist, nun werde ich gute Presse bekommen.‹ Und es wurde schlimmer. Das hat mich also schon etwas überrascht. Ich dachte, die Presse würde besser werden, und tatsächlich wurde es noch garstiger.«

Mutmaßlich beruht diese Einschätzung auf Gegenseitigkeit. Und dennoch ist Trump für die Medien zugleich ein Glücksfall. Schon während der Primaries sorgte er für Schlagzeilen, Auflage und Quoten. CBS-Vorstandschef Leslie »Les« Moonves sagte im Februar 2016 über Trumps Weg zur republikanischen Nominierung: »Das mag nicht gut sein für Amerika, aber es ist verdammt gut für CBS.« Die New York Times gewann im vierten Quartal 2016 während der entscheidenden Wahlkampfphase 276000 Online-Abonnenten hinzu. In den Wochen unmittelbar nach dem 8. November 2016 entwickelte sich der Zuwachs zehnmal so stark wie im Vergleichszeitraum des Vorjahres. Das Wall Street Journal legte um zwölf Prozent zu. Auch die Washington Post, USA Today, die Financial Times und andere Blätter erlebten einen *Trump bump*. Fox News, CNN und MSNBC vergrößerten ihre Reichweite. Als der *President-elect* Mitte Dezember 2016 auf eine vernichtende Kritik des Steakrestaurants in seinem New Yorker Trump Tower in Vanity Fair mit einem verbitterten Tweet reagierte (»Hat jemand die wirklich schlechten Zahlen von @Vanity-Fair Magazine gesehen. Tief runter, große Probleme, tot!«), verkaufte das Magazin binnen weniger Wochen 80000 neue Abos – allerdings zum Ramschpreis von fünf Dollar fürs ganze Jahr.

Einschüchtern lassen sich die wenigsten Medien vom Präsidenten. Aber es gibt gewisse Phänomene, die man als Lockerungsübungen gegenüber seiner Anhängerschaft lesen kann.

So schreibt neuerdings Bret Stephens, zuvor Autor des Wall Street Journal, als regelmäßiger Gastkolumnist für die New York Times. In seinem ersten Artikel stellte der konservative Stephens, der ein entschiedener Gegner von Trump ist, einzelne Gewissheiten zum Klimawandel infrage. Trump hat den Klimawandel bekanntlich als *hoax* und »Erfindung« abgetan. Trump, das sagte sein Ghostwriter Tony Schwartz dem Autor, ist es wichtig, dass über ihn berichtet wird, möglichst groß und auf der Titelseite. Der Inhalt interessiert den ausgemachten Narzissten, der nur eine Aufmerksamkeitsspanne von wenigen Minuten habe, allenfalls an zweiter Stelle. Und so mag, gelegentlich, aus Trumps »Krieg mit den Medien« eine friedliche Koexistenz werden. Mit der ständigen Gefahr neuer Kampfhandlungen allerdings.

14 | Trumps Stärken: Warum dieser Präsident bleibt

Er habe »zu lachen begonnen«, versicherte der Politrentner, als er die Republikaner darüber reden hörte, dass sie »mit Lichtgeschwindigkeit Obamacare abschaffen und durch etwas Neues ersetzen würden«. Denn »in den 25 Jahren, die ich im Kongress diente, haben sie niemals, nicht ein einziges Mal, Übereinstimmung erzielt, wie ein Vorschlag zur Gesundheitsreform aussehen sollte, kein einziges Mal!« Das war Ende Februar 2017, und der Ruheständler, der bei einer Diskussion in Florida Donald Trump ein Debakel bei der Gesundheitsreform voraussagte, war John Boehner, republikanischer Abgeordneter aus Ohio und bis 2015 als Sprecher des Repräsentantenhauses die Nummer drei in der Washingtoner Machthierarchie, gleich nach dem damaligen Präsidenten Barack Obama und dessen Vize Joe Biden.

Irrte Boehner? Die Republikaner im Repräsentantenhaus verkämpften sich im April 2017 zunächst, aber einigten sich unter dem maßgeblichen Druck des Präsidenten im Mai auf eine Gesundheitsreform, genannt *American Health Care Act* (AHCA). Doch die Republikaner im Senat zeigten dieser Version die kalte Schulter. Die Grand Old Party verspricht, Trumpcare sei besser als Obamacare: Denn das vom vorigen Präsidenten realisierte Gesetz zum »Patientenschutz und zur erschwinglichen Pflege« (*Patient Protection and Affordable Care Act, ACA*), das Biden am 23. März 2010, dem Tag der

Unterzeichnung im Weißen Haus, für die Mikrofone hörbar als *fucking deal* bejubelte, hatte massive Schwächen. Statt der angestrebten 32 Millionen nicht versicherten Amerikaner kauften bis zum Ende von Obamas Amtszeit lediglich rund 12 Millionen eine Versicherung. Die jungen, gesunden Amerikaner verzichteten auf die Kontrahierung und zahlten lieber die einkommensabhängige Strafe von maximal 695 Dollar pro Jahr. Vor allem ältere und kranke Amerikaner schlossen Verträge ab, deren Prämien stiegen. Zudem hatte Obama zu wenig Wert gelegt auf kostendämpfende Maßnahmen. Darum flossen immer mehr Steuerdollar an die Konzerne, die ihre eigenen Leistungen über die staatlichen Subventionen zu decken wussten, aber trotzdem in vielen Fällen nicht in die Gewinnzone gelangten. Die medizinische Versorgung sank, die Bürokratie nahm zu. Dieses Bündel an Problemen löste das aus, was Republikaner als »Todesspirale« bezeichneten: Die Konzerne, die zu hohe Ausgaben und zu geringe Einnahmen hatten, mussten die Preise für ihre Policen drastisch anheben. Sie stiegen Anfang 2017 im Durchschnitt um 22 bis 25 Prozent, für Kunden in Phoenix (Arizona) gar um 145 Prozent. Etliche Versicherer gaben auf und verließen den Markt, was den Wettbewerb ausdünnte und die Preise noch höher trieb.

Trumpcare und das Verfassungsgericht

Ob Trumpcare besser sein wird als Obamacare, ob die Prämien niedriger und die Leistungen mindestens genauso gut sind, ist sehr zweifelhaft. Dass vor Vertragsabschluss bestehende Krankheiten abgedeckt sein müssen, soll als Erbe von Obamacare übernommen werden. Der Senat verlangte eine Verknüpfung der Versicherungen mit Medicaid, über das die sozial Schwachen ihre Gesundheitsversorgung erhalten. Die Debatte beweist: Regierungen können soziale Wohltaten geben, aber kaum noch wegnehmen. Darum steckt in Trumpcare ausgesprochen viel Obamacare. Auf jeden Fall wird künftig jede positive Seite einer Reform der Gesundheitsreform mit Trump nach Hause gehen – und jede negative ebenso.

Ein eindeutiger Erfolg Trumps verbindet sich mit dem Namen Neil Gorsuch. Der Präsident nominierte den konservativen Richter nach elf Tagen im Oval Office für den Supreme Court, um den im Februar 2016 verstorbenen, ebenfalls Republikaner-nahen Richter Antonin Scalia zu ersetzen. Der Senat bestätigte den 49-Jährigen aus Colorado am 7. April 2017. Zuvor hatten die Republikaner die Geschäftsordnung so geändert, dass eine einfache Mehrheit reichte und die Demokraten den Prozess nicht mehr durch Filibustern oder Dauerreden verzögern konnten. Immerhin drei demokratische Senatoren stimmten dennoch neben sämtlichen Republikanern für Gorsuch. Der Oberste Gerichtshof ist wieder komplett, und nach dem vorübergehenden Patt dominieren die von Republikanern berufenen Richter nun wieder mit fünf zu vier Sitzen. Doch das soll aus Sicht Trumps nur der Anfang gewesen sein: In seiner verbleibenden Amtszeit könnten, je nachdem, ob er 2020 im Amt bestätigt wird, zwei bis drei weitere lebenslange Berufungen ins Oberste Gericht anstehen. Neben dem als konservativ verorteten Richter Anthony M. Kennedy (Jahrgang 1936) werden die den Linken zugerechneten Ruth Bader Ginsburg (1933) und Stephen G. Breyer (1938) ausscheiden. Damit könnte Trump eine republikanische Sieben-zu-zwei-Ausrichtung des Supreme Court auf Jahrzehnte festschreiben.

Die versprochene Mauer entlang der Grenze zu Mexiko wird nicht gekommen. Dass die mexikanische Regierung zahlen würde, wie Trump angekündigt hatte, glaubt ohnehin niemand mehr. Die Verstärkung bereits bestehender Anlagen, die das Heimatschutzministerium vornehmen lassen will, und zusätzliche Überwachungstechnik, unter anderem via Drohnen, wird der amerikanische Steuerzahler finanzieren. Und trotzdem wird Trump von seinen Anhängern gefeiert, weil seine eindeutige Rhetorik die Zahl illegaler Grenzübertritte bereits zwischen Februar und Mai 2017 gegenüber dem Vorjahreszeitraum um 64 Prozent von 188 000 auf 76 000 Verhaftungen sinken ließ. Den Trend hatte es bereits unter Obama gegeben, in dessen erstem Amtsjahr 2009 rund 540 000 Grenzübertritte gezählt wurden, während es 2016 noch 408 000 waren. Doch unter Trump beschleunigt sich die Entwicklung. Für republikanische Wähler ist dies ein ausgesprochen wichtiger Punkt. Ihnen geht es dabei nicht nur um den Druck auf den Arbeitsmarkt, der durch illegale Zuwanderer wächst, sondern ebenso um eine steigende Heroinkrise, durch die zum ersten Mal seit Dekaden die Lebenserwartung von Weißen mit niedrigem Bildungsgrad abnimmt. Würde Trump nicht zugleich die Mittel für staatliche Anti-Drogen-Programme beschneiden, könnte er sich an dieser Front einen Namen machen.

Eventualitäten wie Krankheit oder Tod ausgenommen und die in seinem Fall nicht nur theoretische Möglichkeit eines Amtsenthebungsverfahrens ausgeblendet, hängt die Frage einer erneuten Kandidatur Trumps und seiner Wiederwahl im November 2020 entscheidend von der wirtschaftlichen Entwicklung ab. Nach einem halben Jahr im Amt waren ein gewachsenes wirtschaftliches Grundvertrauen und eine weitere Stärkung des Arbeitsmarktes zu verzeichnen. Im April 2017 lag die Arbeitslosenquote bei 4,4 Prozent und damit auf dem niedrigsten Niveau seit einem Jahrzehnt.

Es ist viel zu früh, um Trumps Präsidentschaft zu beurteilen. Dass er alle Erwartungen erfüllt, ist nicht nur wegen seiner Sprunghaftigkeit zweifelhaft, sondern auch, weil er gänzlich unrealistische Versprechungen machte. Die teure Kohleförderung wird keine Renaissance erleben, solange Erdgas viel preiswerter und mit weniger Arbeitsaufwand nutzbar gemacht werden kann. Die Re-Industrialisierung der USA, die der Präsident im Wahlkampf beschwor, wäre nur um den Preis einer massiven Verteuerung aller produzierten Güter zu machen. Aber gewagt sei bereits jetzt die Prognose, dass von diesem Präsidenten viel bleiben wird. Trump hat Wähler im ländlichen Raum mobilisiert, denen die USA nach Ronald Reagan zunehmend fremd geworden waren und die in ihm einen Hoffnungsträger sehen. *America First* war für diese Menschen die zentrale Wahlaussage. Trump ist von dem Kurs mehrfach abgewichen, unter anderem durch seinen Militärschlag in Syrien, der eher von humanitären als von amerikanischen Interessen geleitet war. Doch im Kern ist Trump einem amerikanischen Nationalismus verpflichtet, der internationales Engagement geringer gewichtet als dies nicht nur Vorgänger Obama, sondern auch Vorvorgänger George W. Bush tat. Die nächsten Präsidentschaftskandidaten werden die »scheuen Wähler« im Mittleren Westen, in den Appalachen und in Amerikas Vorstädten nicht erneut ignorieren.

Frühe Warnungen vor einer obsoleten Nato

In der Sicherheitspolitik werden auch Trumps Nachfolger auf ein gerechteres *burden sharing* bestehen. Die Aussage, die Nato sei obsolet, hat der Präsident formal zurückgenommen – aber indirekt beim Nato-Gipfel im Mai 2017 in Brüssel bekräftigt. Er fordert mit guten Argumenten, dass Lasten fair verteilt sein müssen. Seine Vorstellung, rückwirkend hätten die USA Anspruch auf Nachzahlungen, ist hingegen absurd. Aber viele Nato-Verbündete, darunter auch Deutschland, haben sich zu lange der Selbstverpflichtung entzogen, zwei Prozent des Bruttoinlandsprodukts für die Verteidigung auszugeben. Trump war keineswegs der erste, der diese Tatsache monierte. Robert Gates, Verteidigungsminister unter George W. Bush und Obama, kritisierte bereits im Juni 2011 zu geringe Rüstungsaufwendungen und einen Mangel an politischem Willen. Er sehe eine »trübe, wenn nicht trostlose Zukunft« für die Nato, sagte Gates und hatte dabei Deutschland, die Niederlande, Polen, Spanien und die Türkei im Auge. Bushs erster Verteidigungsminister Donald Rumsfeld forderte auch vom deutschen Amtskollegen Franz Josef Jung bei dessen Antrittsbesuch im Dezember 2005 die zwei Prozent ein. Obama selbst bezeichnete Frankreich und Großbritannien im Zusammenhang mit der Libyen-Intervention des Jahres 2011 in einem Interview fünf Jahre später als »Trittbrettfahrer«. Die Politiker, unter anderem in Berlin, ließen die Worte folgenlos verrauschen.

Amerika war in den vergangenen Jahrzehnten für seine Verbündeten wie der große Bruder auf dem Pausenhof, der schon dadurch Schutz bot, dass die üblen Strolche von seiner Existenz wussten und sich manche Gemeinheit verkniffen. Dieser Bruder sagt jetzt: Ich helfe, aber nur, wenn du mir dein Taschengeld gibst. Und just in diesem Moment werden die Schulhofstrolche selbstbewusster. Hackerangriffe aus Russland gab es, nach der Generalprobe in den USA, im französischen Wahlkampf zugunsten von Marine Le Pen, der an Emmanuel Macron gescheiterten Favoritin von Moskau – und von Trump. In Deutschland begannen die Cyberattacken gegen die parteinahen Stiftungen von CDU und SPD schon Monate vor der heißen Phase des Bundestagswahlkampfes. Zugleich drückt eine Welle von Migranten und Flüchtlingen weiterhin auf Europas Außengrenzen. In der Europäischen Union zeigen sich Bruchstellen. Der islamistische Terror ist ein Stück Alltag geworden. Der Ausnahmezustand droht zum Normalzustand zu werden.

Francis Fukuyama irrte, als er in seinem Bestseller über das vermeintliche »Ende der Geschichte« schrieb: »Und wenn wir jetzt an einem Punkt sind, wo wir uns keine Welt grundsätzlich anders als die unsere vorstellen können, in der es keinen vermeintlichen oder offensichtlichen Weg gibt, durch den die Zukunft eine grundsätzliche Verbesserung gegenüber unserer gegenwärtigen Ordnung erfahren würde, müssen wir auch die Möglichkeit in Betracht ziehen, dass die Geschichte selbst an ihr Ende gelangt sein könnte.«[54]

Donald Trump hat die These widerlegt, die geschichtliche Entwicklung laufe in eine vorgegebene Richtung von mehr Liberalität und Interkulturalität. Sein Aufstieg wird gern als »Erstarken des Populismus« etikettiert, aber damit nicht erklärt. Was genau ist Populismus, und warum ist das Phänomen plötzlich weltweit so erfolgreich geworden? Es gibt leider viel Anlass für den Verdacht, dass jene politischen Kräfte, die sich nicht als populistisch, sondern als rational betrachten, in den Jahren und Dekaden vor der aktuellen populistischen Entrüstung zu viele reale Probleme ignoriert haben. Die Welt ist partiell aus den Fugen geraten, verrückt worden, seit Trump im Weißen Haus sitzt. Er verschwindet nicht dadurch, dass man die Augen schließt. Trump ist die neue Realität, und sie wird diesen Präsidenten überdauern. Das ist kein Grund zur Freude – aber noch weniger zur Resignation. Gerade jetzt muss es darum gehen, transatlantische Werte zu verteidigen.

Angela Merkel sagte mit Blick auf Trump im Mai 2017: »Wir Europäer müssen unser Schicksal wirklich in unsere eigene Hand nehmen – natürlich in Freundschaft mit den Vereinigten Staaten von Amerika, in Freundschaft mit Großbritannien; in guter Nachbarschaft, wo immer das geht, auch mit Russland, auch mit anderen Ländern.« Doch das ist eine gefährliche Idee, beginnend bei der Andeutung einer gleichermaßen großen Distanz zu London und Washington, also zu Brexit und Trump, und weiterführend zum vermeintlich nur unwesentlich ferneren Moskau. Das erste würde sich Trump so wünschen, das zweite Putin.

Europa bleibt auf die USA angewiesen – umgekehrt gilt dies auch, aber nicht im gleichen Maße. Insbesondere für Deutschland wäre eine neue Mittellage zwischen Amerika und Russland fatal, weil sie Misstrauen bei allen Nachbarn, den Polen und Franzosen allen voran, wecken würde. Darum sollte Berlin seine Rüstungsanstrengungen erheblich stärken, aber zugleich intensiv daran arbeiten, dass die deutsch-amerikanischen Beziehungen nicht verwechselt werden mit der Präsidentschaft des Donald Trump. Außenpolitik ist an Interessen orientiert, nicht an einzelnen Akteuren. Europa muss die USA davon überzeugen, dass die gemeinsamen Interessen überwiegen. Und das gilt auch in einer Zukunft, in der dieser amerikanische Präsident nicht mehr im Amt sein wird, aber manche seiner Positionen in Washington virulent bleiben werden.

Quellenverzeichnis

1 Murray, Charles: Coming apart. The state of white America, 1960–2010. New York, 2012, S. 491

2 Wayne Barrett: Trump. The greatest show on earth. The deals, the downfall, the reinvention. New York, 2016, E-Book, Loc. 2122/9898

3 Donald Trump: Great again: How to fix our crippled America. New York, 2015, E-Book, Loc. 1536/2271

4 J. D. Vance: Hillbilly elegy. A memoir of a family and culture in crisis. New York, 2016, S. 194

5 Gwenda Blair: The Trumps. Three generations of builders and a presidential candidate. New York, 2015, E-Book, Loc. 314/12707

6 Gwenda Blair: The Trumps. Three generations of builders and a presidential candidate. New York, 2015, E-Book, Loc. 786/12707

7 Donald Trump/Tony Schwartz: The art of the deal. New York City, 1987, E-Book, Loc. 824/4269

8 Donald Trump: The art of the deal, a. a. O., Loc. 830

9 David Cay Johnston: The making of Donald Trump. New York, 2016, E-Book, Loc. 277/3406

10 David Cay Johnston: The making of Donald Trump, a. a. O., Loc. 266

11 Gwenda Blair: Three generations Trump, a. a. O., Loc. 3889/12707

12 Donald Trump: The art of the deal, a. a. O., Loc. 824

13 Donald Trump: The America we deserve. Los Angeles, 2000, E-Book, Loc. 58/3439

14 David Cay Johnston: The making of Donald Trump. New York City, 2016, E-Book, Loc. 909/3406

15 Jon Meacham: Destiny and power. The American odyssey of George Herbert Walker Bush. New York, 2015. E-Book, Loc. 6952/24570

16 George W. Bush: 41. A portrait of my father. New York, 2014.

17 Timothy J. Naftali: George H. W. Bush. New York, 2007

18 Donald Trump: The America we deserve, a. a. O., Loc. 2673/3439

19 Donald Trump: The America we deserve a. a. O., Loc. 1129/3439

20 J. D. Vance: Hillbilly elegy. a. a. O., S. 194

21 Stone, Roger: The making of the president 2016. How Donald Trump orchestrated a revolution. New York, 2016, E-Book, Loc. 52/9207

22 Samuel P. Huntington: Who are we?, The challenges to America's national identity. New York, 2004, S. 30

23 Joel B. Pollak/Larry Schweikart: How Trump won. The inside story of a revolution. Washington, 2017, E-Book, Pos. 3397/5236

24 William Strauss/Neil Howe: The fourth turning. An American prophecy. New York, 1997, S. 8

25 Fareed Zakaria: The post-American world. Release 2.0. New York, 2011, S. 211

26 Richard N. Haass: A world in disarray. American foreign policy and the crisis of the old order. New York, 2017, S. 289

27 Fiona Hill/Clifford Gaddy: Mr. Putin, operative in the Kremlin. Washington, 2013, E-Book, Loc. 1014/8138

28 Hillary Clinton: Hard choices. New York, 2014, E-Book, Loc. 4036/13167

29 Alexis de Tocqueville: Democracy in America. New York, 1838 (Reprint von 1994), S. 289

30 Zit. nach Theodore Roosevelt Maloch: Hired. An insider's look at the Trump victory. Washington D. C., 2017, E-Book, Loc. 236/2185

31 Robert V. Remini: The Jacksonian Era. Wheeling, 1997, S. 5

32 Jon Meacham: American lion. Andrew Jackson in the White House. New York, 2008, S. 26

33 Harry L. Watson: Liberty and Power. The politics of Jacksonian America. New York, 1990, S. 6

34 Charles Sellers: The Market Revolution. Jacksonian America 1815–1846. New York, 1991, S. 197f.

35 Robert V. Remini: The Jacksonian Era, a. a. O., S. 20

36 Robert V. Remini: The Jacksonian Era, a. a. O., S. 23

37 Robert V. Remini: The Jacksonian Era, a. a. O., S. 25

38 Jon Meacham: American lion, a. a. O., S.134

39 Robert V. Remini: Andrew Jackson and the bank war. New York, 1967, S. 60, zit. nach Jon Meacham: American lion. a. a. O., S. 354

40 Jon Meacham: American lion, a. a. O., S. 188f.

41 Jon Meacham: American lion, a. a. O., S. 272

42 Edward Pessen: Jacksonian America. Society, personality, and politics. Urbana and Chicago, 1985, S. 29

43 J. D. Vance: Hillbilly elegy, a. a. O., S. 20

44 J. D. Vance: Hillbilly elegy, a. a. O., S. 14

45 Alexis de Tocqueville: Democracy in America, a. a. O., S, 239

46 Alexis de Tocqueville: Democracy in America, a. a. O., S. 53

47 Ann Coulter: In Trump we trust, E pluribus awesome! New York, 2016, S. 114

48 Ann Coulter: In Trump we trust, a. a. O., S. 112f.

49 Peter Navarro: Crouching tiger: What China's militarism means for the world. New York, 2015, E-Book, Loc. 1020/6648

50 Peter Navarro: Crouching tiger, a. a. O., Loc. 1069

51 Lars Willnat/David H. Weaver: The American journalist in the digital age, Key Findings. Indiana University, 2014, S. 11

52 Harry G. Frankfurt: On bullshit. Princeton, 2005, S. 63f.

53 Harry G. Frankfurt: On bullshit, a. a. O., S. 23

54 Francis Fukuyama: The end of history and the last man. New York, 1992, S. 52

Bibliografie

Barrett, Wayne: Trump. The greatest show on earth. The deals, the downfall, the reinvention. New York, 2016, E-Book

Blair, Gwenda: The Trumps. Three generations of builders and a presidential candidate. New York, 2015, E-Book

Bush, George W.: 41. A portrait of my father. New York, 2014

Clinton, Hillary: Hard choices, New York, 2014, E-Book

Coulter, Ann: In Trump we trust. E pluribus awesome! New York, 2016

Frankfurt, Harry G.: On bullshit. Princeton, 2005

Fukuyama, Francis: The end of history and the last man. New York, 1992

Haass, Richard N.: A world in disarray. American foreign policy and the crisis of the old order. New York, 2017

Hill, Fiona / Gaddy, Clifford: Mr. Putin, operative in the Kremlin. Washington, 2013, E-Book

Huntington, Samuel P.: Who are we?, The challenges to America's national identity. New York, 2004

Johnston, David Cay: The making of Donald Trump. New York, 2016, E-Book

Maloch, Theodore Roosevelt: Hired. An insider's look at the Trump victory. Washington D. C., 2017, E-Book

Meacham, Jon: American lion. Andrew Jackson in the White House. New York, 2008

Meacham, Jon: Destiny and power. The American odyssey of George Herbert Walker Bush. New York, 2015, E-Book

Murray, Charles: Coming apart. The state of white America, 1960–2010, New York, 2012

Naftali, Timothy J.: George H. W. Bush. New York, 2007

Navarro, Peter: Crouching tiger. What China's militarism means for the world. New York, 2015, E-Book

Pessen, Edward: Jacksonian America. Society, personality, and politics. Urbana and Chicago, 1985

Pollak, Joel B. / Schweikart, Larry: How Trump won. The inside story of a revolution, 2017. Washington, 2017, E-Book

Remini, Robert V.: Andrew Jackson and the bank war. New York, 1967

Remini, Robert V.: The Jacksonian era, Wheeling, 1997

Sellers, Charles: The market revolution. Jacksonian America 1815–1846. New York, 1991

Stone, Roger: The making of the president 2016. How Donald Trump orchestrated a revolution. New York, 2016

Strauss, William / Howe, Neil: The fourth turning. An American prophecy. New York, 1997

Tocqueville, Alexis de: Democracy in America. New York, 1838 (Reprint von 1994)

Trump, Donald / Schwartz, Tony: The art of the deal. New York, 1987, E-Book

Trump, Donald: Great again. How to fix our crippled America. New York, 2015, E-Book

Trump, Donald: The America we deserve. Los Angeles, 2000, E-Book

Vance, J. D.: Hillbilly elegy. A memoir of a family and culture in crisis. New York, 2016

Watson, Harry L.: Liberty and Power. The politics of Jacksonian America. New York, 1990

Willnat, Lars / Weaver, David H.: The American journalist in the digital age, Key Findings. Indiana University, 2014

Zakaria, Fareed: The post-American world. Release 2.0. New York, 2011

Namensregister

Wegen der Häufigkeit ihrer Erwähnung sind die Namen Donald Trump, Hillary Clinton und Barack Obama nicht indexiert.

Die Autobiografie des kanadischen Regierungschefs

Seine progressive Politik, ein Kabinett, das zur Hälfte aus Frauen besteht und in dem auch Minderheiten vertreten sind, sein menschlicher Umgang mit syrischen Flüchtlingen – der kanadische Premierminister Justin Trudeau sorgt für Aufsehen. Hier erzählt er seine eigene Geschichte: Von der Kindheit mit seinem Vater, dem legendären Premierminister Pierre Trudeau, bis zu den Menschen und Ereignissen, die seinen Werdegang, seine Ansichten und Ideen für eine Politik des 21. Jahrhunderts prägten.

Justin Trudeau
Für eine bessere Zukunft

Print: 978-3-7766-2798-5 · E-Book: 978-3-7766-8257-1

HERBiG www.herbig-verlag.de